商业伦理

主　编　吴战勇

副主编　张爱红　范荣华

参　编　向建国　金　涛　高　淯

西南交通大学出版社
·成　都·

图书在版编目（CIP）数据

商业伦理／吴战勇主编. -- 成都：西南交通大学
出版社，2025.1 -- ISBN 978-7-5774-0346-5

Ⅰ. F718

中国国家版本馆 CIP 数据核字第 2024ZM5072 号

Shangye Lunli

商业伦理

主编　吴战勇

策 划 编 辑	陈　斌	
责 任 编 辑	罗爱林	
封 面 设 计	墨创文化	

出 版 发 行	西南交通大学出版社 （四川省成都市二环路北一段 111 号 西南交通大学创新大厦 21 楼）
发 行 部 电 话	028-87600564　028-87600533
邮 政 编 码	610031
网　　　　址	http://www.xnjdcbs.com
印　　　　刷	成都中永印务有限责任公司
成 品 尺 寸	185 mm × 260 mm
印　　　　张	14
字　　　　数	282 千
版　　　　次	2025 年 1 月第 1 版
印　　　　次	2025 年 1 月第 1 次
书　　　　号	ISBN 978-7-5774-0346-5
定　　　　价	45.00 元

课件咨询电话：028-87600533

前　言

在信息化时代，大数据技术得到了前所未有的高速发展，并被用来构造现代商业智能产品、生态体系，为人们的生活、工作提供了便捷高效的服务，为人类社会带来了意义深远的、系统性的变革。而随着大数据网络的扩张与智能设备的普及，人们开始过度依赖大数据智能所带来的便捷体验，而轻视了"智能"背后诸如信息泄露、思想同化、数据滥用等风险。在利益最大化的目标驱使下，一些大数据经营者摒弃了传统商业伦理与科技伦理的道德要求，利用手中的"大数据权力"侵犯用户利益。党的二十大报告中也提到要"完善现代市场体系，构建高标准市场体系，加快建设高水平社会主义市场经济体制"。商业伦理不仅是维护社会公平、维护经济秩序、完善现代市场体系的基本伦理准则，而且是构建生态文明、美丽中国的有力保证。

因此，在社会主义市场经济条件下，尤其应该重视商业文化伦理的研究和教育，这对于企业加强社会责任意识，提高企业核心竞争力，培养一批具有正确义利观和战略眼光的未来企业经营管理人才是十分必要的。在今天以培养高素质技术技能型人才为主的应用型高等院校，在社会普遍强调职业素养、职业伦理教育的视阈下，在高校各类专业尤其是商科类专业普及商业伦理价值观教育的重要性不言而喻。

为了全面开展商业道德教育，加强商业道德建设，编者特编写了这本以高校财经、管理和法学专业学生为主要读者的教材。本书分为七章，全方位、多角度、深层次地对企业经营活动中的商业伦理现象，进行了系统、全面的梳理，以期较为全面地呈现商业伦理的本质特征、职能作用及其发展变化的客观规律。本书在编写过程中，力求体现以下特点。

1. 内容丰富，信息量大

本书每章中都配有本章基本知识、经典名句、本章关键术语、导入案例、案例分析等内容，以极大地丰富学生的阅读信息量，从而为本书的理论阐述提供大量佐证。

2. 实践性强，便于操作

本书每章中都配有实际操作训练、相关案例分析、形式多样的复习思考题等内容，从而为商业伦理决策、商业伦理的规范设计、商业伦理管理的实践提供丰富的资料。

3. 体系完整，易于应用

本书将商业伦理细分为：中国传统文化与商业伦理、市场营销中的伦理、员工管理中的伦理、商业竞争中的伦理。此外，本书紧随时代潮流，关注商业伦理学科比较前沿的研究领域，如商业伦理学前沿专题等，具有应用价值。

4. 设计生动，适合教学

该书在内容编排、体例设计上较灵活，方便老师针对不同的学生进行授课。根据经济、管理等专业的教学特征，结合经济、管理等专业教学特点，每一章都配有本章导入案例思考题和案例分析思考题，方便学生在课堂上进行讨论，以提高学生解决现实的伦理和道德问题的能力。

为提高本书的易读性和信息含量，特引述了大量的报刊、图书、著作中的相关材料，作为实例及个案探讨题目，在此向所有被引用文献的作者致以诚挚的谢意。

本书是 2023 年河南兴文化工程文化研究专项项目范蠡商业思想研究（2023XWH217），南阳理工学院教改项目推进地方本科高校教师思政工作能力建设的研究与实践（NIT2024JY-002），中原优秀传统文化融入高校课程思政创新路径研究与实践（NIT2024KCSZJY-007），南阳理工学院交叉科学研究项目科技与文化融合背景下南阳范蠡文化旅游开发路径优化研究的阶段性研究成果。

本书由南阳理工学院的吴战勇、张爱红、范荣华、向建国、金涛、高淯等编写，具体分工为：吴战勇全面设计篇章架构，执笔第一章的第一节，张爱红执笔第一章的第二、三节并总纂定稿全书，范荣华执笔第一章的第四节。高淯执笔第二、三章，向建国执笔第四、五章，金涛执笔第六、七章。教材编写过程中，南阳理工学院范蠡商学院的耿森、罗庆、杨路想、魏留阳、王然然五位学生做了大量的资料整理及排版工作，特提出感谢！

由于编者水平有限，加之时间仓促，本书难免存在不足之处，真诚地希望能得到学界同仁、实务界的朋友以及其他读者的批评指正，在未来的教学中，我们一定会不断地提升和改进。

吴战勇

2024 年 8 月

目　录

第一章　伦理、伦理学与商业伦理学

【本章基本知识】

知识要点	掌握程度	相关知识
伦理、道德与法律	明晰	什么是伦理，伦理与道德的关系，伦理与法律的关系
伦理学与应用伦理学	理解	什么是伦理学，伦理学的分类，应用伦理学
商业伦理学的形成与发展	掌握	什么是商业伦理，商业伦理学的兴起过程
商业伦理学的研究框架	熟悉	商业伦理学的定义和研究对象，商业伦理学的任务和研究方法，为什么要学习商业伦理学，伦理道德与商业利益

【本章关键术语】

商业伦理；诚信；道德。

天行健，君子以自强不息；地势坤，君子以厚德载物。

——《周易·乾·象》

仁义礼智信，信内求财；温良恭俭让，让中取利。

——儒商理念

【导入案例】

苏州 GD：商业伦理成就企业辉煌

苏州 GD 电子股份有限公司，简称苏州 GD，于 1990 年 11 月 12 日成立，是中国最大的二极管生产企业。其产品销往全球 50 多个国家和地区，在全球同类电子元器件市场中占据 8%~9% 的份额。这对一个以校办工厂起家的企业来说，不可谓不成功。苏州 GD 蓬勃发展的不竭源泉是什么？是什么助力这家民间小厂攀登上市山巅的？原因在于苏州 GD 拥有优于同行的秘密武器——优秀的企业伦理，让其员工

具有幸福感，堪称幸福企业的典范。优秀的商业伦理使该企业运营一路顺风，成就其辉煌业绩。

2010 年，苏州 GD 董事长提出要建设"幸福企业"，把企业当作"家"来爱护和经营，把所有的员工当作"家人"。他认为，企业应当为社会和谐以及员工幸福而存在。"幸福企业"主要有 4 个特点：

（1）以班组为单位打造"家文化"。为了突破传统机械、冰冷的制造企业氛围，苏州 GD 着重建设"幸福班组制"。班组是企业开展各项工作的落脚点，一个班组的七八个成员刚好构成一个"小家"，工作时齐心协力，休闲时围坐一桌，正好是其乐融融的"一家子"。为了促进班组成员之间的相互关心，也为了激励领班去关怀本组员工，苏州 GD 每月都评选"幸福班组"和"幸福领班"。

（2）人文关怀与人文教育并重。苏州 GD 建立了一系列的人文关怀制度，如"幸福午餐""温暖你我他"活动、新员工座谈会、员工离职欢送会等。在加强人文关怀的同时，苏州 GD 还重视人文教育，将人文教育的重点放在教会员工懂得爱和感恩，通过传统文化和圣贤教育让员工明了人生意义，减少攀比心理，让幸福洋溢在每一个苏州 GD 人的脸上。

（3）将"家文化"融入管理体系。通过"家文化"的企业关怀，充分发挥员工的主人翁意识，让员工发自内心地去关爱"家庭"，构建畅通的企业情怀脉络。员工像爱自己的家一样爱企业，以主人翁的心态投身于"我爱我设备""绿色运营"和"金点子献策"等活动，使"消除浪费，持续改善"的理念落实到工厂的每个角落。

（4）把幸福辐射全社会。苏州 GD 通过组织改造，实现了由传统经济型企业向幸福的社会企业组织的转型，鼓励员工在承担企业内部义务的同时，积极走入社区，开展公益慈善活动。苏州 GD 通过"志工体系"这一项独有的管理创新，不但降低了管理成本，而且为企业培养了一支潜在的人才梯队。

思考：

苏州 GD 的成功与其"幸福企业"的战略理念密不可分，由此谈谈企业伦理对企业发展的重要性。

第一节　伦理、道德与法律

学习商业伦理之前，我们有必要对"伦理"（ethics）的概念进行详细的分析。同时，还需要对与"伦理"密切相关的两个概念，即"道德"（morality）和"法律"（justice）进行分析，比较它们与"伦理"概念之间的差异。

一、什么是伦理

英语中的"伦理"一词源于希腊文 ethos，表示惯常的住所、共同居住地。亚里士多德（Aristotle）在《尼各马可伦理学》中首先使名词 ethos 成为一个形容词 ethikos，意思为"伦理的""德行的"，从而使它具有德行的含义，并由此构建了一门新学科——伦理学。

日本学者翻译"ethics"时借用古汉语的"伦理"，把关于道德的学问翻译为"伦理学"。当时我国留日学者归国后沿用了日本的这一翻译方法。比如，严复翻译赫胥黎（Huxley）的《进化论与伦理学》时，就借用了日本学者的译法，将"ethics"翻译为"伦理学"。

在汉语中，"伦理"一词在先秦典籍中就出现了。《礼记·乐记》："乐者，通伦理者也。"但是"伦理"一词在古代不是常用词，而是分开使用的，常用"义""理""人伦""伦常""纲常"等指代。许慎在《说文解字》中说道"伦，从人，仑声，辈也""理，从玉，里声，治玉也"。《孟子·滕文公上》："饱食暖衣，逸居而无教，则近于禽兽。圣人有忧之，使契为司徒，教以人伦：父子有亲，君臣有义，夫妇有别，长幼有序，朋友有信。"根据这些论述，我们可以得出这样的观点，伦就是人伦，即人与人之间的基本关系。

"伦""理"两字合用就是关于人与人之间关系的系列相关基本原则，这就是汉语"伦理"一词原本应有之义。

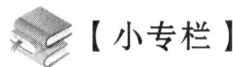【小专栏】

五伦关系

"五伦"是中国传统社会基本的人伦关系，即君臣、父子、夫妇、兄弟、朋友5种关系。孟子认为：君臣之间有礼义之道，父子之间有骨肉之亲，夫妻之间挚爱而又内外有别，老少之间有尊卑之序，朋友之间有诚信之德。落实到具体行为上就是为臣的，要忠于职守，为君的，要对臣子以礼相待；为父的，要慈祥，为子的，要孝顺；为夫的，要主外，为妇的，要主内；为兄的，要照顾弟弟，为弟的，要敬重兄长；为友的，要讲信义。这些都是处理人与人之间关系的基本准则。

在中国古代，画花鸟，以凤凰、仙鹤、鸳鸯、鹡鸰、黄莺为五伦图。

一是凤凰。据晋代张华《禽经》："鸟之属三百六十，凤为之长，又飞则群鸟从，出则王政平，国有道。"故用凤以表示君臣之道。

二是仙鹤。据《易经》："鸣鹤在阴，其子和之。"故用仙鹤表示父子之道。

三是鸳鸯。据晋代崔豹《古今注·鸟兽》："鸳鸯，水鸟，凫类也。雌雄未尝相

离，人得其一，则一思而死，故曰匹鸟。"故用鸳鸯表示夫妇之道。

四是鹡鸰。据《诗经》："鹡鸰在原，兄弟急难。"故用鹡鸰表示兄弟之道。

五是黄莺。据《诗经》："嘤其鸣矣，求其友声。"故用黄莺表示朋友之道。

资料来源：李思思.五伦图：非同一般的花鸟画[N].中国社会科学报，2014-01-13.

二、伦理与道德

在英语中，"ethics"不仅可以翻译成"伦理"，还可以翻译成"道德"。除了"ethics"外，英语中还有一个单词"morality"也常常被翻译成"道德"。"morality"一词源于风俗"mores"。"mores"是拉丁文 mos，即习俗、性格的复数。后来古罗马思想家西塞罗（Cicero）根据古希腊道德生活的经验，从"mores"一词创造了一个形容词"moralis"，指国家生活的道德风俗和人们的道德个性，以后英文中就出现了相应的名词形式"morality"。在英语中，"ethics"和"morality"两个词在日常用语中很多时候是可以换用的。根据《21 世纪大英汉词典》《柯林斯英汉双解大词典》等相关词典的解释，英文"ethics"被认为是伦理学、道德学，以及道德体系、道德准则、行为准则；"morality"更多是指行为方面的道德性，以及人的德行、品行或美德。

实际上，在西方哲学界和伦理学界，"ethics"和"morality"有明确的区分。黑格尔（Hegel）在《哲学史讲演录》中提出，伦理是指社会行为规范，包括风俗习惯等，而道德主要是指个人的内在操守。他指出："道德的主要环节是我的识见、我的意图……伦理之为伦理，更在于这个自在自为的善为人所认识、为人所实行……道德将反思与伦理结合，它要去认识这是善的，那是不善的。伦理是朴素的，与反思相结合的伦理才是道德。"邹渝在《道德与文明》中认为（2004 年第 5 期）具体而言，伦理范畴侧重反映人伦关系以及维持人伦关系所必须遵循的规则，道德范畴侧重反映道德活动或道德活动主体自身行为之应当，伦理内化为人的操守即是道德。

和"伦理"一词相似，汉语中的"道德"一词一开始也是分开的。甲骨文中已有"德"字。西周初年的大盂鼎铭文的"德"字，是按礼法行事有所得的意思。"德"字在古代是没有"彳"旁的，由殷墟甲骨文中的"悳"（音同德）演化而来。东汉许慎在《说文解字》中解释："悳，外得于人，内得于己也。从直，从心。"清代段玉裁在《说文解字注》中解释说："内得于己，身心自得也；外得于人，谓惠泽使人得之也。"可见，"德"字包含两个层面的意思：内在的身心中有所收获和赢得他人的拥护。

关于"道"字，许慎在《说文解字》中说："道，所行道也。从辵、首。一达谓之道。古文道，从首、寸。"段玉裁在《说文解字注》中讲道："道，引申为道理，亦为引道。从辵、首。首者，行所达也。首亦声。一达谓之道，四达谓之衢，九达谓之馗。"也就是说，道所指的路不是四通八达的，它有一个顶端。古文中的"道"同"导"。从较早的金文和甲骨文看，"道"与"导"本为一字。综合这几层意思，"道"包含着人应该走的唯一正确的人生之路的含义。从哲学的角度来说，"道"是中国哲学的基本范畴，包含天道、人道、地道，具有终极意义的概念。在《荀子·劝学》中"道"与"德"两字开始连用，"故学至乎礼而止矣，夫是之谓道德之极"，既包含道德规范，也包含个人品性修养之义。

综合上述，"道德"一词，本来的意思是表示人们在沿着人生唯一正确的光明大道而行的过程中，不断领悟真理，不断净化自己的心灵，提升自己的智慧，所形成的内在精神境界。后世把"道德"引申为一个人的品德、品质。伦理与道德之间的差异可以用表 1-1 表示。

表 1-1　伦理与道德的比较

差异	本质	评价尺度	具体表现	本义	对应英文
伦理	外在的规则	应当、不应当	社会规范、习俗	人与人之间的相处规则	ethics
道德	内在的心理	善、恶	个人品质、行为	个人内在的境界差异	morality

三、伦理与法律

一般认为法律是社会规则的一种，通常是指由社会认可，国家确认立法部门制定规范的行为规则，并由国家强制力（即军队、警察、法庭、监狱等）保证实施，以规定当事人权利和义务为内容的，具有普遍约束力的一种特殊行为规范。

伦理和法律之间的关系是相互依赖、相辅相成的。法律的制定和执行都依赖伦理，法律的制定和完善必须根据社会的伦理理念，不然就难以让人们自律执行。法律是维系伦理的有力工具。社会成员遵守伦理规范是维护社会正常运作的前提条件。伦理规范要依靠法律强制手段使之制度化、法治化，才能对违反伦理规范的人产生震慑，不然仅仅依靠社会舆论和习俗，难以保证伦理规范为所有人遵守。对于需要破除旧的伦理观念，推行新的伦理观念，往往也需要法律法规来推动。

需要明确的是，法律不能取代伦理。有人认为政府应该把所有伦理规范都纳入法律的范畴，这样既可以发挥伦理道德的社会舆论带来的自律作用，又可以发挥法律的强制性的他律作用。但是，这种想法是不切实际的。

第一，如果试图让法律取代伦理，则会导致法律规范过于复杂，提高法治的成本，而且法律也往往做不到完善，因为法律不可能考虑到所有的新情况、新问题。

第二，即使法律足够完善，其操作也会有困难。法律可以阻止有危害性的行为

发生，但是对于鼓励良好的行为，在操作时却存在着较多困难。而且过分详细的法律会导致组织缺乏灵活性和创新性。

因此，如果没有伦理道德的约束，仅仅依靠法律来规范个人、群体以及组织的行为是很难取得良好效果的。

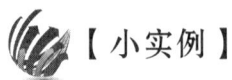【小实例】

BY 公司的道德守则

BY 公司的道德守则是公司全体员工必须遵循的行为准则。BY 公司将以公平、公正、道德的原则来开展其所有业务，遵循所有现行的法律、法规。在业务执行过程中，公司以诚信作为处理同顾客、供应商、社会各团体和员工关系的基础。公司要求员工时时刻刻都以最高的道德标准严格要求自己，不允许做任何有损公司形象和声誉的行为。

资料来源：常亚平，阎俊. 商业道德守则[M]. 北京：中国经济出版社，2005.

第二节　伦理学与应用伦理学

什么是伦理学，伦理学大家族包含哪些成员呢？了解这方面的内容，对我们深刻理解商业伦理学（business ethics）的学科背景具有重要意义。

一、伦理学

中国古代没有使用伦理学一词，西方认为伦理学是关于道德的科学，又称道德学、道德哲学。它以道德现象为研究对象，探讨道德的本质、起源和发展，道德水平同物质生活水平之间的关系，道德的最高原则和道德评价的标准，道德规范体系等一系列问题。从伦理学的发展历史来看，伦理学的研究内容经历了多个发展阶段。

在古希腊罗马时期，苏格拉底和柏拉图都把至善作为伦理学研究的主要内容。亚里士多德认为，伦理学是研究人们的行为及品性的科学，或者说是研究人的道德品性的科学。伊壁鸠鲁（Epicurus）认为，伦理学所研究的主要问题是人生的目的和生活方式，强调伦理学是研究幸福的科学。与伊壁鸠鲁学派对立的斯多葛学派，从强调义务出发，认为伦理学是研究义务和道德规律的科学。公元前 1 世纪，古罗马思想家西塞罗把他的伦理学著作称为《义务论》，并将古希腊的伦理学称为道德哲学，赋予伦理学新的意义。

在近代，人们对伦理学的研究对象有更多不同的理解。比如：有人认为伦理学是研究人生目的的学问；有人认为伦理学是研究善和恶的学问；有人认为伦理学是研究人的行为、道德判断和评价标准，研究道德价值的科学等。所有这些关于伦理学研究对象的看法，都是围绕道德问题提出的。除了把伦理学看作纯理论抽象的道德哲学的观点外，大多数伦理学家都承认伦理学研究的目的是寻找和建立一种调整人与人之间的关系、维护社会秩序和培养有道德的人的理论。

综合近现代学者的观点，大体上可将伦理学研究的主要内容归纳为以下几点：第一，思考道德情感和道德意识，告诉人们如何做一个有道德的人；第二，思考道德标准，告诉人们什么是正当，什么是不当；第三，分析伦理决策的过程，帮助人们理清自己的思路进行伦理分析；第四，为正义找到坚实的基础，消除人们对道德约束力的怀疑。

二、应用伦理学

应用伦理学根据其解决的实际问题所属的领域，相应地形成了科技伦理学、环境伦理学、司法伦理学、商业伦理学等不同应用伦理学子类。

商业伦理学是应用伦理学的一个子类。人们也可以对商业伦理学进行描述性研究、规范性研究和分析性研究等不同层次、不同视角的研究。其中，规范性研究对于商业伦理学来说最为重要，很多商业伦理问题必须用到大量规范伦理学的研究成果才可能得到解决。下面介绍一些比较重要的应用伦理学分支。

第三节 商业伦理学的形成与发展

商业伦理学有一个形成、发展的演变过程，了解这个过程对于我们深刻理解商业伦理问题，夯实学科基础有很大的价值。下面我们来介绍商业伦理的概念、商业伦理学的兴起。

一、什么是商业伦理

（一）商业伦理的内涵

商业伦理研究的是商业活动中各种行为的伦理道德问题，并讨论商业组织应该遵守什么样的道德标准，以及相关道德标准是如何应用于相关组织制度、员工活动的。具体而言包括 4 个方面：① 商业伦理是关于商业组织及其成员行为的规

范。② 商业伦理是关于商业活动的善与恶、应该与不应该的规范。③ 商业伦理是关于怎样正确处理商业组织及其成员与利益相关者关系的规范。④ 商业伦理是通过社会舆论、内心信念和内部规范来起作用的。

从研究的范围来看，商业伦理主要有 3 个层次的内容。

第一，宏观层面，主要研究社会或制度层次，包括经济制度和经济条件的形态，如经济秩序、经济政策、金融政策、社会政策、国际商务活动等方面的伦理问题和伦理责任。

第二，中观层面，主要研究各种经济性组织，如公司、厂家、贸易联盟、消费者组织、行业协会、工会等之间的伦理问题。

第三，微观层面，主要探讨企业中单个人之间，即雇主和雇员、管理者或被管理者、同事、投资者、供应商和消费者等单个人之间的伦理关系问题。

（二）商业伦理的功能

第一，导向功能。商业伦理具有将获取利益的行为与人的协调发展、社会整体利益的进步以及可持续发展等价值导向协调的功效。企业决策中如果缺乏商业伦理，人们就很可能因为追求自身的经济利益，而忽视社会利益、环境保护以及侵害他人的权益等。而重视商业伦理的企业则会不断地应用社会标准来规范自己的行为，用社会道德标准对经营决策的各个方面进行衡量和决定取舍，从而实现企业活动的经济效益、社会效益和生态环境保护的有机统一。

第二，凝聚功能。人们选择某种组织，不仅取决于个人对利益的追求，也与伦理道德密切相关。商业伦理可以将企业员工的需求和期望整合，让员工从内心感受到组织的温暖，进而将自身利益与组织的发展紧密联系在一起。当管理者具有较好的伦理素质时，他将更有人格魅力。这种人格魅力可以赢得员工的尊重，让员工心服口服，从而有效降低监督管理成本。

第三，规范功能。与硬性的规章制度相比，软性的商业伦理可以将规范转变为员工的信仰，让员工按照伦理要求进行自我约束、自我规范和自我评价。通过商业伦理将行为规范内化，员工在遵守伦理规范的过程中会产生自豪感和满足感。

第四，激励功能。管理心理学认为，人们对自己行为的社会意义认识得越清楚，工作就越有勇气和信心。一些企业管理单纯强调物质激励的有效性，忽视了物质激励的负面性，导致员工畸形追求物质利益以及物欲的恶性膨胀。商业伦理为企业员工提供了新的精神追求和人格提升，使员工素质不断提升，并且激发出强大的精神力量和工作热情，进而达到良好的管理绩效。

二、商业伦理学的兴起

商业伦理学的兴起要追溯到 20 世纪 50 年代。20 世纪 50 年代末 60 年代初美国出现了一系列企业伦理道德缺失产生的经营丑闻，迫使政界和学界开始重视商业伦理问题。

首先是在 1962 年，美国政府公布了一个报告——《对企业伦理及相应行动的声明》，表明政府开始正式关注这方面的问题。同年，威廉·洛德（William Lord）在美国商学院联合会发起有关开设"企业伦理学"课程必要性的调查。1963 年，T. M. 加瑞特（T. M. Garrett）等编写了《企业伦理案例》。1968 年，C. 沃尔顿（C. Walton）在《公司的社会责任》一书中，倡导公司之间的竞争要以道德目的为本。这表明学界的专家学者也开始关注这方面的问题。但是，此时人们并没有真正地重视商业伦理问题。学术界还在热烈探讨"利润先于伦理"与"伦理先于利润"两个命题哪个更有道理，直到号称美国史上最早最大的汽车召回事件——福特公司的 Pinto 车召回事件的爆发。

【小专栏】

福特公司 Pinto 车召回事件

20 世纪 70 年代初，福特公司的热销品牌 Pinto 车发生多起车毁人亡事故，但由于缺乏证明汽车存在系统性问题的证据，公司汽车召回委员会投票决定，不予召回。

一年以后，他们得到了部分相关证据。油箱的设计存在问题。油箱置于车后方，而后车轴与后保险杠之间，只给油箱留有约 0.3 米的缓冲空间，后车轴上还安装有向外凸出的轮缘和一大排螺栓头。追尾冲撞试验表明，只要后面的车辆以每小时 34 千米的速度撞上来，油箱就可能向前移动，造成油箱漏油，遇到火花就可能使汽车化为灰烬。但是他们决定不采取行动。他们的逻辑是：Pinto 是福特推出的首部价格低于 2 000 美元的微型轿车，安全性不是卖点，油箱设计没有违反安全法令，并且公司还对减少汽车油箱起火的可能性进行了损益比较。《琼斯母亲》杂志（Mother Jones）记者马克获得了一份福特公司成本效益分析材料。这份材料比较了召回所有油箱装在汽车尾部汽车所需的成本，以及赔偿此类缺陷造成伤亡所需支付的费用。如果对汽车召回修理改进，成本如下：

销售量：1 100 万辆车，150 万辆轻型货车。

召回单位成本：每辆车 11 美元，每辆货车 11 美元。

总成本：11 000 000 × 11 + 1 500 000 × 11 = 13 750（万美元）

2100 辆汽车被烧，180 人严重烧伤，180 人烧死。

事故赔偿单位成本：每烧死一人 200 000 美元，每烧伤一人 67 000 美元，每烧毁一辆车 700 美元。

总收益（节省成本）：180 × 200 000 + 180 × 67 000 + 2 100 × 700 = 4 953（万美元）。

当时，美国公众尚未走出"水门事件"的阴影，又听说福特公司竟然拿金钱和

消费者的生命做比较，而且最终选择了金钱，便异常愤怒，公开指责福特公司。福特公司被一系列公开发表的言论指责为了谋取利益无情地以牺牲人的生命为代价。

虽然事后福特公司斥巨资召回，并最终于 1980 年停止生产 Pinto 汽车，但人们对福特公司的信任危机却持续了很久。加利福尼亚的一个陪审团判决福特公司为 Pinto 汽车的受害人遭受的痛苦赔偿 1.25 亿美元，这在当时是个闻所未闻的天文数字。

资料来源：曼纽尔 G 贝拉斯克斯. 商业伦理概念与案例[M]. 刘刚，程熙镕，译. 7 版. 北京：中国人民大学出版社，2013.

可以说，福特公司的 Pinto 车召回事件使人们真正开始认真深入地反思商业伦理问题。

1974 年 11 月，在美国堪萨斯大学召开了第一届商业伦理学讨论会。这次会议不仅深化了此前人们对商业伦理问题的认识，而且标志着商业伦理学研究组织的正式确立。

20 世纪 80 年代后，商业伦理学进入了全面发展阶段。70 年代，随着日本经济的腾飞，学术界开始关注日本经营模式。日本学者把日本传统的伦理观念融入企业经营活动之中，使伦理道德成为日本企业调节企业内外关系、处理利益冲突的主要手段，从而在激烈的国际竞争中取得了很大的优势。这对美国企业界、学术界都产生了巨大的冲击。美国学者开始更加深刻地反思伦理道德对企业经营、整个经济发展的作用和价值。

20 世纪 80 年代商业伦理学开始进入大学的课堂，并且很快成为高校管理学专业的核心课程，而且还向市场营销学、战略管理学、组织行为学、国际企业学、会计学、谈判学等课程渗透。从 2003 年起，在《商业周刊》对商学院的排名中，新增了对商业道德的评价。

与此同时，一些关于商业伦理的国家标准以及国际标准纷纷出台，比较有名的有《SA8000 社会责任标准》《ISO26000 社会责任指南》等。这些商业伦理规范已经在世界许多著名企业得到广泛应用，许多企业或商业机构都设立了伦理委员会和负责处理商业伦理问题的经理。

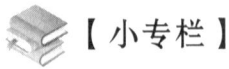【小专栏】

内在性诚信理念：企业兴旺发达的基础

所谓内在性诚信理念，就是指企业内在地、自觉地遵守诚信的原则，完全以诚信的理念来指导自己的经营活动。由此可见，这种内在性诚信理念，并不是指企业为了自身的私利而迫于无奈地执行诚信理念，即企业是目的性极强地、被动性地执行诚信理念，而是指企业把诚信理念作为自己的行为准则和信条。也就是说，内在性诚信理念不是指企业因为外在力量而被迫地执行诚信原则，而是指企业非常主动地遵守诚信的原则。应该说，诚信理念是企业经营活动中一个首要的、极其重要的理念，没有诚信理念，企业的经营活动则难以有效地进行，甚至根本无法进行，即便是一时得势，但最终也会失势。因此，对于诚信理念，所有企业都应该在商业诚信文化中予以重视。

诚信理念是企业兴旺发达的基础，即企业只有在经营活动中遵守诚信理念，才能拥有广泛的客户，才能做到既维持老客户，又能够创造新客户，从而拥有原有的市场和创造新的市场，最终使企业高效益地可持续发展壮大。

资料来源：魏杰. 中国商业诚信文化创新[M]. 北京：中国发展出版社，2006.

第四节　商业伦理学的研究框架

一、商业伦理学的定义和研究对象

商业伦理学是对商业活动中的各类利益相关者之间的关系和行为，进行伦理分析、道德判断和提出相关规范建议的一门学科。商业伦理学是工商管理学与伦理学在相互发展和影响下形成的一门交叉学科。

商业伦理学的研究对象是商业活动中的各类利益相关者的关系和行为。那么商业活动中有哪些利益相关者呢？一般来说，商业活动中的主体是企业，就企业来说，其利益相关者有股东、客户、员工、商业伙伴、政府、当地的社区民众等。

例如一个商业银行的利益相关者，包括股东、客户（即存款人和借款人）、银行的职工、政府管理部门、银行所在的社区等。在商业银行处理与利益相关者之间的关系时，我们常常提出一些相关要求，比如：商业银行应该遵守国家法律和接受相关管理部门的宏观调控；商业银行应为维护利益相关者的权益提供必要的条件，当其合法权益受到侵害时，利益相关者应有机会和途径获得赔偿；银行应向存款人及其他债权人提供必要的信息，使其能对银行的经营状况和财务状况做出判断，进行决策；商业银行应鼓励职工通过与董事会、监事会、经理人员的直接沟通和交流，反映职工对银行经营、财务状况以及涉及职工利益的重大决策的意见；商业银行应在保持持续发展、实现股东利益最大化的同时，关注所在社区的福利、环境保护、公益事业等问题，重视银行的社会责任。这些都是商业伦理研究的范畴。

研究商业伦理学就是要对这些关系和行为进行分析，做出道德判断，并分析如何在各类组织中进行伦理道德建设等问题。

二、商业伦理学的任务和研究方法

商业伦理学的任务是指商业伦理学要解决的现实问题。商业伦理学有以下几个任务：

第一，依据普通规范伦理学的原则和方法得出工商活动的伦理原则。

第二，对现有的经济制度，包括市场体制和企业制度进行道德评价。

第三，对市场规则、企业管理中的伦理规范进行说明和改进。

第四，今后在企业工作能够按照伦理规则对企业进行伦理建设。

在学习了商业伦理学之后，学生如果能够做到上述几点，则圆满完成了商业伦理学的学习任务。

商业伦理学属于工商管理和伦理学的交叉学科，因而两个学科常用的研究方法都会出现在商业伦理学的研究之中。工商管理研究以案例研究为基本研究方法，而伦理学研究则以哲学思辨为基本的研究方法。因此，案例研究、哲学思辨研究都是商业伦理学的基本研究方法。

三、为什么要学习商业伦理学

关注和学习商业伦理学对在校大学生和企业界的人士来说都具有重大意义。

第一，学习商业伦理学有助于更客观地理解企业及其成员的责任。商业伦理学不是简单地宣称企业应该履行什么责任，更重要的是，要论证为什么把单纯追求利润最大化作为企业社会责任是不合适的，尤其要论证为什么企业社会责任应该包含道德责任。管理工作的特点是通过他人来完成工作，管理者通过施加影响力使员工心甘情愿地努力工作是十分重要的；管理者经常需要向外部利益相关者解释为什么其所做的决策是正当的，这就需要统一认识，提出有说服力的观点。

第二，学习商业伦理学有助于纠正人们对商业伦理学的一些片面认识。特别是在当代中国，人们对商业伦理的认识还存在一些误区，比如：企业的责任就是在守法条件下使利润最大化；我国目前还不具备讲企业伦理的条件；谁讲伦理谁吃亏，讲道德与追求利益总是对立的；现在需要的是法律、制度而不是道德；企业即使讲道德，目的也还是谋利，讲道德只是一种伪装而已……这些观点对当代中国经济和社会的发展有较大的负面影响。通过学习商业伦理学，我们可以认识到这些观点为什么是错误的，有助于增强对伦理问题的敏感度，确保能及早发现企业内外出现伦理问题的迹象，避免在实践中做出错误的判断和决策。

第三，学习商业伦理学有助于提高决策质量。学习商业伦理学有助于帮助管理者学会有效运用道德评价和道德推理方法。商业伦理学课程本身旨在帮助学生解决在商业环境中碰到的无法避免的道德困境，帮助学生在遇到道德层面的商业问题时学习如何做出抉择。例如，股东有股东的利益，雇员有雇员的利益，而且各有各的权利。当他们之间发生冲突时，你该做出什么决定呢？我们教导学生如何应对这样的困境，同时学习用有理有力的语言阐述自己的决策，从而提高商业决策的质量。衡量一个商业决策的可行性实际上是衡量 5 个重要标准：其一，经济标准：是否有利？其二，技术标准：是否可行？其三，政治标准：是否符合国家的方针政策？其四，法律标准：是否合法？其五，伦理标准：是否合乎伦理？如果满足这 5 个标准，那么决策一定会给企业带来良好的结果。反之，则不能保证有一个很好的结果。

第四，学习商业伦理学有助于培养企业核心能力，提升企业竞争力。基于卓越道德的竞争优势是一种可持续的竞争优势；企业的伦理道德资源也是企业的一种资本，属于社会资本的一类，它具有有价值、稀缺性、难以模仿性等几个特点。因此，可以运用企业的伦理道德资源来构建企业的核心能力，增强企业的竞争优势。

四、伦理道德与商业利益

"道德"与"利益"的关系是商业伦理学的基本问题。几千年来，历代思想家对它进行了反复讨论，在中国古代，关于"道德"与"利益"的关系思考一般称为"义"与"利"之辩。先秦诸子中，法家提出了"重利轻义"主张，管仲的名言"仓廪实而知礼节，衣食足而知荣辱"一直为人们所熟知；道家则以既超道义又超功利的态度来看待义与利的关系；儒家则主张"重义轻利"思想。这 3 种义利观在中国道德史上都有各自的影响，但儒家"重义轻利"的思想对后世的影响最大。儒家创始人孔子提出，管理者应该"见利思义"（《论语·宪问篇》），"君子喻于义，小人喻于利"（《论语·里仁篇》），"放于利而行，多怨"（《论语·里仁篇》）等观点。不过孔子并没有因为肯定"义"而否定"利"对个人生活的意义。然而在后世，儒家却越来越关注"义"而轻视"利"。比如：孟子提出"上下交征利，而国危矣"（《孟子·梁惠王上》）；西汉董仲舒提出"正其宜（义），不谋其利；明其道，不计其功"（《汉书·董仲舒传》）。宋明理学家朱熹则继续发扬这种重义轻利的思想，宣扬"利于私，必不利于公。公私不能两胜，利害不能两能"的观点，以致后人羞于言利、耻于获利。"义"和"利"也从此彻底分离和对立。

在西方工商管理理论的发展过程中，关于伦理道德和利益的关系主要有 3 种观点：第一种观点认为，在商业活动中，利益的重要性胜过伦理道德，在法律允许的情况下，为了利益，商业组织可以不管伦理道德。第二种观点认为，商业活动和利益没有直接关系，人们只有在不得已的情况下，才会考虑道德与利益的关系。第三种观点认为，商业活动本身必须在一定的伦理道德标准下才能正常进行，伦理道德内含于各种商业活动中，必须考虑伦理道德才能使商业利益得到长期的保证。3 种假设的比较如表 1-2 所示。

表 1-2　3 种假设的比较

	不道德管理假设	非道德管理假设	道德管理假设
伦理标准	商业活动与伦理道德是对立的	商业活动既不是道德的，也不是不道德的，只有在不得已的情况下，商业决策才会考虑道德	商业活动必须符合伦理道德，商业活动本身必须在一定的伦理道德标准下才能正常运作
动机	人都是自私的，企业只关心利润	人是自私的，但在行为对他人造成影响时，不得不为了避免负面影响而考虑伦理道德	人是有良心的，违反伦理道德的成功是不值得追求的
目标与策略	不惜以任何代价取得利润及组织成功	在不影响他人利益的情况下，获取自身最大利益	在伦理标准的范围内追求利润；运用伦理道德进行管理；遇到伦理困境，考虑自身的责任，不推卸
法律导向	为了获取利益，必须想办法绕过某些法律标准的障碍	法律是伦理指南，只要遵守法律就可以了	法律是伦理行为的最低标准，应提高人们的伦理道德素质

 【案例分析】

青岛港：践行商业伦理，获得企业成功

一、背景资料

青岛港是具有 114 年历史的国家特大型港口，现有员工 16 000 多人，主要从事集装箱、煤炭、原油、矿石、粮食等各类进出口货物的装卸、储存、物流分拨服务和国际国内客运服务。

十几年来，青岛港以"精忠报国、服务社会、造福职工"为三大使命，发扬"一代人要有一代人的作为，一代人要有一代人的贡献，一代人要有一代人的牺牲"的青岛港精神，自我加压，艰苦创业，改造了一个百年老港，建设了两个现代化的新港，在全国沿海港口中率先建成世界级的集装箱、铁矿石、原油等大码头，港口资产由原先的不足 5 亿元增值裂变到 156 亿元，为国家创造了 150 多亿元的优良资产。世界上有多大的船舶，我们就有多大的码头。港口吞吐量从 20 世纪 80 年代末的 2 000 多万吨增至 2005 年的 1.87 亿吨，翻了 3 番，跃居世界大港前十强。2009 年港口吞吐量已超过 2 亿吨，集装箱吞吐量从 2 万多标准箱迅猛发展，超过日本所有的港口，增至 2005 年的 630.7 万标准箱，在上海以北的东北亚地区居第 2 位、世界第 13 位，目前正在向全年 800 万标准箱冲刺。铁矿石进口量居世界第 1 位，原油进口油量居全国沿海港口第 1 位。外贸吞吐量居全国港口第 2 位，是仅次于上海港的我国第二大外贸口岸，累计向国家上缴各种税费上百亿元。已有 7 家世界 500 强企业落户青岛港。

二、商业伦理的践行

青岛港严格践行商业伦理。青岛港在商业活动中进行道德自律，无论是员工还是其他利益相关者都能遵守一套自己的行为规范和准则。同时，青岛港注重处理好自身企业的发展与环境以及国家发展的相互关系。

青岛港正确处理改革、发展、稳定三者的关系，既深化改革，又维护好职工的利益、社会的稳定，始终坚持"职工的事再小也是大事，再难也要办好"。

三、青岛港的成功

青岛港勇于创新，善于管理。坚持一切从实际出发，把青岛港自己的事情办得更好的发展思路；时刻坚持"对国家的贡献要越来越大，港口发展后劲要越来越强，职工生活质量要越来越高，政治文明、精神文明建设要越搞越好"的核心价值观；在实际工作中正确处理"继承与创新，发展与造福，决策与风气，承诺与责任，信念与求实，班子与队伍"六大关系；根据国际航运业发展趋势，实施了青岛港"核心业务结构、港口能力结构、生产布局结构、劳动力结构、市场结构"五大结构调整，实现了青岛港的持续快速协调健康发展；坚持与国际管理模式接轨，以"全国质量管理奖"和卓越绩效管理评审标准为大纲，使青岛港在全国沿海港口中率先通过了质量、环境、职业安全健康三大管理体系认证，并在全国率先建立起一体化的安全质量环境管理新体系；根据港口生产发展的实际需要，进行资源集中整合，实现了港区集约化、专业化经营；打破集团内部传统管理思维的束缚，确立了以集团为决策层、公司为经营层、队伍为管理层、班组为操作层的四级管理新格局，进一步明确了责任分工，重新进行职能定位，为百年大港创造了崭新的管理平台。以"坚持瞄准世界先进的航运市场，坚持瞄准世界先进的科技水平，坚持一切以客户为中心的服务理念，坚持改革、开放、管理，坚持一心为民、造福职工，坚持以人为本、苦练内功，坚持主业兴百业旺，坚持三个文明一起抓不动摇"等"八个坚持"为前提，走质量兴港、科技兴港、实干兴港之路，不断超越自我，与时俱进。在港口通过能力远远不能适应生产快速发展需要的情况下，直面现实，挑战极限，创造性地提出具有特殊含义的"1＋1>2"的发展思路，即建码头发展，不建码头管理挖潜也要发展，以一个青岛港的能力创出两个青岛港的业绩，保持青岛港的持续快速协调健康发展。带领全港员工深入开展"管理挖潜年"活动，向科技、管理、创新要能力、要效率，积极开展大练兵、练绝活儿活动，全力打造"平安福港、效率快港、实力强港"，其集装箱作业"振超效率"三次刷新世界纪录，一个集装箱码头发挥出三个码头的作用。

"十五"期间，港口吞吐量每年跨越 2 000 万吨台阶，5 年净增 1 亿吨，也就是说依靠挖潜再造了一个亿吨大港。青岛港进出口的外贸货物为国家创造了 832.52 亿元的海关关税税源；向国家上缴各种税费 58 亿元，其中上缴港建费 32 亿元，名列我国沿海港口前茅，多次受到交通部的表扬；上缴青岛市地税连续两年保持全市第一；为社会创造了约 45 万个就业岗位。不仅高度重视港口吞吐量和经济效益等预期性指标，而且高度重视安全、节能和环保等约束性指标，带领青岛港坚定不移地走资源节约型、环境友好型、质量效益型发展之路。"十五"末吞吐量比"九五"末翻了一番多，综合能源单耗却同比下降了 21.1%，其中占港口能源消耗 55%以上的电力能源单耗连续 4 年出现负增长。大力实施"蓝天、绿地、碧水"三大工程，港口空中不见黑烟尘，地上不见沙尘土，水中不见漂浮物，三季有花，四季常青，实现了人与自然、生产与环境、港口与社会的和谐统一。青岛港先后荣获全国绿化模范单位、全国首批（8 家）国家环境友好企业等多项荣誉。

自 1995 年以来，青岛港一直是交通部确定的全国交通系统学习的典型和全国港口行业唯一的示范"窗口"，并获得首届全国质量管理奖、首批国家环境友好企业、首届袁宝华企业管理金奖、全国文明单位、五一劳动奖状、全国学习型组织标兵单位、全国爱心捐助奖、全国创建和谐劳动关系模范企业、中国最具影响力的财富企业、中国企业诚信经营示范单位、山东省诚信纳税企业等数百项国家省市级金奖；连续 3 次被国务院确定为国有企业重大典型，连续 3 三次被中宣部、中组部等六部委选为振兴国有企业报告团成员在全国巡回报告；被中宣部、国家发改委、交通部联合确定为国家辉煌"十五"国企重点宣传的典型；青岛港"诚纳四海"服务品牌被评为中华第一港口服务品牌。

资料来源：刘光明. 新商业伦理学[M]. 北京：经济管理出版社，2012：18-21.

思考题：

1. 从案例中总结青岛港企业文化的核心。

2. 企业伦理在企业的成功中扮演怎样的角色？在本案例中，青岛港的成功与青岛港对商业伦理的践行有无必然联系？

3. 请收集资料，谈谈中国企业践行商业伦理的现状。

【复习思考】

一、单选题

1. 下列属于"五伦"关系的一项是（　　　）。

    A. 夫妇、父子、兄弟、朋友、邻里

    B. 同事、朋友、父子、兄弟、夫妇

    C. 君臣、父子、兄弟、夫妇、朋友

    D. 君臣、父子、夫妇、兄弟、师生

2. 调节伦理关系的强制性手段是（　　　）。

    A. 道德   B. 法律   C. 政府   D. 社会

3. 西方新闻伦理规范的根本原则是（　　　）。

    A. 社会责任原则   B. 为人民服务原则

    C. 新闻专业原则   D. 新闻自由原则

4. 任何商业团体从事商业活动时，所遵循的伦理准则被称为（　　　　）。

    A. 伦理学   B. 商业伦理

    C. 社会伦理   D. 道德伦理

5. 分类来看，商业伦理学应该属于（　　　　）。

    A. 元伦理学   B. 规范伦理学

    C. 应用伦理学   D. 美德伦理学

二、多选题

1. 根据研究伦理道德的方法、角度和侧重点的不同，可以把伦理学分为（　　　　）。

    A. 描述伦理学   B. 分析伦理学

    C. 应用伦理学   D. 规范伦理学

2. 以下属于应用伦理学的有（　　　　）。

    A. 生命伦理学   B. 环境伦理学

    C. 商业伦理学   D. 科技伦理学

3. 商业伦理的功能包括（　　　　）。

    A. 导向功能   B. 约束功能

    C. 规范功能   D. 激励功能

4. 从研究的范围来看，商业伦理主要包括哪几个层次的内容？（　　　　）。

    A. 宏观层面   B. 微观层面

    C. 中观层面   D. 细观层面

5. 学习商业伦理学的意义有（　　　　）。

    A. 了解企业责任   B. 消除人们对其的片面认识

    C. 提高决策质量   D. 培养核心竞争力

三、判断题

1. 伦理道德约束完全可以取代法律规定。（　　　　）

2. 中西方新闻伦理学没有本质差别。（　　　　）

3. 企业经营中必须考虑社会利益，承担社会义务，这是企业的社会责任。（　　　　）

4. 提升企业商业伦理，有益于企业竞争力。（　　　　）

四、问答题

1. 道德与伦理是不是一样的，两者有什么区别？

2. 通过福特公司 Pinto 车召回事件，思考企业应该怎样处理伦理与利润的关系？

3. 媒体记者应怎样妥善处理新闻自由与社会责任的关系？

4. 科学家在研究纳米技术时面临"两难境地"，纳米技术有着巨大的发展潜力，但材料可能会导致人或动物致癌。思考怎样妥善处理科技与伦理的关系？

五、实际操作训练

实训项目：某企业对商业伦理遵守和执行情况的调查。

实训目的：了解该企业对商业伦理遵守和执行情况，或者该企业折射出的商业伦理。

实训内容：确定调研企业的类型，并对该企业商业伦理遵守和执行情况或者该企业折射出的商业伦理进行调查，分析其在同行商业运营中存在的优势和劣势。企业领导者应该如何巩固其优势和改变其劣势，请结合商业伦理给出方案。

实训要求：学生可以小组的方式开展调查工作，5人一组；各组成员自行联系，并调查当地的一家企业；详细调研该企业商业伦理遵守和执行情况，或者该企业折射出的商业伦理，分析其在同行商业运营中存在的优势和劣势。企业领导者应该如何巩固其优势和改变其劣势，请结合商业伦理给出方案；企业领导者该如何改变这一现象，请结合商业伦理给出方案；将上述内容形成一个完整的调查分析报告。

第二章　商业伦理规范与伦理决策

【本章基本知识】

知识要点	掌握程度	相关知识
商业伦理的经济性与社会性	明晰	商业及其合作的演变、商业伦理的经济性、商业伦理行为的社会制约
商业伦理的一般规范	理解	商业伦理中的目的论原则；商业伦理中的权利与义务论原则；商业伦理中的社会契约论原则
商业伦理决策	掌握	伦理决策的影响因素；伦理决策工具与方法；伦理冲突与协调

【本章关键术语】

商业伦理；伦理决策。

道之以政，齐之以刑，民免而无耻，道之以德，齐之以礼，有耻且格。

——《论语·为政》

君子出处不违道而无愧。

——欧阳修《与颜直讲》

【导入案例】

承 TRT 传统，扬中医药美名

TRT 已存在了 340 多年，与它同生的老字号成百上千，而至今能像 TRT 这样长盛不衰在的却凤毛麟角。TRT 之所以长盛不衰，并不断发展壮大，很重要的一个原因是：TRT 人的秘诀就是一直坚守"德、诚、信"理念，以为百姓制好药为本分，追求诚实、守信的药德。能一以贯之地坚持诚信为本的药德思想，并随着时代的发展，不断融入新的内涵。

诚信首先表现在 TRT 的原材料购买和药品制造上。成书于康熙年间的《乐氏世代祖传丸散膏丹下料配方》的序言中明确规定："炮制虽繁必不敢省人工，品位虽贵必不敢减物力。"从过去的手工作坊，到现在的大规模生产，质量一直是 TRT 生存

的命脉。在 TRT 的车间里，堆成小山似的各种药材都是一根根、一颗颗精心挑选的。

近几年，医药市场曾出现混乱，有段时间 TRT 甚至丢掉了部分市场。但 TRT 人始终坚持以义取利、以义为先。他们谨记："拳拳仁心代代传，报国为民振堂风。" 20 世纪 90 年代初，我国南方流行甲肝，特效药板蓝根冲剂抢手一时。有人提出，按原价出厂不划算，应适当提高药价。但 TRT 表示，绝不乘人之危，还专门派出一个车队将药品送到疫情最严重的地区。为保证让患者吃上放心药，TRT 建立了自己的六大药材种植基地，拥有自己的养鹿场和乌鸡场。

诚信表现在 TRT 的经营中就是"以义为上，义利共生"。TRT 的负责人说，古人讲过，君子爱财，取之有道。对 TRT 来说，这个"道"就是"义"，把顾客的需要和满意放在首位。经营者无疑都想取得最大利润，但没有"大义"就不可能有"大利"。只追逐眼前的蝇头小利必然会失去消费者的信任。如今 TRT 仍然坚持本小利微，甚至代客加工、邮寄、代客煎药、为人送药等，不仅取得了社会效益，而且增加了客源，带动了其他药品的销售，取得了良好的经济效益。

截至 2011 年，集团资产总额 140 亿元，销售收入 163 亿元，实现利润 13.16 亿元，出口创汇 3 392 万美元，在海外 16 个国家和地区开办了 64 家药店和 1 家境外生产研发基地，产品销往海外 40 多个国家和地区。同时，TRT 既是经济实体又是文化载体的双重功能日益显现，品牌的维护和提升、文化的创新与传承等取得了丰硕成果。

思考：

TRT 的成功经验对当代大学生有何借鉴价值？

第一节　商业伦理的经济性与社会性

伦理与其经济性和社会性结合的结果之一就是"伦理经营"的提出。伦理经营假设意味着企业管理与伦理的结合：追求利润是所有经营活动的重要目标，企业管理必须服务于这一目标；道德的价值在于它是共同利益的维护者。利润体现个体（企业）的利益，道德维护整体的利益。

一、商业及其合作的演变

大猩猩的行为与人类的行为有多少相似之处呢？无独有偶，德瓦尔在对荷兰一家动物园的大猩猩的观察中发现，这些大猩猩在其社区内形成了各种正式等级，结成联盟、建立稳定关系，把操纵其他猩猩作为一种社会手段，而且还展开交换（德瓦尔，2009）。

大猩猩们交换的是"社交好处"而不是"商品"，它们通过一个中间经纪"人"交换。在集体中表现出极大影响力的猩猩利用自己的地位和尊严来确保集体的安全，当获得大量食物时，大猩猩们会用亲吻、拥抱以及小组庆贺等方式来表达心情。更重要的是，大家都愿意超越等级分享盛宴，而且最具影响力的猩猩往往也是最可能把食物分给集体中其他成员的一只。

回想互惠利他原则不难发现，这种分享并不全是利他，很可能随着某种对未来可能得到回报的期待。德瓦尔一次又一次观察到的这种为了利益而进行的交易表明，虽然大猩猩表现出某种程度的无私，它们的分享与合作程度还是无法与人类相比。

凡尼尔（Fennell，2006）在阐述这一问题时引用了人类学研究的成果，认为人类学的传统智慧始终把社会中的食物分享视为平均主义（egalitarianism）的一种功能，即如果不管是谁得到或生产了食物，都平等共享，那就是社会最大的福祉；因为如果共享食物，就不会激励人们为了自己的利益而进行额外的捕杀或生产，这对大家都有好处。但是，人类学研究也从另一个角度进行了探讨，即理解食物共享背后的动机必须分析个人的需求，而不是社会功能。社会是个体的总和，只有先从个体入手，才能真正了解社会。

为了阐述这一问题，凡尼尔（2006）进一步列举了不同学者对坦桑尼亚原始部落的研究发现。其中，大型猎物往往作为共有物在通宵狩猎晚会上与所有猎手分享，这与平常打猎回来后猎物只属于打死或采集到猎物的猎手家庭不同。为什么大型猎物就要共享呢？也许可以归结为至少 4 个原因：首先，狩猎是合作行为，因此，打猎中的合作要求要共享战利品。其次，表现在成功或失败上：如果整个一周我都无所猎获，我的家人仍然能够确保有一顿美餐；等到下次我成功了，我只要回报就可以了，即互惠利他。再次，容忍性偷窃（tolerated theft），即所捕获猎物如果太大，猎手不大可能在猎物变质前消费掉，特别是在其他人可能更好地利用猎物的时候，就会出现这种情况，就像狮子和其他猛兽一样，会把吃剩的尸体丢给其他动物。最后，就是用食物共享交换将来可能需要的另一种商品或服务，包括别人的尊敬、地位的巩固、朋友和配偶的青睐等。由此推及人类，为了共同的利益，我们总是努力与他人建立互惠关系，而如果没有贸易，可能就不需要这种关系了。

瑞德里（Ridley，1998）认为，人们甚至创造可交换产品，并且形成不一定是技术原因导致的劳动分工，从而激励进一步的贸易和巩固联盟。频繁的交往提供了加强联系的手段，否则可能会出现不稳定，甚至交战。但瑞德里也提出了两个重要观点，解释了为什么商业完全体现在人性中。他说，贸易不是政治、法律和正义的结果，而是所有这些的先行者。现代商法不是政策发展的结果，而是商人自身行为的结果。我们都知道自然资源和技能的分布不均，导致了不同产品的生产成本大不相同，从而就会出现不同地区之间的产品交换。但如果再进一步思考就会发现，劳动分工的专业化其实对我们自己不无益处。首先，分工专业化能够使人避免竞争；

其次，它印证了 18 世纪亚当·斯密（Adam Smith）的发现：社会利益源于个人的恶性，即通过对他人产品和服务的自利依赖，分工使彼此都富裕起来。通过劳动分工的概念，斯密（Smith，1776/1964）使西方世界摆脱了财富有限（即每个国家只能通过从其他国家获取财富，才能提高自己的财富水平）的信条，认为每个民族都可以通过在世界范围内扩大市场和劳动分工而积累财富。要使这一体系运作良好，不是因为政府的参与，而是基于人的道德观，包括自我利益、善良和同情心。这些是帮助人们意识到自己是社会的一部分的关键所在。

因此，商业交换的成功源于人类进化中形成的信任、诚实和互惠所决定的道德规范。

二、商业伦理的经济性

"经济"一词与中国古汉语中的"经济"是完全不同的，古汉语中的"经济"有"经邦济民""经国济世""经世济民"之义，是对国家治理的解释，与经济学无关。现代经济一词来自西语，源于希腊文 oikonomia，讨论的是以家庭为单位的经济管理。

人类经济伦理思想的产生和发展有着自身相对独立的历史。在亚里士多德和孔子时代，伦理强调的是其人性的一面。随着人类经济社会的发展，伦理的经济性原则逐渐展现。

13 世纪，威尼斯成为西方贸易的中心（Boorstin，1985），银行和商业体系集中在少数人手里，因而少数富人在逐渐出现的行会系统中掌握大权。随着中世纪市场的完善，西欧整体上开始繁荣起来。但是在经济效率提高、贸易进一步扩大的同时，原来反映劳动价值的公平价格开始受供求关系的制约（Rosenberg 和 Birdzell，1986）。这一过程中就出现了伦理困境:正义与效率的较量。而这种较量似乎一直延续至今。

马克思把经济学作为理解人类社会、人的活动规律和人类道德、精神现象的手段。他在《1844 年经济学哲学手稿》中写道，国民经济学不过是以自己的方式表现着道德规律。在马克思看来，对经济学的研究和对人类道德规律的研究是密不可分的，因而也不能离开经济学中伦理原则的研究。他认为，伦理学的基本问题包括经济利益和道德的关系、个人和整体利益的关系、经济对道德的作用、道德对经济的反作用、经济活动中人的价值实现、经济领域中产生的道德现象和道德范畴，诸如公平、正义、自由、平等均应成为经济学和伦理学共同研究的课题。

通常认为，经济伦理就是人们在现实的社会经济活动中产生并对其评价和制约的道德观念（彼得·科斯洛夫斯基，1997）。经济伦理包括两个方面的内容：一是研究经济生活和经济活动中的道德观念及其理论依据；二是对这些道德观念和理论基础进行道德评价。

像所有应用伦理学一样，商业伦理必须随时与现实商业世界保持一致，否则就失去了指导行为规范的意义。

商业伦理受到经济条件的制约，经济决策过程不仅取决于保证稳定和增长，还需要获得利润、巩固市场和不断提高股东的价值（Zimmerli，Richter 和 Holzinger，2007）。这种经济理性主宰着经济行为的其他方面，有时候甚至占据了绝对的决策高地。商业活动中的伦理原则与经济性原则都涉及人类的行为及其决策问题，综合了经济性原则的商业伦理不仅要考虑道德上的明辨是非，还要考虑决策的效果和效率问题。

在平衡道德正确与商业决策的经济性方面，对经济性的考虑经常超过了对道德的考虑，这不仅体现在日渐引起关注的各种商业丑闻所暴露出的只追求利益最大化和股东利益的商业战略方面，还涉及权力集中在跨国大公司、发达国家在发展中国家商业活动的合法性以及公司对待客户和竞争者的方式上。此外，还包括员工管理、公司决策框架和商业目标等内部层面，以及对我们在价值和思维上的经济和物质倾向的指责。

究其原因，从对经济理论的反思不难看出，经济理论主要基于对各种模型的分析，认为通过模型可以决定随个体变量的改变而产生的效应，即行动总是针对个体利益最大化或预期成本最小化。在经济理性所支持的现实下，好坏取决于个体实现的利润而不是其行为的方式、动机或意愿。然而，行为的理性不仅在于其经济成功，还在于决策者的知识、动机和意愿所赋予决策的说服力。

由于经济理性预期所有市场参与者都会使自己的利益最大化，该动机也就赋予了所有竞争者。这就至少产生了与商业伦理相关的两个问题。

首先，所有竞争者都是为了利益最大化是否是理性伦理行为的充分动机？换句话说，仅仅基于个人利益最大化的自我本位行为能不能产生伦理上正确的结果？

其次，以自我利益为动机的行为会导致不合乎伦理结果的程度，即经济上理性的决策能不能导致不合乎伦理的行为？

显然，第一个问题在本质上很关键，说明经济和伦理是否是两个兼容的领域。这可以从 3 个角度来看。

（1）按照市场形而上学，市场自身的机制会在自我利益之间创造平衡，即亚当·斯密所说的"无形的手"。据此，市场本身会在经济中引进道德体系，或公平分配原则。

（2）经济体系中的道德地位可以分为规则和步骤，前者被定义为商业允许的行动模式，要求道德标准；后者是参与者在确立的规则中能使用的战略，不属于道德范畴，即不需要伦理反思，因为所有经济上可行的战略都在既定的规则下进行。因此，经济体系中的道德体系定位在商业主体都能自由运作的情况下。

（3）经济行为是实现其他目标的手段，道德决定只影响个体层面。这里说的经济行为既不是道德的也不是不道德的，其道德性取决于参与者的个体目标。只要不

违反个体伦理规范，该经济行为就是道德的。

联系上面商业伦理必须回答的第二个问题，如果伦理和经济是兼容的，那么商业伦理就必须回答：遵守经济理性原则就一定会带来不希望的结果吗？博弈论就是一个很好的线索，即假如所有参与者都采取经济上理性的行动，真正的市场情形会陷入两难境地。没有任何参与者会放弃追求利益最大化，除非能够保证其他人也都愿意这么做。

要考察经济上的理性行为产生商业上预期结果的程度，需要深入分析个体的经济和商业决定。例如，世界贸易组织的国际商务规则是否违反了公平原则？如何从道德上看待中国当代的就业政策？如何运用伦理规范管理公司员工或应对外部利益相关者？显然，道德行为不再基于遵守康德的"道德律"或边沁的"为最多数的人创造最大的幸福"等责任上，而是以不导致经济不利为必要因素。对个体利益的追求是否必然导致不道德的商业行为，这就涉及伦理的社会约束问题。

三、商业伦理行为的社会制约

按照古典经济理论，商业的形成纯属为了经济目的，仅通过市场与社会发生联系，而市场交易构成其存在的全部和理由。企业被认为是人们为了自身经济利益而以投资者、雇员等身份走到一起而形成的自愿组织；创造的大部分财富归资本所有者，雇员根据自己的贡献获得薪酬，投资者通过对组织的贷款接受利息。

然而，市场并不是企业的全部，也不是企业存在的理由。从市场功能理解企业，只是从其社会背景和所涉及的多重关系及责任中提取了一部分。单纯考虑企业的经济功能，脱离了赋予企业和市场存在的社会背景，将企业存在的目的只局限于单一方面，在这一过程中丧失了企业作为社会群体部分的内在道德本质。除了经济功能外，企业的一个重要功能在于丰富企业所依存的社会、文化、自然等多重环境。例如，商业组织的存在还在于要为其雇员提供有意义的生活：通过研发新产品和新技术改善社会、促进环境可持续发展、停止破坏环境的活动、尽可能帮助社会解决最紧迫的社会问题等。公司或企业是一个多重目的的组织，许多目的都是非经济性的。虽然利润是企业继续其活力的关键，但却是企业存在的副产品，是企业机能完好的象征。企业可以只专注经济职能而获取经济上的富裕、为股东带来巨大利润、积累财富，但是不能通过这种方式成长和壮大。

弗里德里克（Frederick，1995）说过，利润不是商业的初始价值，而是源于随着商业发展和系统一体化形成的初始价值经济化的过程。

罗森塔尔（Rosenthal，1999）以政府与公共政策关系为例解释了这一过程。在谈到商业与公共政策环境问题时，作者认为，虽然在某种程度上政府是其中的一个利益相关者，但政府的作用却远不止于此，政府是公共政策过程的主要参与者；同样，鉴于其在自由市场过程中所扮演的重要角色，商业也不仅仅是人们通常认为的利益相关者之一。公共政策和自由市场经济是一个社会或社区能动性的两个重要元素，代表着整体"他方"和个体之间保持适当平衡的两种手段。要在市场导向经济中持续社区发展，就必须保持这种平衡。虽然大多数公共政策的制定是通过政府行为发生的，但这些政策并不等于政府，而是一个社会决策过程。同样，商业伦理的形成与应用不是单纯地规范企业的获利之道，而是赋予企业立足社会之本，同时其自身又是社会的产物，蕴含着不可摆脱而且必须遵循的社会发展规律。不受社会性制约的商业发展将导致恶果。

第二节　商业伦理的一般规范

一个社会所奉行的商业伦理与其基本伦理观念有密切联系，后果性原则、非后果性原则、德行论原则和下面要谈到的综合社会契约论，都深刻地影响商业伦理的基本准则。

一、商业伦理中的目的论原则

目的论原则在商业活动中的直接体现就是重视对企业行为的成本和收益评估，费用－效益分析是其经常采用的方法：做"道德"的、"好"的事情是否能获取相应的回报？

在商业伦理中，"好"的含义包含三重意义：事情本身是"好"的，同时还必须是有效率的、有效果的。在商业伦理中采用目的论原则，道德原则和经济性原则就紧密结合起来。在这一过程中，费用－效益的分析就涉及两个层面的问题，即利己和利他的问题，实际上就是个体效益最大化还是群体效益最大化的问题。其实，这两种原则在商业伦理中都经常出现并且很难区分。从个体的人的角度，"我"既是整体也是个体；从个人与公司的层面，"我"是个体，"公司"是整体；从社会层面，"公司"是个体，"社会"是整体。

很多商界人士认为目的性原则提高了社会经济运转的效率，并坚持认为评估商业决策是否道德的最佳标准就是比较该项决策的费用和效益。功利主义原则在商业伦理中的应用就是对任何"道德"的决策和"不道德"的决策的后果进行费用效益分析。在多数情况下，"诚实、守信、友善、关爱"等"好"的行为要比"谎言、欺骗、贿赂"等"恶"的行为有更多的收益：前者降低了经营活动的交易成本，从而使从事商业活动的所有人都可以从中受益。但如同市场经济存在"失灵"一样，费用－效益分析也存在"失灵"甚至"错误"的时候。

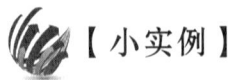【小实例】

通用电气用 6 亿美元换取名誉

通用电气公司曾经是世界上最大的多元化服务性公司，同时也是高质量、高科技工业产品和消费产品的提供者。1981 年 4 月，年仅 45 岁的韦尔奇成为通用电气公司历史上最年轻的董事长和首席执行官。韦尔奇初掌通用电气时，公司的销售额为 250 亿美元，盈利为 15 亿美元。在执掌通用电气的 20 年中，韦尔奇通过近 1 000 次的企业兼并，把一家市场价值在全美上市公司中排名第 10 的公司发展成盈利能力位列全球第一，市值 4 800 亿美元，位居全球第二位的世界级大公司。而在通用电气发展史中曾经发生过这样一件事情。

1988 年，杰夫·伊梅尔特（2001 年年末，他成为通用电气第九任董事长和首席执行官）负责通用电气家电维修业务。当时他 30 来岁，年轻有为，正是春风得意的时候。当时，公司生产的一种冰箱在市场上反应不错，但是冰箱的压缩机老是出现故障，出现故障的时间长短不一。这关系着几百万台冰箱的使用者和公司的利益，伊梅尔特迫于无奈只好向韦尔奇汇报。

但是他不知道该怎样开口，因为为了公司的利益，通用电气维修部要在 12 个月内换掉 330 万台压缩机，这差不多要花 6 亿美元！

杰夫·伊梅尔特鼓起勇气，向韦尔奇"坦白"。他说公司应花 6 亿美元来维修冰箱的压缩机，说话的时候他非常紧张，浑身冒汗。他知道，韦尔奇发起火来就像一头咆哮的狮子。韦尔奇看着他说起自己的意见，刚开始声音非常大，不过很快就平稳了下来。他又问了许多技术性的问题，如修改的时间、数据、信息等。杰夫·伊梅尔特硬着头皮支撑着，大气也不敢出。

韦尔奇最后说："行，虽然我们没有必要这么做，但是你知道对我们最重要的是我们的品牌、我们的名誉、我们的客户。"

伊梅尔特一颗悬着的心终于落了地。后来他深有感触地说："这是我早期职业生涯中碰到的一件事，可见通用电气的决策者对于诚信的重视。通用电气的诚信价值观是公司最为宝贵的财富。"

资料来源：赵文明.中外商业诚信文化经典案例[M].北京：企业管理出版社，2005：123-138.

在这个案例中，对消费者的利益最大化对公司而言却是一种损失；以牺牲某一个体或群体利益实现另一个体或群体利益最大化，体现了现代文明的基本准则：诚信、公平与正义。

费用－效益分析在实际应用中还可能存在其他困难：如何衡量"费用"和"效用"？在经济决策中，费用和效用本身可能是含混不清的：例如在生态敏感区建设水电站，如何估算环境成本？有些决策的后果可能需要在很久之后才能显现出来，如杀虫剂的使用和转基因食品的推广；不同人对同一行为的"效用"的感觉可能完全不同。20世纪90年代，国有企业减员增效，很多员工离开工作岗位，其中多数人认为这是一种严重的"损失"，但少数人开始创业，将其视为一种"机遇"。另外，如同上述案例中的情况，有关公平与正义的问题就是费用－效益分析无法解决的。

作为对功利主义伦理原则的修正，商业伦理中同样存在一些底线原则（根本性原则），这些原则是无法用费用－效益来分析的。正如我们在第二章道德推论与伦理研究中所指出的，总有一些原则要高于另外一些原则。

二、商业伦理中的权利与义务论原则

罗伯特·所罗门（Solomon，1992）曾论述："公司其实就是社区，既不是理想也不是理想化，因而是开始理解德行本质的最佳地方。"因为社区是一个共享特定属性和价值的集体，只有当它与其所置身其中的环境相一致、兼容，才有可能生存下去。

沿着所罗门"公司社区"的思路，我们多数人在公司的工作中并不是机器玩偶，我们投入情感，同时又受到那里所发生的一切的影响，这一切都伴随着一系列的喜怒哀乐，也遵循着一系列的伦理规范。那么，在各种各样的伦理规范的背后，最基本的原则有哪些呢？

非后果性原则在商业伦理中主要体现为两个大的方面：权利与责任原则、公平与正义原则。这两条原则也是商业伦理的底线原则。

无论在怎样的社会制度中，人的基本权利、正直、公平、信任、尊重和同情等原则（Murphy，1999）同样适用于商业运作和管理，这些基本原则使"公司社区"能够顺利运作下去。历史上，同仁堂以"炮制虽繁必不敢省人工，品味虽贵必不敢减物力"成就了它的金字招牌。松下的"七精神"到范旭东的"四大信条"，都反映了这些基本原则在企业的最佳实践，体现了超越费用－效益分析的人类基本伦理精神。如同多数社会都反对抢劫、勒索、欺骗、施虐一样，公平、关爱、诚信、尊重是我们所有经济活动的底线。越过了这些底线，就失去了立身之本。

（一）权利与责任

道德权利来源于康德的绝对道德（道德命令）。在商业伦理中，对权利与责任的界定是商业社会基本秩序得以保障的基础。

商业伦理中的"权利"同样源于"人"的基本权利。1948年12月联合国大会通过并颁布了《世界人权宣言》，提出了人生而自由的权利、生而平等的权利、生命

自由和人身安全的权利、享受人道待遇的权利、财产处分权、思想宗教及工作自由的权利、受教育及享受有尊严的基本生活保障的权利等 29 条基本人权。

在商业活动中，权利是一种重要的机制，能够保障个体有权利自由选择是否从事某项经济活动并保护其利益。商业伦理中的基本权利被归纳为：生存和安全的权利、获得事实权、隐私权、良心自由权、言论自由权、私有财产所有权（Cavanagh，1990）。

"权利"具有个体的属性，因此经常被用来对抗功利主义的伦理观，认为后者强调整体的"效用"而忽视个体的权利；通过权利设计，可以弥补功利主义伦理观所缺失的公平与正义原则。

权利还分为"积极"权利和"消极"权利。消极权利保护个体不被侵犯，如隐私权等；积极权利保护个体有权利去追求自己的利益或完成某件事情。

各种不同的权利可能存在冲突，在如何平衡权利的问题上，有学者提出了自己的观点：首先是法定的权利，即按照法律规定处理权利问题；其次是按照人类情感的指引，你希望别人如何对待你，你就按照同样的方式对待他人的权利（谢怀栻，2006）。道德权利不是绝对权利，而是相互的：保障自我权利的前提是不得侵犯他人权利。例如，"工作权"并不意味着在任何时候任何人都有责任为某个个体的人提供工作，而是所有的社会成员享有平等地获得工作的权利，享有自由选择的权利。

与权利密切联系的是责任，责任通常通过社会契约的形式得以确认。在这里，责任分为企业的责任和与之相关的个体的责任。随着企业在社会发展中的重要性的增长，对企业社会责任的要求与争论也随之产生。关于企业社会责任将在后面的章节加以讨论。

（二）公平与正义

商业活动中经常涉及公平与正义的问题，公平与正义被看作是比费用－效益原则更为重要的基本原则，公平与正义意味着在商业活动中所有的参与者能够获得平等的对待，是"建立在对形势的没有倾向性的思考，而不是对相互关系的复杂性和主观性的回应上（Simola，2003）"。这一原则也是建立在道德权利基础之上的。

公平与正义原则体现在以下几个层面（Velasquez，2012）。

1. 分配层面

这是基本的层面，所有成员应平等地分担社会成本，也应平等地分享社会收益。虽然在理解究竟什么是"平等"方面有相当大的差异，但这一原则是多数人都赞同的。然而在实际的商业运作中，这一原则也是最容易被忽略的。例如，大量存在的内幕交易、底层劳动者无法获得公平的收入等。就公平与正义的内容而言，分配层面上的分歧也许是最大的，从绝对的平均（不患寡而患不均）到按劳分配、按资本分配、按能力分配、按需求分配，都有其支持者。

2. 惩罚层面

惩罚公平需要考察惩罚与错误行为的一致性问题，通常需要衡量 3 个方面的因素：是否明知错误而为之、是否有能力避免错误、是否受到外部因素的强制而犯错。福特和通用公司在汽车安全事故中之所以要支付惩罚性赔偿，是因为它们明知安全隐患的存在但基于经济因素而不加以改善。惩罚的公平还包括对所有错误的行为采用同样的标准，不因其阶级、种族、社会地位而有所不同。

3. 补偿层面

补偿的公平主要涉及对错误或不道德行为的受害者的补偿问题，例如消费者损害、医疗事故等，都涉及补偿问题。补偿原则通常涉及过错行为，在确实发生过错的情况下进行补偿。但某些情况下，尽管行为人没有过错，但对他人造成了后果，基于公平的原则也需要进行赔偿。

同权利理论一样，公平也有两个基本的原则：不受侵犯的原则；相对公平的原则。后者通常将个体行为与其后果相联系，如按照贡献进行分配，就是一种相对的公平。

（三）关爱与应尽之责

相对于公平正义伦理对客观公正的强调，关爱伦理更注重和他人的关系以及对他人所应尽的责任。当 Gillian（1982）首先提出这一概念时，主要针对一个人的行为可能会对其他人的情感造成怎样的影响，强调在和他人所建立的关系中对他人需求的回应。关爱伦理背后的深层逻辑是一种心理上的关系逻辑，是对传统伦理更强调按照预定方式贯彻一套道德标准的一种平衡（Robin 和 Smith，2013）。关爱包括对他人关心的事情有一种设身处地的思考，是真正站在对方的角度去体会，而且是一种对方能够接受的关心（Noddings，2010）。

在商业活动的参与者中，有些参与者对特定群体有特定的责任，这种责任被称作应尽之责，也即关爱之责。在这里，责任的产生不是根据一般性的伦理原则，而是依据彼此特定的关系而确立的友爱、忠诚、同情等。

在商业伦理中，关爱原则并不要求适用于所有的关系，而是特定的群体。有时，关爱原则也被批评有失公平。

三、商业伦理中的社会契约论原则

（一）社会契约论

综合社会契约不是一种正式的书面合同，而是一种关于行为准则的非正式协议，这些行为规范是从群体或社会共有的目标、观念和态度中产生的。社会契约论可以看作是对各种伦理理论的折中与妥协的结果，商业组织则通过与社会建立社会契约而获得合法性（Dunfee，1991）。按照大卫·伏里兹士（Fritzsche，2002）的观点，综合社会契约的基本要素包括最高规范、宏观社会契约和微观社会契约。

最高规范具有普适性特征，是评价其他道德规范的基础。最高规范所确定的原则是人类生存和发展必不可少的原则。核心人权（即人身自由权、人身安全及健康权、政治参与权、知情权、财产所有权和生存权）是全球通行的最高规范，尊重与尊严通常也被认为是最高规范。在商业伦理中，所有商业行为都应受最高规范的制约。

社会契约包括宏观社会契约和微观社会契约两个层次。宏观社会契约可以被看作是社会范畴内的契约，全球性的规范以及微观社会契约都依托于宏观社会契约而存在；宏观社会契约适用于所有社会成员，是全社会的共同契约。微观社会契约则适用于特定的社团，是某个社团成员共同遵守的规范。

在经济社团中，微观社会契约是指导特定经济团体的商业行为的社会契约，这些团体包括企业内部的正式及非正式群体，企业、行业及各种行业或专业协会，国内和国际组织等，微观社会契约为这些经济组织提供其行为规范。经济社团的微观社会契约同样受宏观契约的影响。

社会契约的一些基本条款包括：①给本地经济社团自由的道德空间，以便通过微观社会契约为社团成员确立强制性道德规范；②微观社会契约必须是在意见一致的基础上确定规范，并且给予成员绝对的退出权；③为使微观社会契约规范对社团成员具有强制性作用，它必须与最高规范一致；④微观社会契约的规范有时是竞争的，相互排斥的。在解决这些规范之间的矛盾时必须用与前三条原则一致的优先准则（Donaldson 和 Dunfee，1994）。

自由的道德空间，是指宏观契约未涉及或最高规范未考虑到的特殊道德领域。它使经济社团能够通过微观社会契约制定适用于社团特殊情况的规范（Fritzsche，1999）。微观社会契约提供了能为不同社团提供最佳服务的道德规范。源于微观社会契约的特殊规范必须允许不同意该规范的社团成员退出社团。规范不可违反最高规范。

（二）中西方的差异

在商业伦理的范畴内，东西方文明究竟存在怎样的差异性以及这种差异性是如何影响各自伦理规范的构成和表现的。

如果说我们在前面对商业伦理一般性原则的论述侧重表达的是不同规范下所隐含的共同的基本伦理原则，那么在这一部分，我们将目光转向东西方文明的差异性以及这种差异性对伦理规范的影响。

如果我们用一句话来概括中西不同文明背景下的商业伦理规范有哪些根本性的差异，那么"关系"理论和"社会契约"理论也许是最好的着眼点。一个有趣的现实是，"GuanXi"一词已经成为英语词汇中的正式用语。

对中国文化有着深远影响的儒、道、释、法等学说，尤其是孔子和老子的儒道思想，被认为是中国哲学的源头，中国思想文化根植于其中。这种影响在中国传统伦理观念上最重要的体现就是重视秩序，强调个体对集体关系的"整体至上"特征，所谓"关系"理论也是建立在这一特征基础上的。

一些自认为了解东方文明的西方学者很容易将"关系"误解为完全超越契约精神，这有违西方契约伦理。甚至近当代的一些中国研究者也将"关系"理论等同于"厚黑学"。下面一段论述具有代表性。

如果没有亲历东方的"关系哲学"，许多人对"关系"的理解可能只会停留在人与人之间的一种相关性上，如客户关系、需求关系等。但在许多东方国家，"关系"至少体现了以下3层含义：一是指彼此间的互惠互利；二是表示不道德地利用某个人的权威获得政治或经济利益；三是表示通过和掌管有限资源者的个人关系而逃避法规的办法（Gold，1985）。

如果这种论述能够代表"关系"理论的全部，那么就意味着正常的商业伦理规范在"关系网"中可能会失去原有的作用。

中国传统文化下的道德观将人与自然、社会的秩序和规范视为一个整体系统。自给自足的农业生产方式又决定了中国古代"以家庭为本位"的社会特征：宗法、家族和血脉是联系社会人际关系的坚韧纽带，由此产生的一系列关于人际关系的整体意识、伦理规范便成为我们理解中国乃至受其影响的东亚"关系"伦理的基础。

在这种关系理论中，伦理规范体现的是个体对其他个体、对其所成长和所依附的群体的责任及义务。西方的"个人"指的是"人本身"，而中国的"个人"是指共同成为一体中的一个，一个人存在的意义必须从其所从属的关系中加以确立。有些西方学者（芬格莱特，2006）甚至认为在中国儒家的观念中至少要有两个人才有"人"的存在，否则就没有"人"（西方意义上的人）。然而，这也许只是对"仁"的构成所形成的表面理解，忽略了其中蕴含的以"仁者爱人"的伦理思想为基础的人与人

的关系。在中国数千年的发展中，关系不仅仅是"天人合一"整体观的体现，而是隐含着作为个体的人对"整体"和特定"关系人"的责任、义务和权力。无论在社会生活、家庭生活、经济生活抑或是政治生活中，中国人的伦理规范并不需要通过白纸黑字的契约来加以确认，而是依靠在最基本伦理原则（如三纲五常）指导下的个人德行和集体压力来维持的，是一种源自内在的警醒和外在关系监督的结合。

关系网络并不仅仅限于中国。西方许多商人也是各种机构的成员，如高尔夫俱乐部、校友会、狮子会（Lions Clubs）、扶轮社（Rotary Clubs）、商会等。有人认为这些机构集商业、娱乐和工作于一身，使其成员彼此受益，与中国所谓"关系"的差异很大。

我们也可以这样表述：中国并不是一个缺少"契约"精神的社会，我们的契约是存在于我们的家族、我们的血液、我们所依存的社群中。这种契约精神是内在的而非外在的，是对与我们有"关系"（家族、朋友、师长甚至是熟人）的人的内在承诺，是在特定规范下的自觉行为。

西方契约能够发挥作用至少存在两个关键的因素：首先，各种契约都需要某种有效的合法系统来规制其运作，否则契约双方将无法保障条款的执行，从而终止交易。其次，如果双方能够建立彼此间的相互信任，任何一方则都不会存有侥幸心理，不会因担心其中存在的不确定性而终止交易。

在中西方文化差异中，我们仍然可以找到根本性的共同点：其差异也许不过是体现在"契约精神"的内在性与外在性表现上，或者其适用范围不同。这些差异显然存在并且可能在很长一段时期内都将持续。

第三节　商业伦理决策

一、伦理决策的影响因素

商业活动的参与者经常会碰到诸如此类的问题：怎样才算是好的决策？怎样算是坏的决策？如何评价组织或个人的决策？伦理决策受哪些因素的影响？

在商业伦理中，"好"的决策的 3 个基本属性（道德上"好"的，经济上"有效果"和"有效率"的）并不总是同时具备。向坏的方向越有效率，越能产生恶果。同时，结果的"好"和过程的"好"也不能够互相替代。下面讨论影响企业伦理决策过程的因素。

（一）商业伦理与道德责任

商业活动是人类为了自身的持续发展而形成的一个社会组成部分，因此一般的社会道德标准同样体现在商业伦理中。与一般的伦理问题的不同之处在于，商业伦理决策中的道德责任的承担。

商业伦理决策经常是由企业管理者做出的，那么其决策的后果应该由决策者个人还是由商业组织来承担呢？一种观点认为，商业组织作为法人实体，具有相当于个体的行为目标和行为能力，因此商业决策的道德责任应归结于商业组织本身；一个商业组织的行为是否道德与一个人的行为是否道德，具有相同的意义。而另一种观点则完全相反，认为商业组织本身并不能做出决策，应由组织的管理者而不是组织本身来承担道德责任。

从本质上看，任何商业组织的伦理决策，都无法脱离其行为主体而独立存在。行为主体的范围是相当宽泛的，企业的股东、雇员、顾客、供应者、竞争者、政府、社区等都是商业活动的参与者，他们的道德水准在相当程度上制约了商业组织的道德标准。但是，各行为主体对商业组织的影响力并不对等，实际参与企业经营活动的行为主体，包括企业的股东、管理层和雇员，其行为是否符合道德标准和社会期待，会决定企业的伦理表现。因此，商业决策的道德责任主要应由企业及其成员，尤其是高级管理者来承担。

但是，管理者在进行实际决策时往往要综合考虑多方面（经济、政治、技术、社会和伦理等）的因素，道德标准会被置于何种地位往往取决于管理者本身的道德认知。在相同的情境下，不同的决策者可能会做出完全不同的选择。在这个意义上，企业组织固然需要承担商业决策的道德责任，但显然决策者本身也应承担绝大部分的责任。

管理者对组织道德的影响显然是巨大的。上面的案例中通用电气公司杰克韦尔奇的决策就体现了领导者对员工的好的示范作用。

（二）商业伦理与法律

企业的伦理决策总是需要考虑经济回报和伦理正确两个方面，满足法律要求仅仅是伦理决策的最低标准。在一个社会的发展过程中，通常存在三个杠杆：作为极限或底线的法律杠杆；作为基准或高于法律的道德伦理杠杆；作为愿景或使命的理念杠杆。

商业伦理体现了商业道德的自觉性和内在性，法律要求则体现了其强制性和外在性。法律的制定与执行，是保障商业伦理大环境的根本条件。

需要注意的是，法律规定与正确的伦理行为之间是有差异的，很多被社会普遍认为是非常重要的道德准则并未写入法律条文。满足法律的最低要求不一定就意味着满足了道德的最低要求。例如，现在一些公司在招聘中存在明显的性别和年龄歧视，由于一些国家尚未建立平权法，企业拒绝雇用女性雇员不一定明确违反了法律规定，但却不符合一般道德期待。

在法律与商业道德的关系中，还应该看到法律反映的是昨天的道德准则，不一

定符合今天和明天的社会期待。在法律滞后于现实的情况下，道德就被视作是填补法律空缺和漏洞的工具。有时，道德甚至需要有挑战法律的勇气，如美国内战时期的蓄奴法、德国希特勒时期的反犹太人法律，都被后世视作恶法。

（三）商业伦理与组织文化

影响伦理决策的还有一组关系是伦理与组织文化：什么样的组织更利于做出合乎伦理的决策呢？

20 世纪 90 年代初的一些实证研究发现，那些业绩突出的企业都具有许多共同的特征，他们都拥有符合伦理行为的共同价值观（见表 2-1）。

表 2-1　经营业绩出色企业的一些特征

文化特征
1. 有强有力的公司文化；   2. 公司文化适合企业经营的环境；   3. 公司文化帮助公司预见环境的变化，并帮助其调整以成功地适应这些变化
价值观系统的重点（主要利益相关者，特别是顾客、雇员和股东）：   1. 真诚地关心主要利益相关者；   2. 关心是长期的；   3. 强调正直
公司行为：   文化表现出色的公司是那些拥有促进符合伦理行为的共同价值观的组织

一个企业的文化由其传统和风气构成，企业文化包含企业的价值观，传统和风气是长期贯彻企业价值观的结果，是企业价值观的外在表现。企业价值观作为企业和员工所拥有的共同信念、判断是非的标准以及调节行为及企业内外关系的规范，对企业的生存和发展至关重要。

正是在具有整体影响力的商业伦理标准下，企业为了应对内部环境和外部环境而在组织内部形成和发展了企业文化，并且在新成员中继续发扬光大，以指导他们在这些环境中的行为（Schein，1984）。文化的重要功能表现在（Smircich，1983）：它使组织成员产生一种同一感；促使组织成员实时忠诚于大于自我的事物（组织）；有助于组织交际体系的稳定性；为行为提供了理论基础和方向。文化还体现在组织内部的规范、仪式、传说、故事和例行习惯中。

了解公司的文化有助于我们解释决策者在决策过程中的各种应急反应。如果公司文化中的共同价值观反对不道德的行为，则决策者做出不道德决策的机会将会减少，否则会出现道德水平低下的行为。

根据上述分析我们可以如此理解，即企业文化反映了组织层面上对商业伦理的认知，同时也是其道德标准的体现。整体的价值观蕴含着共享的伦理观。正是基于这样的认识，究其根本，企业的各种决策其实是不同程度的商业伦理决策；而如果没有深刻的伦理认知能力，这一过程也不会一帆风顺。

影响伦理决策过程的另外两个重要因素是个人价值观和社会外部环境。同样的组织中，个体的决策可能完全相反，其中重要的差别在于个体的价值观不同。决策者个人的特质，如道德标准、自我发展需求、内在激励，决定了面对同样的问题，决策者可能给出完全不同的行动方案。

社会环境则是制约伦理决策的外部环境。在一个不道德的社会中，很难期望个体的选择是道德的。

二、伦理决策工具与方法

对商业伦理决策的关注始于 20 世纪 50—60 年代，是在应对商业活动中不断增加的各种不正当行为过程中形成和发展起来的。

决策伦理分析是从伦理角度来分析评估可供选择的方案，帮助管理者做出正确的抉择。美国密执安大学的拉鲁·托尼·霍斯曼（2005）概括了伦理决策的特点：大多数伦理决策具有延伸的后果，伦理决策和行为的结果不会停留在直接的后果上，而会延伸到整个社会；大多数伦理决策具有多个可供选择的方案；大多数伦理决策具有多重影响，即伦理选择涉及社会、企业的收益和成本；伦理决策具有不确定性并受个人因素影响。

伦理决策从伦理认知开始（意识到需要处理伦理问题），经由伦理判断（根据伦理原则确定应该如何做）而采取具体的行动（伦理行为）。在这个过程中，多数决策都受到组织及个体的道德水准及法律要求的影响。

决策者为了做出良好的伦理决策，就需要了解并掌握一些基本的概念工具和方法。经常使用的方法包括以下两种。

（一）利益相关者分析

利益相关者分析是伦理决策分析的常用工具之一。商业活动中的利益相关者是指受某一商业行为影响或可影响该商业行为的任何个人、群体和组织。利益相关者分析的目标是创造一种"双赢"或"多赢"的结果，即在实现利润目标的同时，能合乎伦理地对待利益相关者，使他们的需要也能得到满足。唐纳森和邓菲（1994）、周祖城（2004）所采用的利益相关者分析法，提出了以下问题。

（1）谁是我们现行的利益相关者？谁是我们潜在的利益相关者？

利益相关者识别是分析的第一步。很多时候，我们在做出伦理决策时往往有意或无意忽略一些利益相关者（他们通常缺乏影响决策过程的能力和地位）。

例如，一位 MBA 的学员在讨论中分享了她的感受：

两年前，我从东北来到现在的城市并加入这家国企。我在这里结婚生子、努力

工作并参加了 MBA 课程学习。一个月以前，公司把我从分公司调入总部，我期待着更好的职业前景。但是，就在两天前，我突然被告知总部要迁往另一个城市。我感到很沮丧，我的家庭、学业都在这里，如果提前知道，我宁愿待在分公司。我感到自己被忽略了，有些无所适从。

企业在搬迁过程中的人事调配决策显然忽略了这位学员的感受。其他一些利益相关者，包括生态环境等，也很容易被决策者忽视。

（2）利益相关者想从我们这里得到什么？我们想从利益相关者那里得到什么？

在识别利益相关者的基础上，决策者还需要考虑利益相关者的真实需求，这是平衡其利益的基础。一般情况下，决策者很少忽视关键利益相关者的需求，但如上面例子中非关键利益相关者的需求就有可能被忽略。

（3）我们的决策会给哪些利益相关者带来利益？利益有多大？我们的决策会给哪些利益相关者造成伤害？伤害有多大？

对决策后果的分析，是最关键的步骤。正确识别决策后果，才能够意识到可能产生的伦理问题并对此进行处理。有时候，伦理问题的发生并不是出于主观上的不道德，而是因缺乏伦理敏感性。请看下面的例子。

张×是一位社区工作者，她所在社区附近拟规划一家化工厂。张×应邀参加项目论证，并作为社区代表参加了赴国外考察团。结束考察后，张×被要求签署一份同意书。虽然该项目并不符合相关规定并缺乏充分论证（这一点项目方并未向张×说明），张×依然签署了同意书。

张×的行为是否涉及道德问题？考虑到她的专业和职业，张×的决定很可能是因为她没有意识到该建设项目可能给所在社区及居民带来的不良影响，而不是因为参加了项目方的考察团。对决策结果缺乏想象力，使其没有意识到其中的伦理问题。

一个决策的结果可能是短期的，也可能是长期。在商业决策中，人们往往容易忽视其长期结果，而专注于短期的利益。

（4）利益相关者受到损害后会不会采取行动？如果会，会采取什么样的行动？可能采取的行动对利益相关者的影响力有多大？企业对利益相关者承担着何种经济的、法律的、道德的责任？

前面的分析，集中在对利益相关者的影响方面。这里的分析则关注利益相关者的反应对决策者的影响。上例中的项目方，可能已经评估了其行为被张×了解后的反应并认为不会带来重大影响。毕竟，人们对木已成舟的事情很难做出更激烈的反对。

（二）伦理审计

判断伦理决策可以通过多种方式，在实践中经常会使用一些伦理审计模型。

1.布来查德和皮尔的伦理审计模型

肯尼斯·布来查德和诺曼·V.皮尔于1988年提出了伦理审计模型（见图2-1），该模型无须考虑抽象的伦理原则并能得出基本合乎伦理的结论，因而受到决策者的欢迎（阎俊和常亚平，2005）。

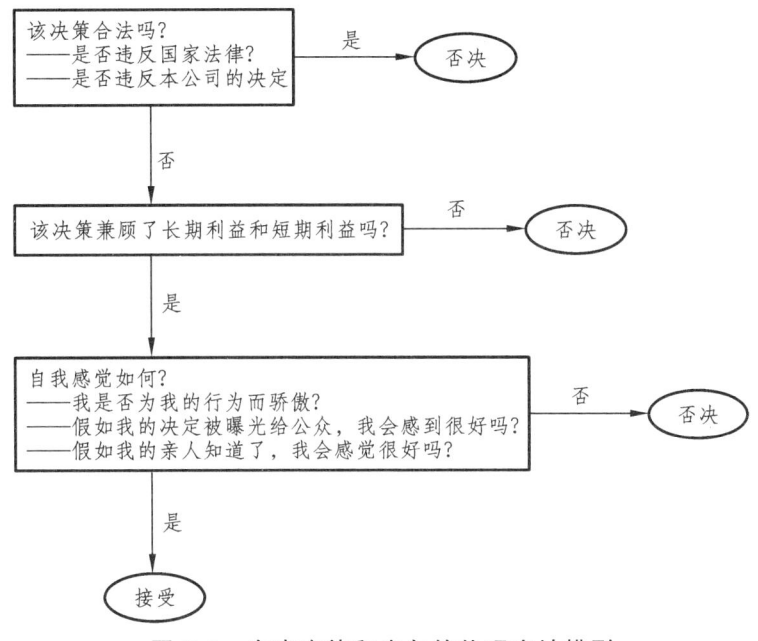

图 2-1　布来查德和皮尔的伦理审计模型

该模型考虑了伦理决策是否具有合法性、是否符合社会基本伦理规范、是否符合企业长期利益、是否能被利益相关者接受以及决策者的自我情感。

在这一伦理审计模型中，除了考虑法律和利益之外，对决策者自我道德情感的审核，是帮助决策者避免做出不道德行为的关键一步。

人类的情感因素，往往是最直接反映道德需求的指标。决策者的道德直觉，可能是最好的评价标准。除了少数道德意识极为匮乏的决策者，多数决策者在伦理决策中能够直觉地感知到其决策中可能存在的问题，不希望自己的决策被公开或者感到矛盾和困窘，这往往是基于利益而不是个人道德标准做出的。

回到前面的例子，张×在签字前，是否感到困扰和犹豫？再如，一些公司大量雇佣派遣制工人从事有害健康的高危劳动，并在这些雇员发病前将其解雇。在决策时，如果将这些工人看作自己的兄弟姐妹，这个时候你还愿意解雇他们吗？类似的提问可以帮助决策者审视其内心的道德直觉并做出正确的选择。

2.劳拉·南希伦理决策分析法

与布来查德和皮尔的伦理审计模型类似，劳拉·南希列举了12个问题，帮助决策者做出理性的决策（陈炳福和周祖城，2000）。这12个问题被分为8个部分：目的分析、原因分析、价值分析、意图和结果分析与比较、利益相关者分析及协商、长远思考、伦理检验、确定例外立场。

第一步，目的分析。这是一个收集信息、厘清事实并确定伦理问题的过程。很多决策者面对伦理决策，往往直接凭借直觉给出解决方案，缺乏理性的、结构化的分析过程。目的分析就是帮助决策者界定问题的过程。具体问题如下：① 是否准确定义了问题？ ② 如果站在他人立场上，会有何不同（换位定义）？

第二步，原因分析。其目标是分析问题产生的根源，具体问题如下：伦理问题是如何产生的？

第三步，价值分析。这是用来评估决策者个人对伦理准则重要性的认识的，决策者需要对其重要性做出排序。具体问题如下：作为个人和公司成员，你认为谁最重要、什么最重要？

第四步，意图和结果分析与比较。在这里，决策者需要评估其决策的后果，包括当前以及潜在的后果，并对决策目标和可能造成的后果进行比较，从而判断决策是否符合其利益。具体问题如下：①你的决策想要达到什么目的？②你的决策的后果与想要实现的目标是否相符合？

第五步，利益相关者分析及协调。利益相关者的分析过程是一个角色扮演的过程，决策中需要从多方角度审视其决策的影响。具体问题如下：①你的决策会损害哪些相关者的利益？②是否可以在决策前与受决策影响的利益方讨论该问题？

第六步，长远思考。这一步主要思考伦理决策的长期效果，包括对企业组织的象征性影响也应考虑在内。具体问题如下：从长期观点来看，你的决策还能像现在这样看起来那么有成效吗？

第七步，伦理检验。如果说以上 6 个步骤是对伦理决策的理论分析，第七步就是对伦理决策的直觉审核。具体问题如下：①你能公开地在上司、高管、董事、家庭和整个社会面前谈论你的决策或行动吗？你是否会对此决策感到不安？②他人是否会误解你的决策？你如何面对误解？如果没有误解，他们会如何看待你的决策？

第八步，确定例外立场。任何决策都有可能存在例外。伦理决策也不存在绝对的非此即彼的判断。在这里，决策者需考虑创造性地解决伦理困境。具体问题如下：在什么条件下，你会改变你的立场？有时候决策者可能基于个人利益而做出例外选择，同样也可能基于更重要的目标而做出例外选择。

伦理决策过程是一个反复比较利害的过程，是对"好""效果""效率"的综合评价，是平衡道德和经济原则之后的选择。伦理决策分析，可以帮助决策者综合衡量决策所涉及的各种因素，包括决策者及所在组织的利益、相关者利益、决策后果以及决策的情感因素，从而做出更适合的决定。

三、伦理冲突与协调

商业活动中经常产生"义"与"利"之间、"公"与"私"之间、"公平竞争"与"等级秩序"之间的冲突，在个人与组织、不同组织、国家与文化之间也存在伦理冲突。以下 3 类冲突是我们常见的。

（一）"潜规则"与"正式规则"

分析传统理性的组织和政治组织模式，可以揭示伦理冲突产生的原因。按照公司理性观点，雇员的主要道德责任是实现公司目标，避免任何不利于实现这些目标的行为就是雇员的道德。偏离公司目标、以各种方式满足自我利益，毫无疑问是不道德的。这里所谓的"个人"，可以是公司中的某个员工，也可以是广泛社会背景下的一个公司，而整体则可以小到企业中的一个部门，或大到整个行业乃至社会。在伦理约束松弛的情况下，会出现利益冲突、偷窃，或非法牟利等问题。

任何在大型组织中工作过的人都知道，虽然这些组织多数建立了有序的组织框架，但各种微妙的关系、组织资源的有限性、晋升压力等，往往使组织的"真实"目标和应有目标相互矛盾。维拉斯凯兹（2005）认为，正是组织的政治属性而不是理性原则造成了伦理的冲突。在组织的政治属性模型中，组织被看作是一套争夺权力及其产生的正式、非正式的影响和沟通能力的体系，相对于理性模型，该系统中出现了更为复杂的权力结构和沟通体系，由个人组成的小群体或联盟，彼此竞争。因此，整个组织的"目标"是由那些最有权力或占据最主导地位的联盟确立的，而不是理性组织确立的结果。在这种情况下，"真实"的伦理规则和"道德"的伦理规则之间，很容易产生冲突。

（二）规则冲突

伦理冲突不仅体现为"真实"的潜规则与"道德"的伦理规则之间的矛盾，也体现为各种"道德"的伦理规则之间的矛盾。

当利益相关者的道德权利之间产生矛盾时，各种伦理规则之间的关系就变得更为复杂。例如，当决策者需要对是否进行生产外包做出决策时，所涉及的利益相关者至少有如下一些群体：本地雇员（希望能够保住工作）、股东和投资者（希望降低成本）、外国雇员（希望得到工作机会）、本地社区（希望保护其税收对象不要流失）、本地政府（关心其居民的福利问题）以及外国社区（也想借此增加它的税收对象）等。无论管理者做出何种决策，总会有一些利益相关者获得利益，而他们所获得的利益也许正是另一些利益相关者所失去的。在这些冲突中，平衡利弊，确定不同伦理规则的优先顺序，是决策者必须要做的。

除了利益上的冲突外，不同社群和文化的伦理冲突也时有发生。在商业活动中

是否可以向采购方支付佣金？商业贿赂与朋友之间的人情往来如何区分？在美国可能是违反法律的做法在欧洲某些国家却是合法的，在中国习以为常的事情在有些地方甚至要承担法律责任：这些冲突属于伦理的不同规则之间的冲突。

（三）个体与组织

伦理的冲突还体现在个体伦理与组织伦理的关系中。一方面，个人价值观与组织价值观的冲突。一个相信绝对公平的员工在一个完全以绩效为导向的组织中，将会面临非常严重的挫折感，无论他是否能在这个组织中获得良好的收益；一个正直诚实的人在一个造假成风的机构中也将面临困境。另一方面，冲突还表现在专业伦理与组织伦理的冲突中，专业伦理强调专业操守，而组织伦理要求员工忠诚。当两者存在矛盾时，是坚持专业伦理还是坚守忠诚原则？

在上述两种伦理冲突中，坚持个人价值观往往需要付出利益损失的代价，甚至受到"组织"一方的报复，那么对个人价值观屈从"组织"整体伦理的现象也就无须大惊小怪。需要考虑的是如何从组织的伦理建设入手改变环境的问题。

在处理不同伦理准则的优先顺序方面，唐纳森和邓斐（1994）指出了一些优先准则：①对于仅在社团内部发生的交易，如果对其他人或社会没有较大的不利影响，应由该社团的规范支配；②只要对其他人或社团无较大不利影响，解决优先权问题的社团规范就应适用；③作为规范来源的社团规模越大，越开放，其规范的优先权越大；④维护交易所处的经济环境所必需的规范应优先于有可能破坏这种环境的规范；⑤当存在多种互相矛盾的规范时，各规范间的一致性规范提供了确定优先权的基础；⑥明确的规范通常应优先于不太明确的较笼统的规范。

商业伦理的冲突在孔子和亚里士多德时代同样存在，亚里士多德的财富伦理问题、中国先秦诸子百家的义利之辩，都是古代社会实际生活中伦理冲突的理论表现。今天的伦理冲突，尽管形式更为多样化，但本质上仍然是义利之争。其实，义利也是可以并存的，如"君子爱财，取之有道""即使不为恶，仍然能赚钱"。

【案例分析】

对于决策者来说，如何在各种冲突中做出自己的选择才是最重要的。让我们看一看"福特和通用公司被判天价惩罚性赔偿"案例，试着运用南希的伦理决策理论做出分析。

20世纪60年代末期，福特汽车公司开始面临来自德国和日本汽车厂商的竞争。公司两位主要负责人克努森和艾柯卡之间就福特未来的发展方向产生了分歧和争议。艾柯卡希望抢占小型汽车市场，而克努森则希望将业务集中在大中型汽车市场上。

CEO 福特二世支持艾柯卡的决定，在克努森被迫辞职后，福特公司决定用两年时间推出 Pinto 车，这大大短于正常的研发、制造所需的时间。艾柯卡决定同时进行研发、测试工作。1971 年，Pinto 如期完成，但在碰撞测试中，公司发现该车型的油箱设计存在严重缺欠，进行碰撞试验的 11 辆车中有 8 辆没有通过测试，另外 3 辆在加装了防护装置后通过了测试。

当时，该项测试并没有被列为正式的官方标准，因此 Pinto 车虽然存在缺欠，但符合当时的汽车标准。如果对此进行改进，福特公司面临两方面的困难。

成本增加：正如引例所描述的，该款车型面向价格低于 2 000 美元的低端市场，如果改进汽车的安全性，则成本为 13 750 万美元，收益为 4 950 万美元。

影响汽车的行李空间：如果进行改进，现有的行李空间会减少，这将影响汽车的销量。至 1973 年，陆续有报告显示 Pinto 汽车即使在低速（25 千米/小时）碰撞中也可能产生爆炸事故。

在这个案例中，决策者涉及哪些伦理问题呢？ 应如何决策？

第一步：目标分析。

在 1971—1981 年的詹姆斯诉讼案的 10 年间，福特公司需要做出两个重要决定。

第一个时间点在 1971 年，决策者需要决定是否增加防护装置，这将带来上亿美元的商业损失；第二个时间点是 Pinto 汽车投入市场后，随着爆炸事故不断发生，决策者需要决定是否召回该款汽车，这时的损失将会更大。

在每个时间点上，决策者都需要定义自己所面临的问题：这是一个费用－效益分析的问题还是生命价值的问题。

显然，福特的决策者认为这是一个费用－效益分析的问题。他们在司法诉讼中的辩解可以很好地诠释这种思维：公司必须进行费用－效益分析，每个人都知道一些人会发生车祸，但消费者希望得到低价的产品，他们购买低价产品就等同于接受风险。这种思维方式在今天也还存在，包括国内很多企业经理人在内，选择低价竞争的同时，也将安全风险留给了消费者。

从企业的角度，费用－效益分析是必不可少的，但也是不够的。缺乏伦理敏感性的决策者将生命安全问题等同于费用效益问题，最终可能付出惨重的代价。

而从消费者和社会大众的角度，可以想象，他们对福特的决策者将是否改进安全措施和是否召回 Pinto 汽车的决策定义为费用－效益的问题，将会如何愤怒。

第二步：原因分析。

原因分析是要找出伦理决策的难点和冲突的要点在哪里。在本案例中，经济利益和生命安全的权衡是最关键的。福特二世的态度可能直接决定管理者的态度，公司对利润和市场竞争的关注超过了对生命的敬重。

第三步：价值分析。

艾柯卡作为福特公司的总裁，在决定是否改进、是否召回方面具有直接的影响力。我们可以试着去理解，对他们来说，什么是最重要的。根据已经披露的资料，福特公司一直在尝试说服当时的高速公路交通事故安全管理局，使他们相信安全的

可行性是建立在费用－效益分析基础上的。汽车工业的游说活动几乎取得了成功，虽然早在1968年交通事故安全管理局就推出了相关标准，但直到1977年才获得正式批准。在那之后出产的所有的Pinto汽车都装上了防破裂油箱。

显然，对于公司的决策者来说，安全管理局是重要的，他们决定了公司的行为是否合法；市场销量和成本是重要的，因为决定了公司的利润；消费者的安全不是最重要的因素，因为他们选择了低价产品就意味着需要承担风险。

第四步，意图和结果分析与比较。

事态的最终发展显示，福特公司的决策忽略了公众的反应，福特二世和艾克卡都被认为对此负有严重责任，有些评论人士甚至认为他们是在犯罪。未能正确预见其行为的后果，使其付出了巨大的声誉代价。

第五步，利益相关者分析及协调。

如同在第三步中所分析的，低端消费者对价格敏感，其利益没有被考虑进来。福特公司忽视的重要利益相关者就是社会公众，当社会舆论铺天盖地地指责福特公司轻忽生命时，福特将不得不承担其后果。人们将福特二世和艾柯卡的行为称为推动消费者"自杀"。

第六步，长远思考。

显然，这是一个典型的为了应对眼前市场竞争而缺乏长期思考的决策。在当时，决策者忽略了他们的决策被曝光后可能产生的社会影响以及对公司品牌、声誉的损害。在13 750万美元和4 950万美元之间的选择，在收获短期利润的同时，企业也付出了长期的代价。

第七步，伦理检验。

假定你是当时的决策者，发现测试中存在的问题时，你是否会重新设计油箱？在汽车投产后，你是否会召回该款汽车？

显然，福特公司的决策者并不希望内部文件曝光。他们的内部争议，也显示了他们对决策后果并不是一无所知，但是对经济利益的追逐超越了伦理追求，伦理检验的结果是公司选择任由事故发生。

这种事情在今天也并不罕见。问题在于，决策者该如何处理这些问题。特别是当决策者个人的伦理理念与公司的决策发生冲突时，你会如何选择。一些人选择辞职，一些人选择随波逐流，一些人选择公开真相。

第八步，确定例外立场。

应该允许例外吗？依照今天的观点来看，无论是高端消费者还是低端消费者，都应享有生命安全的保障。在生命面前，似乎不应存在任何例外。但事实如何呢？在各种道德困境中，你会做出怎样的选择呢？对当时福特的决策者来说，生命很重要，安全很重要，但希望购买廉价产品的消费者例外。

思考题：

你是否有其他选择？如果在低端市场上无法获得足够的利润，作为公司是否还有其他选择？或者你仍然会像当时福特的决策者一样行事？

【复习思考】

一、单选题

1. 商业伦理中的"权利"同样源于什么（　　）。

    A."人"的基本权利　　　　　　B."企业"的基本权利

    C."社会"的基本权利　　　　　　D."政府"的基本权利

2. 社会契约包括（　　）两个层次。

    A. 国内社会契约和国际社会契约

    B. 宏观社会契约和微观社会契约

    C. 法律社会契约和道德社会契约

    D. 经济社会契约和政治社会契约

3. 在中国传统伦理观念上最重要的体现是（　　）。

    A. 重视物质至上主义

    B. 强调个体对集体关系的"整体至上"特征

    C. 强调个人利益最大化

    D. 科学万能论

4. 在商业伦理中，"好"的决策的 3 个基本属性是（　　）。

    A. 道德上，"好"的、经济上"有效果"和"有效率"的

    B. 道德上，"坏"的、经济上"无效果"和"无效率"的

    C. 道德上，"好"的、经济上"无效果"和"无效率"的

    D. 道德上，"坏"的、经济上"有效果"和"有效率"的

5. 在实践中经常会使用（　　）方法进行伦理决策。

    A. 利益相关者分析和伦理审计

    B. 利益相关者分析和利益审计

    C. 利益相关者审计和伦理审计

    D. 利益相关者审计和利益审计

6. 伦理决策分析的第一步是（　　）。

    A. 意图和结果分析与比较　　　B. 原因分析

    C. 价值分析　　　　　　　　　D. 目的分析

7. 以下选择中，（　　）不是布来查德和皮尔的伦理审计模型的考虑因素。

    A. 伦理决策是否具有合法性

    B. 是否符合社会基本伦理规范

    C. 是否符合企业长期利益

    D. 是否符合个人利益

二、多选题

1. 商业伦理包括（　　）。

A. 研究经济生活和经济活动中的道德观念及其理论依据

B. 对这些道德观念和理论基础进行道德评价

C. 研究商业活动中的经济原则

D. 研究商业活动中的社会原则

2. 商业伦理中同样存在一些底线原则（根本性原则），这些原则是无法用费用－效益来分析的。这些底线原则包括（　　　）。

A. 权利与责任原则　　　　　　　　B. 公平与正义原则

C. 利己与利他原则　　　　　　　　D. 诚实与信任原则

3. 公平与正义原则体现在以下（　　　）层面。

A. 分配层面　　　　　　　　　　　B. 惩罚层面

C. 补偿层面　　　　　　　　　　　D. 责任层面

4. 在中国数千年的发展中，关系不仅仅是"天人合一"整体观的体现，而是隐含着（　　　）。

A. 作为个体的人对"整体"的责任、义务和权利

B. 作为个体的人对特定"关系人"的责任、义务和权利

C. 作为个体的人对自然环境的责任、义务和权利

D. 作为个体的人对社会公众的责任、义务和权利

5. 影响伦理决策过程的因素有（　　　）。

A. 道德责任　　　B. 法律　　　　C. 组织文化　　　D. 商业伦理

6. 布来查德和皮尔的伦理审计模型考虑的因素有（　　　）。

A. 伦理决策是否具有合法性

B. 是否符合社会基本伦理规范

C. 是否符合企业长期利益

D. 是否能被利益相关者接受以及决策者的自我情感作用

7. 在商业活动中经常产生的冲突有（　　　）。

A. "义"与"利"之间

B. "公"与"私"之间

C. "公平竞争"与"等级秩序"之间

D. 在个人与组织、不同组织、国家与文化之间也存在伦理冲突

三、判断题

1. 商业交换的成功只能源于人类进化中形成的信任、诚实和互惠所决定的道德规范，而不是任何社会契约。（　　　）

2. 商业伦理中的"好"的含义只要求商业活动是有效率的、有效果的。（　　　）

3. 在商业活动中，公平与正义被看作是比费用－效益原则更为重要的基本原则。（　　　）

4. 社会契约论可以看作是对各种伦理理论的折中与妥协的结果。（　　　）

5. 在商业伦理中，所有商业行为仅受最高规范的制约。（　　　）

6. 在商业伦理一般性原则中，东西方文明存在根本性差异。（　　　）

7. 商业活动是人类为了自身的持续发展而形成的一个社会组成部分。（　　　）

8. 商业活动中的利益相关者是指受某一商业行为影响或可影响该商业行为的任何个人、群体和组织。（　　　）

四、问答题

1. 你如何理解中西方对"关系"的理解？两者有没有共同之处？请举例说明。

2. 商业伦理规范是否就是一般伦理规范？请举例说明。

3. 你认为经济法则与道德规范是否具有从属关系？你会怎样平衡两者之间的关系？

4. 试着用本书所介绍的伦理决策方法解决你所面临的伦理问题。

五、实际操作训练

实训项目：运用劳拉·南希伦理决策分析法对某企业的伦理决策进行分析。

实训目的：练习运用劳拉·南希伦理决策分析法；提高撰写伦理决策分析报告的能力。

实训内容：确定调研企业的类型，并对该企业的伦理决策进行调查，运用劳拉·南希伦理决策分析法紧扣12个问题按照8个步骤对其行进分析；结合分析结果指出其伦理决策中存在的问题，并给出解决方案。

实训要求：学生可以小组的方式开展调查工作，每5人一组；各组成员自行联系，并调查当地的一家企业；详细调研该企业的伦理决策情况，运用劳拉·南希伦理决策分析法紧扣12个问题按照8个步骤对其行进分析；结合分析结果指出其伦理决策中存在的问题，并给出解决方案；将上述内容形成一个完整的伦理决策分析报告。

第三章　商业伦理与企业形象

【本章基本知识】

知识要点	掌握程度	相关知识
企业伦理、企业声誉、企业形象	明晰	企业伦理的发展、企业声誉在企业生命体中的重要地位；企业声誉、企业形象的联系与区别
企业声誉的构成	理解	企业声誉的构成；利益相关者是维护企业声誉的关键；保持原有的声誉
企业声誉与伦理管理	掌握	企业声誉管理；企业伦理管理；管理伦理与企业道德

【本章关键术语】

企业伦理；企业声誉；声誉管理。

诚信者，天下之结也。

——《管子·枢言》

信，国之宝也，民之所凭也

——《东周列国志》

【导入案例】

在服务奥运中提升企业形象

自从成为北京奥运会皮具供应商，浙江奥康集团就下定决心要拿出最好的产品。据了解，奥运会上所使用的奥康集团产品，在设计上充分体现了北京奥运所倡导的"绿色奥运、科技奥运、人文奥运"的理念。奥康集团总裁说："赞助奥运，不只是借奥运推广塑造品牌形象，而是借此实现企业文化、品牌核心价值、技术创新、品牌营销4个方面的整合提升，继而达到企业的整体实力升级。"

与此同时，奥康还借助奥运品牌的支持，启动全球营销战略，他们在发表的《梦想宣言》中倡导：发扬奥运精神，成就世界品牌。并坦言，奥运精神跨越国界、跨越语言，这无疑是一个向世界展示奥康品牌的绝好机会，我们将借此实现奥康的世界品牌之梦，做一个具有国际美誉度的全球知名品牌。

奥运给奥康带来了什么？奥康集团品牌规划中心总监向记者提供了一份资料：

2007 年，奥康集团申报的产品技术专利超过 50 项，包括发明、实用新型和外观设计等，这些技术专利目前已经在奥康产品中使用。2007 年，奥康皮具的销售增长了 100%，皮鞋销售增长了 40%。2007 年上半年，奥康皮鞋销售增长达到 30%以上。另外，根据中国品牌研究院发布的 2007 年调查报告，奥康品牌的美誉度上升了 8.63%。

奥康认为，奥运是一个契机，是可以让奥康走向国际化的绝佳时机。"我们不仅关注 2008 年北京奥运会，我们还在接触 2012 年伦敦奥运会组委会，欧洲是鞋业大市场。"奥康正在谋划开发欧盟和日本市场。

资料来源：张玫. 在服务奥运中提升企业形象[N]. 经济日报，2008-08-22.

思考：

信息时代应该如何提升企业的美誉度？

第一节　企业伦理、企业声誉、企业形象

20 世纪 50 年代末 60 年代初，为了加强监管力度，维护市场秩序和消费者权益，也为了促进企业公平竞争和诚信经营，世界 500 强中的西方企业都建立了《企业伦理宪章》。企业伦理、企业声誉、企业形象在信息经济（又被称作"眼球经济"）时代具有重要意义。

一、企业伦理的发展

企业伦理大致经历了 3 个阶段：第一阶段是产生期：20 世纪 60—70 年代；第二阶段是发展期：80—90 年代；第三阶段是新发展期：1990 年到现在。《企业伦理宪章》的实施最早出现在美国，它的形成与公众和实业界对企业伦理的重视密切相关。1962 年，美国政府公布了一个报告——《关于企业诚信伦理及相应行动的声明》。1974 年 11 月，在美国堪萨斯大学召开了第一届企业诚信伦理研讨会，大会的论文和会议记录后来被汇编成书出版，书名为《企业诚信伦理、自由经营和古典政策》。这次会议标志着企业诚信伦理的正式产生。国外企业诚信建设有三大特点：

特点一：教育方面，企业诚信从学校教育入手，所有申请 MBA 的学生，都必须写一篇企业诚信伦理方面的文章，而且"管理决策与企业诚信伦理价值"这门课已成为新生的必修课程。（哈罗德《管理学》）

特点二：企业诚信伦理与企业经营活动相互渗透。随着企业诚信伦理在西方的迅速发展，西方企业界也逐渐把企业诚信伦理应用于实践，有 80%的企业将企业诚信伦理与企业的日常经营活动相结合。

特点三：强调实践。美国本特莱学院（Bentley College）的伦理研究中心在一项

调查中表明,《幸福》杂志上排名前 1 000 家的企业中,有 93% 的企业有成文的《企业伦理宪章》《企业诚信伦理准则》来规范员工的行为。

到 1995 年,美国企业诚信伦理研究机构已达 300 多个。企业诚信伦理方面的刊物有 14 种。企业诚信伦理方面的教材专著有 1 000 多种。20 世纪 80 年代,美国大多数管理学院都开设了该课程,到 1993 年,美国已有 90% 以上的管理学院开设了 Business Ethics 课程。美国哈佛大学商学院是培养企业家的摇篮,该学院 1992 年年初出资 3 000 万美元用于设立新的企业诚信伦理研究项目和筹建企业诚信伦理中心。

当今的信息经济时代催生了新企业伦理。人们感到超越物质的大量需求是以信息、知识为核心的精神需求,是信息、知识和技术密集型的信息产品。满足心理需求高于产品的实用性。

互联网正在彻底地改变人们的生活方式、工作方式、思维方式,改变企业的意识形态。

(一)信息经济下的企业结构是知识和技术密集型的

传统的企业结构都是劳动密集型或资本密集型的,而新兴信息企业结构都是知识和技术密集型的;新的管理方法既要求职工自身的知识化,同时要求领导的人性化,使职工得到更自由而全面的发展。企业管理上的民主、透明、公正、信用将成为企业诚信的首要规范。

(二)信息经济的产业结构是低耗高效型的

企业诚信要求企业实施高标准的绿色经济和清洁生产。这些以新兴科学知识和高技术为基础的尖端信息产业群,具有高效率、高增长、高效益和低污染、低能耗、低消耗的新特点。

因此,绿色生产—全程控制成为企业诚信的首要规范。

(三)信息经济的体制结构是小型化和分散化的

企业诚信要求企业的生产适应个性化经济:对客户负责,满足客户的需求。

小型分散化的水平网络式的管理体制将代替集中、庞大而又互相牵制的传统金字塔形的体制结构,小公司、小工厂等横向扁平化组织将代替大公司、大工厂等纵向组织。诚信的内涵在发生变化:金字塔型体制把服从命令作为诚信,横向扁平化组织把平等协作作为诚信。

(四)信息经济的消费结构是多样化的

企业诚信要求生产的多样化。传统工业生产是大规模集中性生产,产品单一、规范化,虽然成套生产,但是品种少、规模单调,不能及时满足多种多样的社会需要。诚信的内涵也在发生变化：由于信息经济的生产需要机动灵活、分散化，需要个性化的、创造性的劳动，人的自由的、全面的发展成为企业诚信（诚信地对待员工、消费者）的必然要求。

（五）信息经济的能源结构是再生型的

传统经济的转型也要求企业诚信的内容不断发展。传统经济的能源结构是非再生型的，如煤炭、石油等，消耗一点，就少一点，不能再生。信息经济的能源结构主要是再生型的，如太阳能、生物能、海洋能等，它们不仅可以再生，取之不尽，用之不竭，而且有用、干净、效率高。

因此，走向信息经济学、适应信息经济社会是大势所趋。人类社会经历了蒸汽机时代、电气时代、原子能时代、微电子技术，目前已经到了电子计算机技术和通信技术的信息时代。国家的发展战略、能源的开发利用、国际商业贸易、企业新技术的引进、产品的开发，乃至日常生活用品的制造都要适应这个变化。信息时代的生产方式日益成为社会、经济、科技发展的决定因素，信息经济的发展和完善将带来社会的革命性变革，信息的不断透明化，将使欺诈、不诚信的企业行为和不诚信的社会现象消失。

建立企业知名度，及时消除负面影响即负面知名度，利用企业知名度，发挥独特性；建立声誉平台，策划建立强大的声誉平台，成为成功的企业，将成为企业发展的轨迹。

二、企业声誉在企业生命体中的重要地位

"声誉管理"在国外日益突出并为大众所接受。大型跨国公司早已开始致力于做有责任感的企业公民。较多企业的文化手册都把企业社会责任放在第一条。"声誉管理"一词对于我国企业来说还是一个较新的概念。

目前企业之间的竞争已经从原来的产品竞争发展到价格竞争，由价格竞争发展到质量竞争，由质量竞争发展到服务竞争，由服务竞争发展到形象竞争，由形象竞争发展到声誉竞争。

企业的声誉是企业重要的信息资源和无形资产。信息被视为一种经济成分并且迅速形成信息经济学，它从 20 世纪 60 年代开始发端。信息经济的形成是工业社会生产力发展的必然结果，是信息、知识、技术积累和发展并且极大地推动科技、经济和社会发展的必然结果。

美国《金融时报》通过对一些基业长青组织（全球最受尊敬的前 50 家公司）的研究表明，公司长期以来树立起来的声誉比任何短期的，如技术领先、回报丰厚等目标更重要。

良好的声誉必须经过长期的一点一滴、日复一日地努力来造就，企业需要做出必要的声誉投资，因为企业声誉管理往往比业绩更重要。声誉管理包括声誉预警、

声誉突发事件的处理等。企业声誉有 5 个主要特征：第一，形成因素的综合性；第二，产权的专有性；第三，效用的非竞争性；第四，形成的长期性；第五，存续的不稳定性。根据这 5 个特点，我们应当确立建立企业声誉的以下 5 大原则：原则一，提高知名度；原则二，塑造独特性；原则三，建立诚信度；原则四，保持透明度；原则五，保持一致性。

企业声誉价值的传播性会影响公司的经营绩效。声誉能创造出进一步赢得声誉的财务价值——声誉作为一项公共资产具有很高的财务价值。全球知名度高的公司的声誉度就说明了这一点，声誉会给企业带来财富，Google 的案例真真切切地说明了企业声誉创造了市场价值。成立于 1998 年，在斯坦福大学一间宿舍里由几个学生创作的 Google 是企业声誉的最大黑马。2005 年度美国 60 大最知名企业榜单揭晓。首次入选的 Google 公司更是领先其他同行，取得了第 3 的位置。强生则稳坐自 1999 年该调查开始以来的冠军位置。Google 成为新亮点，大多数的公司要花费几十年的时间才能树立起卓越的声誉，而 Google 只用了 7 年。它成立的时间以及规模比其他入围公司小得多，因此 Google 的排名引人瞩目。

在全美企业声誉排行榜上，Google 排名仅低于强生公司和可口可乐，而前两家公司都是有着百年标志性的企业。通过调查得出，影响企业声誉排名的原因有 4 个。

（一）眼球经济的影响

Google 的高股价也提高了它的声誉，受访者称 Google 是他们最想买进和最希望推荐给他人的股票之一。

（二）环保意识的影响与日俱增

接受调查的近 2 万名美国人当中有 71% 的人给出了正面的评价。除了 Google，前 10 位的还有索尼、微软和英特尔，这是因为虚拟产品无污染。受访者表示，大多数科技公司提供了使他们日常生活质量得到提高、定价合理的创新产品——调查中的其他公司很少能够获得这样的评价。大多数企业，尤其是汽车、航空、制药和能源企业的排名均有所下降，烟草的声誉比能源和制药企业还要低。

（三）履行企业社会责任，彰显企业声誉日益重要

尽管许多公司在 2005 年的自然灾害，尤其是飓风卡特里娜之后对灾区提供了帮助，但许多受访者并没有给予很高的评价。许多受访者呼吁企业参与更多慈善事业，并使它们的善举为公众所知。宝洁公司的排名从 2004 年的第 4 位降到了 2005 年的第 13 位，即因为被指没有表现出足够的社会责任感。

（四）不诚信、欺骗，缺乏人性的关爱导致排名下滑

一些因会计丑闻而声名狼藉的企业都排在榜单的末尾。美国哥伦比亚大学商学

院"跨国公司竞争力"课题组在研究世界 500 强时发现：它们树立的企业核心理念几乎很少与商业利润有关。未来学家托夫勒预言：在开始或实现了工业化的国家里，人们有史以来第一次感到人们生活的物质财富已经充裕，甚至某些物质产品会出现生产过剩—产品卖不出去—人们选择购买产品会更加注重企业的品牌、企业的信用和企业的声誉。

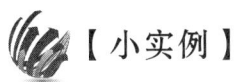 【小实例】

商业伦理评价行为善恶的特殊方式

商业伦理不是一般意义上的社会道德，它要求商业从业人员在遵守社会道德规范的同时，取得最大的经济效益。在商业领域，讲究经济效益是商业从业人员的道德责任，即尽量以最少的人力、物力的消耗取得最佳的经济效果或商业效益。但同时在商业活动中，要兼顾国家、地方、企业、劳动者个人及消费者诸方面的利益，不能将自身的利益建立在损害国家利益、其他商业企业利益和消费者的利益之上。

香烟，众所周知，是一个对人的身体健康百害而无一利的商品。然而香烟是世界上大多数男士所喜爱的商品，并且香烟的利润又是很丰厚的。香烟的生产厂家基于人们的健康考虑应该停止生产香烟，但香烟是人们的需求产品，基于利益的考虑，多生产香烟会给企业带来更大的利润。在不生产、生产及多生产香烟之间存在着道德与利益上的冲突。在解决这一冲突时，不能只站在道德的角度，当然更不能只站在利益的角度。因此，大多数国家的做法是允许香烟的生产，但通过各种法律法规控制香烟的生产数量以及购买人群。如在我国，所有香烟的外包装上要标识"吸烟有害健康"的字样，以示提醒；征收重税减少香烟生产厂商的利润；严禁播放烟草广告等。

资料来源：韩媛媛.徽商的商业伦理观研究[D]. 南京：南京航空航天大学，2006.

三、企业声誉、企业形象的联系与区别

声誉在英语中翻译为 reputation，在牛津词典中的解释为 the general opinion about the character，qualities，ect.of sb. or sth.（关于某人或某事的特征和性质的一般概念）。声誉是一个人、一个企业或某一团体在公众的头脑中所留下的一个总体印象。

企业声誉是企业作为行为主体各方面行为能力的综合反映，它依附于主体又相对独立于主体，是行为主体的一项总体性的无形资产。其对主体的作用具有一定的时滞性，即行为主体过去的行为所形成的声誉将影响行为主体随后的行动环境，当前的行为所形成的声誉对当前的行为环境影响较小。

企业声誉与商誉、信誉、商标有一定的联系。企业商誉是指企业在转让过程中，由于企业的地理位置、经营方式而形成的其总体价值大于其分开出售的价值的差额；声誉则是企业的整体性无形资产的价值。从时间上来看，商誉只存在于某一特定的时间，而声誉则与企业共存，有时甚至企业已消亡，其声誉却仍存在；从价值量来看，商誉是企业的变现价值（包括有形资产和无形资产）与其实际价值的差额，而声誉则是企业无形资产的一种——整体性无形资产的价值。一般情况下，企业商誉的价值小于声誉的价值。

企业声誉不同于企业形象，前者是广泛的利益相关方经过一段时期以来对公司产生的综合认知，并包含了不同程度的信任和尊重。这种认知是人们通过接触公司产品和服务、对企业一言一行的观察、口碑和媒体报道等第三方评价等多种渠道经过反复验证和消化后产生的；后者是企业通过大规模的公关、广告等营销活动，刻意制造出来的一套话语体系，单方面地出现在电视、报刊、户外广告、宣传单等各种媒体间，是企业对自己的产品、服务和自我身份的一种理想化描述，其目的是博取消费者和公众的好感，并最终实现一定的商业目标。

企业声誉是对企业的一种更接近现实的评价，具有更大的可信度。有研究表明，企业有 70%~80%的价值来自投资者对于公司长期成长潜力的预期，而这种预期很大程度是建立在企业的综合声誉基础之上的。

第二节　企业声誉

如今企业越来越认识到企业声誉的重要性，非常注重建立并维护企业声誉。

一、企业声誉的构成

长期致力于公司声誉研究的纽约大学斯登商学院教授查尔斯·弗布伦（Charles Fombrun）认为，公司声誉由如下 6 个方面构成：

（1）情感的感染力：这使人们从感性上喜欢、仰慕或信任一家公司。

（2）产品和服务：公司生产和提供的产品和服务是高质量的、创新的、可靠的，具有顾客认可的价值。

（3）财务表现：公司向投资者提供令人满意的回报，而且未来仍然有提供持续回报的前景。

（4）愿景和领导力：公司对未来有明确的抱负和理想，并且拥有强有力的领导层来实现该愿景。

（5）工作环境：公司管理良好，拥有一流的员工，是一个值得向往的工作场所。

（6）社会责任：公司是一个良好的企业公民，不遗余力地支持社会正义，保护环境。

弗布伦教授在美国、澳大利亚、丹麦、意大利和荷兰等多个市场上将公司声誉度和多项财务指标如收益、现金流、成长率和市值进行了相关性比较分析。结果表明，高声誉度和低声誉度的两类公司，其财务表现有明显的优劣区分。声誉好的公司比声誉差的公司有更高的无形资产、资产回报率以及5年期成长率。

对于拥有远大抱负的企业家来说，企业的成功有赖于在商业、合规和良好的声誉之间形成动态的平衡。企业管理层普遍认识到了公司声誉的重要性，然而他们普遍不清楚声誉的来源，也不了解企业自身实际的声誉状况。很多企业主完全没有明白这样一个道理：制造完美的企业形象并不必然给公司声誉带来正面效应。如今太多的公司忙于通过大规模的广告和宣传攻势制造完美无缺的公司形象，但是如果它们传达的信息是想象的，而非基于事实基础，那么这种做法对良好的公司声誉的打造就不能形成有力支持，反而会因为缺乏可信度，被视为炒作而遭人厌恶。

广告、公关和其他营销攻势也不是声誉的全部来源，甚至很难说是一个主要来源。苹果和星巴克都拥有强大的声誉，而它们在广告方面的开支都不高。星巴克的大多数广告只出现在自己的店面玻璃上，而从来不做任何电视和平面广告。苹果在营销方面则是刻意低调神秘，1996年财政年度的广告开支仅为2.87亿美元，相比之下，惠普为11亿美元。他们确保自己有限的营销传播活动、产品和服务、重大战略举措和行为、员工的职业操守和工作态度等都建立在同样的价值观和愿景上，从而让公众对自己的品牌形成一个一致性的认知。

二、建立并维护企业声誉

西方跨国公司非常注重建立并维护企业声誉。可以想象，如果一个大公司的声誉稍微受到负面影响，它在股市上的股票价格马上就会下跌，企业高层的地位就会受到动摇。

（一）建立企业声誉的重要性

企业声誉是市场经济运行的燃料，因此必须重视企业声誉的建立和维护。社会市场化程度越高，声誉对企业的发展和生存也就越重要。市场竞争的激烈，产品的趋同，导致产品本身以外的区别变得越来越重要，企业声誉的作用在这一过程中逐渐凸显。在经历了价格竞争、质量竞争、服务竞争和形象竞争之后，时下企业以及市场之间的竞争已发展到声誉竞争阶段。

"世界零售业大鳄沃尔玛在选择供应商时，就需要考虑对方的声誉，比如不能使用童工等，否则可能将导致连锁反应，影响沃尔玛的声誉。"缪荣表示。

国际知名的规划和评估公共关系及企业传播测评方面的权威——CARMA 公司首席执行官吉姆（Jim）在演讲时也曾经指出过声誉同品牌之间的差别。声誉多是基于行动，即你的公司或组织做了什么；而对创立品牌很奏效的广告和宣传是不可以建立声誉的，声誉像获得尊重一样需要赢得，而品牌则是一种可以制造的资产，一个公司可以有多个品牌，而声誉只能有一个。是声誉，而不是品牌，决定了现有雇员是否希望留任，潜在雇员是否希望加入，政府是否支持，投资者是否可以被吸引并留住，媒体是否关注，以及顾客是否对企业保持忠诚。李玲在《"大公关"时代已经到来》中指出："企业销售产品和赚钱，可以通过品牌，而决定企业生死的，却是声誉。"

（二）利益相关者是维护企业声誉的关键

勾晓峰、李峥在经济参考网（2006-04-10）中的文章《企业声誉靠利益相关者维护》中提道："由于声誉是他人头脑中对企业形成的看法，所以能够同企业发生关系的人，都应该被看作是可能影响企业声誉的利益相关者。"缪荣认为从企业的角度来说，维护声誉的第一步，就是要找出企业的利益相关者。

企业需要找出与公司利益密切相关的各个群体，可以是消费者或客户、雇员、股东、政府、商业合作伙伴、金融或者产业分析师、媒体、理论家，甚至是非政府组织，如环境保护组织、消费者协会等。比如说，在欧典地板的事件中，欧典地板的购买者、政府有关部门、媒体、消费者协会、其他同业公司等，都是该企业的利益相关者。

在找出企业的利益相关者之后，企业需要积极与利益相关者沟通。公司要建立和提升自己的声誉，必须在日常行为中与他们积极沟通，了解他们的需求，提高他们对企业的满意度，促使他们不断支持企业的行为。这是因为所有的利益相关者与企业相互作用并一起构成了企业的价值网络，企业声誉是在利益相关者价值网络中形成的一种无形资产，虽然它能够为企业创造价值，但它并不附着于企业本身，它的载体是企业的整个价值网络。企业最理想的境界是得到所有利益相关者有形的和无形的支持。

通过调查和访问等多种形式弄清楚他们在想什么，他们关心哪些方面，他们认为最重要的价值是什么。明确了这些，就可以有的放矢地去了解这些利益相关者在他们关心的方面是如何看待公司的，找到最可能成就或破坏自身业务或组织的团体，从而找出驱动企业的最关键的因素，然后就可以制定相应的公司策略。

保持企业良好声誉的关键是要善待所有利益相关者。虽然使单个利益相关者感到满意比较容易实现，但是同时使所有利益相关者感到满意则存在困难。美国著名学者卡罗尔和克拉克森对企业利益相关者行为的研究表明，积极地关注所有利益相关者，将会为企业的生存和发展赢得持续不断的资源。因此，企业最好的规避风险战略就是善待所有的利益相关者。

此外，根据企业所处的不同状态对利益相关者采取不同的策略。一个利益相关者的重要性取决于企业的需要以及对其的依赖程度。在发展的不同阶段都会有一些资源对企业特别重要，因此在任何时候，都会有一些利益相关者比其他更重要。在现实中，利益相关者对企业的影响也可以分为轻、重、缓、急几种状态，企业可以根据各自不同的状态对他们采取不同的策略。

消费者的直接经验、工作伙伴的口碑、传闻、网络、媒体（报纸、广播、电视、户外广告、直播营销、小册子等），以及间接经验、地域、宗教文化等都可能使人们形成观点进而影响企业的声誉。每个公司要关注的方面肯定是不同的，消费品公司可能更重视产品本身，而化学公司可能更加关注对环境的影响。

（三）保持原有的声誉

在两种情况下，公司最值得去保持原有的声誉：第一种情况，提供优质产品能够带来的额外加价，或更准确地说，是享有提供高质量产品这一声誉带来的额外加价。这种加价比起提供优质产品的成本来说相对较大。要成为一名优秀的医生比成为一名不称职的医生所付出的代价不会高出很多，这也正是良好的声誉对于医务人员有特别价值的原因。相对于其他一些汽车生产商，丰田公司确保汽车高标准的成本要低很多，而这也使可靠性声誉对丰田公司格外重要。第二种情况，只有在持续性市场中声誉才有价值，或值得企业去保持。声誉的价值会随着市场的消失而消失。企业很难将这种声誉转换到不同的商品组中。因为所有人都明白，如果这种声誉的价值在现有市场中正在降低，那么它作为一种资产转移到新市场中的力量也会降低。比如，那些曾经强大的船运公司和铁路公司的声誉在衰退。但是，只要市场依然存在，即使是提供服务的公司本体改变了，声誉还是会被转移到新的市场中。为什么律师在得知赫斯布里（Halsbury）阁下已于 1921 年去世后，仍然信心十足地参考英格兰赫斯布里法典（Halsbury's Laws of England）呢？答案是，这一名称的现任拥有者巴特沃斯（Butterworth）察觉到它的可靠性声誉是一种有巨大价值的资产，同时人们对法律参考书永远都会有需求。

声誉会因其他原因而失去价值，质量保证对消费者的重要性也许会改变。英国在汽油供给方面实行了标准质量分级，这直接导致了市场中大量品牌广告的减少，以及随后众多小型生产商的大量涌入。另外，在法律和会计行业市场中，很多客户不再愿意相信任何持有质量证书的从业者都能胜任某项工作，而大公司对市场的进一步控制也反映了市场需要额外的质量保证。官方的质量监督可以直接影响声誉在这一行业中的价值和生产者保持或提高声誉的动力。在专业服务领域，官方规范体系的软弱强化了领先公司的市场角色。

第三节　企业声誉与伦理管理

商业工作离不开管理，管理是现代化商业经营中具有决定性意义的环节。企业声誉与商业伦理都需要管理。

一、企业声誉管理

2004 年出版的《公司声誉 18 铁律》（ *The 18 Immutable Laws of Corporate Reputation* ）一书的作者罗恩·艾尔索普（Ron Alsop）主张，企业应考虑任命一位全职的"首席声誉官"。企业声誉人人有责，它是企业各级员工每天工作态度的反映。最好的绩效管理制度会对员工的良好行为进行奖励，给员工提供一个激励因素，促使他们时时刻刻提高企业的声誉。良好的声誉会为企业赢得更多的"拥戴者"，而不是"毁谤者"。正如战略咨询公司贝恩（Bain & Company）的弗雷德·赖克赫德（Fred Reichheld）所言，声誉是预测企业未来能否成功的一个很好的指标。如何将积极的声誉管理纳入公司战略层面进行思考，并且进行专业化的管理，应当从以下 3 三个方面思考：

（一）利益相关方的关系管理

企业如今进入了一个全面利益相关方时代。利益相关方的要求和期望随着社会环境的变化而越来越难以满足，投资者要求企业有更大程度的财务透明，员工希望企业将自己视为合作伙伴而非普通的劳动力，监管机构和非政府组织则希望企业能承担起更多的社会责任，并且希望了解企业运营所带来的各种社会和环境影响，而越来越多的消费者在购买行为发生时，开始考虑是否认同这家公司所代表的社会价值观念。另外，在雇员、消费者、供应商、分销商、投资者和政府监管机构这些传统利益相关方之外，正在出现一些闻所未闻的、代表各种民间利益的组织。

企业同利益相关方关系的管理的最终目的并不是要让人人都喜欢，也并非无条件地满足任何要求，而是以有效和创新的方式，确保企业更大限度地公开和透明，更多地进行平等的交流和合作，以使企业能够在一个良性和相对友好的环境下发展、壮大。

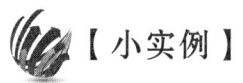【小实例】

商业伦理是一种特殊窗口行业伦理

商业服务业是直接面向顾客、与人民群众打交道的，在商品交换过程中，人们必然会产生各种各样的联系。商业伦理状况如何将直接影响整个社会社会风气。因此，建立良好的商业伦理是商业服务业和社会所必需的。商业企业越来越强调服务的重要性，因为优质的服务不仅能提高企业的声誉，还能够增加产品的附加值，为顾客带来更大的顾客价值，从而刺激顾客的购买欲望。海尔集团之所以能在短短的20年里成为在海内外享有较高美誉的大型国际化企业集团，海尔的服务意识居功不小。海尔是中国第一家推出"三全"服务的彩电生产企业，主要内容有：① 全天候24小时服务、24小时电话咨询服务，365天服务等；② 售前详尽咨询服务、售中全部送货上门、售后全部建档回访；③ 保修期内所有维修费用、服务、材料全免费。这些几乎囊括了服务方面的所有内容。这种服务措施的推出对整个行业的服务都起到了规范和推动作用，也是海尔所有产品能够立足于中国家电潮头的关键所在。

资料来源：韩媛媛. 徽商的商业伦理观研究[D]. 南京：南京航空航天大学，2006.

（二）品牌推广中的声誉管理

如果企业在日常大规模和经常性的各类营销推广、广告和公关活动中，能够确保与公司的实质保持一致，那么这样的声誉管理就是成功的。

大体来说，世界范围内声誉强劲的公司普遍遵守如下原则：

（1）保持曝光度：公众对一个公司的熟悉程度在大多数情况下可以积极影响公司的声誉。因此有必要进行持续和一定力度的传播，将公司的价值观、商业模式、产品和服务等及时、准确地传达给各方面的受众。

（2）保持独特性：英特尔在声誉方面一直压过 AMD，是因为其独到的广告和联合营销攻势。

（3）真实：长期来看，单纯依赖广告和公关来操纵公司的外在形象，而同公司的真实情况相脱节，必将会遭遇失败。

（4）保持透明：消费者普遍将更强的公司声誉归因于努力全面地与消费者的沟通。

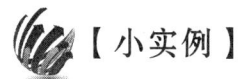【小实例】

坚守诚信打造良好品牌效应

在做好诚信的基础上，才能形成良好的品牌效应。例如：白象方便面，在3·15以后就受到国人的追捧。白象不仅做诚信的产品，更勇于承担企业的社会责任。在河南 7·20 洪水受灾期间为灾区捐款 500 多万元，被中央电视台转播和点赞。白象公司还为残疾人提供了众多的就业岗位，其工厂遍布全国的多个城市，仅在山东济宁的工厂就招收了 230 余名残疾人员工，占比更是超 3 成，白象湖南分公司的残疾员工也达到 100 余人，占比接近 1/4。白象公司还坚持用诚信做产品，让消费者的权益在食用他们产品时得到充分的保障。这样也使消费者对于他们的品牌有了更加良好的印象，从而形成了强有力的品牌效应，在市场竞争和开拓上创造了更加宽广的发展空间。可见，白象方便面站在尊重和维护消费者权益的角度，走出属于自己的品牌创新之路。

资料来源：潘思扬. 浅谈食品生产企业的发展与商业伦理以及企业责任的关系[C]. 2022 社会发展理论研讨会论文集（三），2022-11-24.

（三）政策和行为上的声誉影响

决定公司声誉的并不是你说了什么，而是实际做了什么，以及说和做之间是否一致。贯穿于公司政策和各种商业的行为才是声誉的根本来源。

全球化和信息化使原本只是企业内部营运方面的决策和行为（如产品质量监控、治理结构、员工福利体系、财务制度和客户服务等）都带有随时会带来声誉危机的风险因素，企业管理者必须确保自己的一举一动都充分考虑到对公司声誉可能造成的任何正面或负面影响，并相应加以调整。企业向来非常擅长在日常经营管理中考虑一项决策在营运、财务和法律方面的影响，却很少想到决策可能对企业声誉带来的影响，这也是企业危机事件不断发生的一个重要原因。BD 因为 2007 年夏季的闪电裁员，负面报道纷至沓来，使其"年度最佳雇主"的形象跌落到最低点。BD 可能认为这里面有竞争对手做手脚的影子，然而无论如何公司在处理裁员问题上并未采取理性和符合其价值理念的做法。

目前，企业中专业化、系统化的声誉管理职能应当加强。那么，究竟应该由哪一个部门来承担这一职能呢？有没有必要由一位高层管理人员来守护公司声誉这一企业最大和最重要的资产呢？企业现有的"公关部"或者说"企业传播部"有条件从"为企业形象化妆美容"的边缘化身份提升到"为企业建立和管理好品牌声誉资产"的核心角色吗？为此，它们必须更多地站在管理和战略层面上，理解企业外部各相关群体对公司的期望，对如何使公司的政策和行为贴近这些期望提供建议，并且通过有创意的方式，同员工、股东、监管机构和媒体进行积极而长期的沟通。它们需要在这个吸引消费者的关注变得越来越昂贵和无效的环境下，帮助公司发起同消费者的对话，从而努力"赢得"而不是"购买"消费者的注意力和信任。

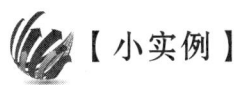【小实例】

恪守商业伦理成就百年老店

实际上，在数千年的商业发展史上，古老的商业文明已经为我们积淀了许多关于商业伦理的诚信经营、用户至上的训诫。例如，同仁堂为人称道的对联"品味虽贵，必不敢减物力；炮制虽繁，必不敢省人工"，正是长期恪守这条古训，使其成为400年老店；瑞蚨祥始终坚持以"至诚至上、货真价实、言不二价、童叟无欺"为经营宗旨，才在150余年的时间里成为中式服装的领军者之一。凡此种种，都说明中国并不缺少建立尊重和维护消费者市场生态的土壤，也不缺少与之相关的商业智慧。中国品牌所要做的是，将这些古训、商训与自身经营的行业相结合，从而绽放出新的商业伦理之花。

资料来源：冯昭.尊重消费者权益，重塑商业伦理[J].科技创新与品牌，2024（3）.

二、企业伦理管理

商业活动中的伦理管理学问题，包括正确处理主体和客体的道德关系（管理者与被管理者的道德关系）、主观和客观、认识和实践的相互关系等。

管理伦理思想是伴随着人类的管理活动而产生的。早在公元前18世纪巴比伦统一两河流域（幼发拉底河与底格里斯河流域）后，汉穆拉比国王就制定了奴隶制时代最完美的法典——《汉穆拉比法典》，其中就有当时统治者管理国家、司法判案必须遵循区分善恶、正义与非正义的道德标准。古希腊哲学家亚里士多德说过，以管理作为第一职能的政体机构，是人民道德生活上的一种精神结合，其目的就在于达到公平正义和最广泛的善业。因此，理想城邦的各级官吏必须具备优良的品德和情感意志。16世纪意大利思想家马基雅弗利把行政领导学"四大原理"之一的官员管理伦理归纳为"以身作则，为人表率"8个字。到20世纪20年代，西方一些理论家针对过去管理理论偏重物质因素，对人的因素考虑得过少的情况，提出了必须加强对人的需要动机的研究，强调对管理学中的伦理价值、道德和利益等问题的研究。

美国一些学者指出，管理人员经常处于"两难境地"，他们认为任何一种管理都存在两难处境，他们面临着管理价值选择的5大困境：

第一，把个人利益与组织的集体利益结合起来。个人的利益往往是和组织的利益相矛盾的。

第二，既要控制，同时又需要主动性。这样，管理人员必须履行适当的、特定的任务和职责，而他们同时又必须坚持发挥个人的主动性。

第三，既要执行不顾个人的规定和程序，又要照顾个人需求之间的难处。规则与程序的存在是为了减少凭个人好恶行事而增进集体的利益，但同时每个人都有各

自特殊的需要，而这些需要常常由于要执行规则和程序而得不到满足。

第四，必须平衡个人要求和集体准则产生的矛盾。组织是由各种共同工作的人组成的，这些组合对每个个人有着很大的影响，它往往与个人的需要和愿望相抵触。

第五，既要执行组织的规范，又要改变这些规范；既要支持现状的某些部分，同时又得试图改变现状的其他部分。

以上这5大困境都涉及管理伦理学中的价值选择、道德和利益等问题，涉及对人性、人的本质、人的需求和人的个性发展等问题的认识。马克思、恩格斯说过："任何人类历史的第一前提无疑是有生命的个人的存在。"这句话实际上说明了个人存在与社会历史、个人价值与社会价值之间的关系，也是解决管理伦理面临的这些困境的方法论前提。

当代德国哲学家施普兰格尔说过，个人的价值准则是通过对两种价值之间的取舍表现出来的，它是一种简单的心理行为，但是一个人受到以往文化的影响，受到某一特定的集体道德观念及一种独特的冲突性的情景的影响，他所处的这种复杂的伦理情景和那种简单心理行为就相去甚远了。管理活动中（包括商业管理活动）的伦理情景就更为复杂，它包括管理的主体系统和客体系统，前者又包括管理主体的人、人的活动和劳动管理系统，后者又包括管理客体的人、物、环境等。

每个人都对社会负有义务，不管他是作为管理主体的人，或是作为管理客体的人。管理伦理中的"价值"范畴，内含着作为主体的人与作为客体的人的一种道德关系，而这种道德关系要以满足人的高层次需要为核心，不能满足人的需要，也就无任何价值可言。

不同的人，特别是被分裂为对抗关系的双方在社会关系的交往中，不同的社会集团、阶层、阶级对管理伦理、价值选择的根本认识、根本观点和态度也会不同。"劳心者治人，劳力者治于人，治于人者食人，治人者食于人""三纲五常""三从四德"都是我国封建统治者的管理伦理、管理价值观的体现。

如上所述，管理伦理是以管理满足人的需要为核心，作为主体的人与作为客体的被管理对象之间的一种关系。这种关系不是单一的、片面的，而是一个多因素、多层次的复杂结构体系。必须全面、正确地把握管理伦理的价值，才能正确规范管理活动。任何背离人道主义原则，背离人的价值的做法，都会使管理偏离正确的轨道。

三、管理伦理与企业道德

商业领域中的管理和其他领域中的管理一样，都包括对人的管理、物的管理、事的管理。其中对人的管理具有特别重要的意义。因为人的因素是决定一切的力量，调动人的积极性因素，发挥人的能动作用，才能把其他事、物管好。

管理伦理学研究的重点是管理全过程中行使权力时的道德问题，它不同于政治道德的研究对象。政治道德仅指在解决上层建筑领域矛盾时，尤其是政治领域的领导者的道德规范；管理伦理学除了政治领域的管理关系外，还要研究其他各种职业、行业、领域中的伦理关系。管理伦理学的任务：一是要解决行使管理职能的同时，如何正确处理上下左右的伦理关系；二是管理者如何运用道德影响、调动被管理者的职业良心和主动性。拿商业工作来说，就要求从事商业工作的一切管理者，要有高度的商业道德觉悟，热爱商业工作，要有公而忘私、团结互助的精神；要有廉洁不贪、勤恳服务的精神；要有任劳任怨、一丝不苟的精神；要有为人师表、忠于职守的精神。

一般意义上的企业伦理学的产生和发展取决于社会分工的出现及职业交往的演进，它的内容取决于工业的特殊环境和活动方式，它具有调节职工行为的道德规范要求，而商业企业伦理，又有独立的个性特征，它是统一的伦理学知识体系的分支学科，普遍适用于所有从事商业活动的社会集团和个人。它通过独特意义的范畴来构造自身的理论体系，探索企业内部的道德规律、商业企业活动中的道德意识、道德规范和道德实践。

商业企业伦理学是为了确定现代化企业的行为机制，完善对企业的全面系统管理。如果说技术管理侧重物的方面，那么企业伦理学则属于人际关系的行为管理。为了全面发挥道德调节在企业中的作用，利用道德调节与法纪调节在互渗互补中提高企业经营效率。建立健康的道德环境，为人在企业中获得自由、自觉、全面的发展创造条件。人不但是企业的手段，而且是目的。商业经营必须依靠人，其成果也正是为了满足人本身的需要。

目前，我国管理伦理学、商业企业伦理学的研究还处于起步阶段，因此，如何借鉴西方的研究成果，包括吸收西方组织行为学、现代学、社会学、社会心理学等学科的成果，建立中国式的管理伦理学，是目前的一个重大任务。

 【案例分析】

鸿星尔克的灾情善举

鸿星尔克实业有限公司成立于 2000 年 6 月，总部位于福建省厦门市，是一家集研发、生产、销售于一体的大型运动服饰企业。鸿星尔克曾于 2005 年在新加坡上市，成为中国第一个在国外上市的运动品牌，但由于业绩不佳在 2020 年被强制退市。

2021 年 7 月，河南郑州市由于数日连降暴雨，造成了非常严重的水灾。国货品牌鸿星尔克在灾情一片惨重之时，第一时间为郑州捐赠了 5 000 万元的物资，此举让鸿星尔克一夜之间红遍了全国。

2020 年鸿星尔克的净利润是-2.2 亿元，这家民营企业时刻面临着破产倒闭的风险。面临着如此大的压力，鸿星尔克还是大手笔地向郑州灾区捐助了 5 000 万元。鸿星尔克的爱心和善心及社会价值观令人感慨，感动了无数网友。

为了表达对鸿星尔克的支持和赞赏，大量网友自发进行抢购。面对网友热情的抢购，鸿星尔克的老板劝大家"一定要理性消费"。对此网友却不买账："别跟我废话，让你们老板少管闲事。"还有位网友赶到直播间已经晚了，已没有商品可供消费，就在直播间给主播大量地刷礼物，结果被主播直接踢出了直播间。

鸿星尔克的善行也是一个企业将社会责任主动赋予自我的典型例子。社会对鸿星尔克发自内心的善意、善心，也给予了更加良性的回馈。许多网友说，像鸿星尔克这样的爱国企业值得我们支持，因为善心永远都不会过时。也有网友说，追逐利润固然是资本的本性，可是如果将世间一切都用利益来衡量，那么这个社会还有什么道德伦理价值，还值得讲什么良心和善心呢？

在整个企业捐款过程中，鸿星尔克没有做任何商业营销方面的宣传。有人劝其老板买个热搜榜，却被他婉拒了，他说："面对灾难我能做到的很有限，尽自己的力量就好。把宣传资源留给那些更需要被关注的灾区。"

在自己已经捉襟见肘、面临破产的巨大风险时，鸿星尔克仍能为社会贡献自己最大的力量，这种善行怎么会不让社会感动呢？正如社会大众发出的感慨那样：像鸿星尔克这样的企业，怎么会舍得让它倒闭呢？

企业的良知和善行，一旦被社会大众知晓就会得到更多的良性反馈。《论语·里仁》中"德不孤，必有邻"所说的就是这个道理。现在企业都在大谈营销理念和方式，其实鸿星尔克的善行告诉我们，善待社会、善待顾客、善待员工、勇于承担社会责任就是最实在的营销理念。

资料来源：王小亮，张漫漫，张武，李琳. 价值共创：商业伦理的力量[M]. 北京：企业管理出版社，2022.

思考题：

1. 谈谈你对鸿星尔克在企业面临困境时依然慷慨捐助灾区的行为的看法。

2. 你认为企业承担社会责任与树立企业良好形象之间有关系吗？谈谈你的观点。

3. 很多人认为企业经营的目的是盈利，那么你认为企业在面临经营困境时该不该承担社会责任？

【复习思考】

一、单选题

1. 在信息社会中，企业结构日益突出的类型是（　　　）。

　　A. 劳动密集型　　　　　　　　　B. 资本密集型

　　C. 知识和技术密集型　　　　　　D. 信息和技术密集型

2. 在信息经济的体制结构中，哪种类型的管理体制将代替传统的金字塔型的体制结构？（　　　）

　　A. 大公司、大工厂等纵向组织

　　B. 小公司、小工厂等横向扁平化组织

　　C. 大公司、大工厂等横向扁平化组织

D．小公司、小工厂等纵向组织

3．以下因素中不属于查尔斯·弗布伦教授认为的公司声誉构成的是（　　　）。

  A．情感的感染力   B．产品和服务

  C．财务表现   D．客户的层次

4．以下选项中，不属于管理人员面临的 5 大困境的是（　　　）。

  A．把个人利益与组织的集体利益结合起来

  B．既要控制，同时又需要主动性

  C．既要执行不顾个人的规则和程序，又要照顾个人需求之间的难处

  D．既要执行组织的规范，又要改变这些规范

5．以下选项中，不是品牌推广中的声誉管理原则的是（　　　）。

  A．保持曝光度   B．保持独特性

  C．真实   D．保持透明

二、多选题

1．以下因素中影响企业声誉排名的有（　　　）。

  A．眼球经济   B．环保意识

  C．企业社会责任   D．诚信

2．以下因素中可能影响企业声誉的有（　　　）。

  A．消费者的直接经验

  B．工作伙伴的口碑

  C．媒体（报纸、广播、电视、户外广告、直播营销、小册子等）

  D．宗教文化

3．在维护企业声誉时，需要关注的群体有（　　　）。

  A．消费者或客户   B．股东、商业合作伙伴

  C．雇员   D．政府

4．在管理伦理中，影响个人价值准则的因素有（　　　）。

  A．以往文化   B．集体道德观念

  C．独特冲突性情景   D．公司的财务状况

5．在管理活动中，管理伦理的因素有（　　　）。

  A．管理主体系统和客体系统

  B．管理主体的人、人的活动和劳动管理系统

  C．公司的财务状况和市场份额

  D．管理客体的人、物、环境

三、判断题

1．信息经济时代对企业伦理没有影响。（　　　）

2．苹果和星巴克都拥有强大的声誉，因为它们在广告方面的开支都出奇得高。

（　　　）

3. 企业声誉是企业在所有利益相关人中共同形成的口碑，任何一件小事都可能让企业自毁前程。（　　　）

4. 管理伦理是以管理满足人的需要为核心的，作为主体的人与作为客体被管理对象之间的一种关系。（　　　）

5. 在互联网时代，企业期望控制一些重要的传播渠道来压制消息是可能的。（　　　）

四、问答题

1. 企业伦理的发展经历了几个阶段？分别是什么？我国企业诚信建设的特点是什么？

2. 请举例说明企业声誉在企业生命体中有怎样的地位，并进一步说明企业声誉、企业形象的联系与区别。

3. 什么是企业声誉？按照纽约大学斯登商学院教授查尔斯·弗布伦的观点，企业声誉由哪几部分构成？怎样建立并维护企业声誉？

4. 你认为应该怎样进行企业声誉管理？

5. 管理人员经常处于"两难境地"，有学者认为任何一种管理都存在两难处境，面临着管理价值选择的 5 大困境。请问这 5 大困境是什么？

五、实际操作训练

实训项目：某企业对企业声誉管理的情况调查。

实训目的：了解该企业对企业声誉管理的实施情况，或者该企业声誉管理中反映出的企业商业伦理。

实训内容：确定调研企业的类型，并对该企业对声誉管理的情况进行调查。分析其在声誉管理中获得的经验和存在的不足，企业领导者应该如何巩固其优势和改变其劣势，请提出优化方案，以便更好地提升企业形象，实现企业自身的可持续发展。

实训要求：学生可以小组的方式开展调查工作，5 人一组；各组成员自行联系，并调查自己熟悉的企业；详细调研该企业对企业声誉管理的实施情况，分析其在声誉管理中获得的经验和存在的不足，企业领导者应该如何巩固其优势和改变其劣势，结合企业声誉管理理论提出优化方案；将上述内容形成一个完整的调查分析报告。

第四章　中国传统文化与商业伦理

【本章基本知识】

知识要点	掌握程度	相关知识
中国传统文化及特征	了解	中国传统文化的内涵、形成及特征
中国古代商业伦理思想	熟记	中国古代商业的产生和发展；中国传统文化及商业文化的影响；中国古代商业伦理思想的主要内容；中国古代的"义商"
中国近代商业伦理思想	知晓	中国近代经济社会出现的新阶层；中国近代商业伦理思想的主要内容
中国当代商业伦理思想	掌握	中国当代商业伦理思想的基本来源及主要内容
中国商帮文化	知晓	中国商帮的崛起及中国商帮文化的特征

【本章关键术语】

传统文化；义商；商帮文化。

必有忍其乃有济，有容德乃大。

——《尚书·君陈》

人法地、地法天、天法道、道法自然。

——道家思想

【导入案例】

MY 食品股份有限公司基本法

一、经营宗旨：为社会生产健康食品，提升大众生活品质，让人们享受丰盛人生。

二、核心价值观：创造价值，服务社会；内方外正，推进社会进步。

外部价值高于内部价值；长远利益高于当前利益。

人的价值高于物的价值；共同价值高于个体价值。

社会价值高于利润价值；用户价值高于生产价值。

三、业务选择：依靠自身实力，实实在在创造价值，不逐虚利。

四、经营原则：追求社会价值最大化，不转嫁成本，不推卸责任，不遗留隐患，

利而不害，为而不争。

坚持价值创造，顺逆不动摇。

不图侥幸获利，不为利益折腰。

反对商业贿赂，拒绝不劳而获，拒收不当得利。

坚守不投机，不巧取，不豪夺，绝不拿金钱做交易。

严以自律，勇于担当，追求极致。

五、员工利益：造福员工。视员工为家人，帮助员工成长，搭建事业平台，实现人生价值；让每一个员工都开心，每一个家庭都幸福，在牧原乐园里，享受幸福人生。

六、客户利益：成就客户。己所不欲，勿施于人；己所欲，呈于人。将心比心，厚道待人。视客户为手足，相互帮扶，做到公正公平，公开透明，简单省心，高效共赢。

七、社会责任：知行合一，利益社会。实现经济效益、生态效益、社会效益同步提升。推进环境友好和动物友好的经营方式，推行循环经济，实行清洁生产，减少大气危害，不断提升食品品质标准，主动构建行业生态，推进可持续发展。积极开展公益事业，致力教育提升，带动社会经济发展。

八、持续发展：秉承价值观念，构建共享平台；与时俱进，探索未知；勇于挑战，超越自我；追求无我，铸就基业长青。

MY 食品股份有限公司严格秉承企业文化，不仅为顾客提供高性价比的放心产品，为员工谋福利，还勇于担当，承担社会责任。

（1）聚爱助学，截至 2022 年 12 月 31 日，已累计捐助 3 亿元，覆盖 25 省（区）110 市 204 县，资助大学生 6 万人，中小学生 54 万人次，奖励优秀教师 2.6 万人次。

（2）支持科研、教育，向西湖大学捐赠市值 9 亿元人民币的公司股票，向河南农业大学捐赠 10 亿元人民币，用于培养高素质人才、建设世界一流大学，促进教育科研事业的发展。

（3）防汛救灾，2021 年 7 月郑州市特大暴雨，2023 年 7 月涿州水灾，MY 各捐 1 亿元，用于灾情严重地区的防汛救灾、群众帮扶、卫生防疫及灾后重建工作。

（4）支持公益事业，2022 年 MY 公益基金会共计对外捐赠 1.7 亿余元用于支持公益事业发展，2023 年向中国乡村发展志愿服务促进会捐赠 800 万元，帮助白内障患者重见光明。

正是由于 MY 的担当，做良心企业，所以，能从 1992 年创业时期 22 头猪发展成为全球最大的生猪养殖企业。

思考：

优秀的商业伦理为什么能使企业长期稳定发展？

中华民族有悠久的历史文化，对治国、平天下、经营管理、为人处世都有深刻的影响。在漫漫的历史长河中，受文化的影响，出现了许多优秀的商人，他们的事迹可歌可泣。中国当代的商业伦理则融合了中西方优秀的文化，必将引导中国企业昂首阔步走向世界。

第一节 中国传统文化及其特征

一、中国传统文化的内涵

文化是一种社会现象，是人们长期创造形成的产物，同时又是一种历史现象，是社会历史的积淀物。确切地说，文化是指一个国家或民族的历史、地理、风土人情、传统习俗、生活方式、文学艺术、行为规范、思维方式、价值观念等。狭义的文化是指意识形态所创造的精神财富，包括宗教、信仰、风俗习惯、道德情操、学术思想、文学艺术、科学技术以及各种制度等。

中国传统文化是中华民族几千年文明的结晶，是指居住在中国地域内的中华民族及其祖先所创造的，为中华民族世世代代所继承发展的，具有鲜明民族特色的，历史悠久、内涵博大精深、传统优良的文化。它是在中国几千年文明发展史中，在特定的自然环境、经济形式、政治结构、意识形态的作用下，形成、积累和流传下来且至今仍在影响着当代文化的中国古代文化。中国传统文化以文献、文物、思想、观念等形式存在和延续，在社会不断发展的过程中逐渐内化于人，形成整个民族较为稳定的文化心理和性格，并且融入社会生活的各个领域，升华为民族的文化基因。

中国传统文化以自然经济、血缘宗族依附关系为根基，以崇尚和谐统一为最高价值原则，将中庸视为最高道德，注重人的内在修养并将其作为重要的价值指向。中国传统文化除了儒家文化这个核心内容外，还包含其他文化形态，如道家文化、佛教文化、兵家文化、法家文化、墨家文化、阴阳家文化等，对中国文化产生了广泛而深远的影响。

二、中国传统文化的形成

中国传统文化的形成有两个重要的基础：一是小农自然经济的生产方式；二是基于宗法血缘关系的中央集权政治制度。

（一）小农自然经济的生产方式

小农自然经济为中国传统文化的产生和发展提供了深厚的经济基础。中国古代社会的经济形式是典型的小农经济，又称自然经济，其特点包括：一是分散性，以家庭为单位经营；二是封闭性，农业和家庭手工业相结合；三是自足性，生产的主要目的是满足自己的消费需求或绝大部分用来自己消费，而不是进行商品交换，是一种自给自足的自然经济。小农经济经营规模狭小，生产条件简单，在比较贫瘠的自然条件下也可以存在和再生产；以家庭为生产和生活单位，容易通过勤劳节俭实现生产和消费的平衡，所以小农经济具有一定的稳固性。

小农自然经济的存在又以土地私有制为前提，但中国封建社会的土地私有制，从本质上说都不是纯粹的私有制形式，而是在国家最高所有权支配下的土地私有制。所谓"普天之下，莫非王土"，国家对土地拥有最高所有权。这种在国家最高所有权支配下的小农经济是中国封建社会经济结构的根本特征，也是全部封建政治、封建文化等上层建筑赖以建立和长期存在的深厚而坚实的基础。

（二）中央集权政治制度

基于宗法血缘关系的中央集权政治制度为中国传统文化的产生和发展提供了深厚的社会政治基础。所谓宗法，就是以血缘关系为基础，推崇共同的祖先，规定继承的秩序及成员自身的身份和权利、义务的法则。家族宗法血缘关系本质上是一种人伦关系，这种关系的扩展就形成了社会伦理关系。一方面，家族本位的特点使家族伦理关系的调节成为社会生活的基本准则，家族伦理成为个体安身立命的重要基础；另一方面，在家国一体的社会政治结构中，整个社会的组织系统是家族—村落—国家，文化精神的生长方向是家族—宗族—民族。家族的中心地位使伦理在社会生活秩序的建构和调节中具有至关重要的作用。在传统社会中，人们的社会生活是严格按照伦理来调节君臣间、父子间、夫妇间、朋友间、兄弟间等的人伦关系，进而调节民族关系的。这种伦理秩序的扩充，便上升为中国封建社会政治体制的基础——家长制。家长制的实质就是用家族伦理的机制来进行政治统治，是一种伦理政治。这种家族本位主义的价值观后来被引申发展为国家为本、君权至上的社会本位主义，成为以政治伦理文化为主体、以等级制度为框架的封建专制文化。正如"三纲"中所规定的"君为臣纲，父为子纲，夫为妻纲"。

三、中国传统文化的特征

（一）家族本位

中国农业经济的格局和聚族而居的社会生活方式使中国人形成了以家族为单位，以"小家—宗族—国家"为链条的社会结构，因而尤其看重血缘、亲缘关系。可以说，2000多年的中国传统农业社会就是以血缘为纽带的宗法社会。中国的家就是社会的核心，家是小国，国是大家。

《礼记·丧服小记》有云："亲亲，以三为五，以五为九。"以父、己、子三代为核心，由父亲往上推一代是祖父，由儿子向下推一代就是孙子。经过这样一次扩展，亲属关系就由原来的三代延伸为祖、父、己、子、孙五代。接着，再由祖、父、己、子、孙五代分别再向上、向下推两代，经过这一次扩展，亲属关系就延伸为高祖、曾祖、祖、父、己、子、孙、曾孙、玄孙九代，由此构成整个宗法制度的基本框架。在这个基本框架中，受宗法观念的影响，尊卑秩序尤为重要，每个人最先需要考虑的是个人的责任和义务，个人无法凌驾于家族之上，个人利益要绝对服从宗族利益。

（二）以人为本

以人为本是相对于以神为本而言的。中国文化的普遍信念是"人为万物之灵"。虽然在古代，人们由于无法科学地解释一些自然现象而将神作为自己信仰崇拜的对象，但到了周公时期，人们开始从对神的崇拜回到现实。周公曾说过"天不可信，天命靡常"，即天不可信，信得过的就只有人。而人之所以能称为"万物之灵"，就是因为有道德，中国文化特别重视人与人之间的"道"，以及遵循由这种"道"所形成的"德"。在古代，有资格被崇拜的人有6种：圣人、成人、贤人、大人、善人和君子。儒家思想作为中国传统文化的主流思想，其核心便是"仁"。孔子说："富与贵，是人之所欲也，不以其道得之，不处也；贫与贱，是人之所恶也，不以其道得之，不去也。"因此，中国人都以成德建业、厚德载物为理想。在此基础上，一种道德至上的价值取向和文化精神就逐渐形成了。

（三）尊君重民

中国的农业经济是一种自给自足、相对比较独立的经济模式，这就要求国家的管理必须高度集权，这样才能将这种分散的社会加以整合以便于统治。正如法家学说的集大成者韩非子提出的"事在四方，要在中央，圣人执要，四方来效"，其认为国家的大权，要集中在君主一人手里，君主必须有权有势，方能治理天下。

与此相对应的是重民思想。古代有关民贵君轻的民本思想，认为只有重视人民的利益和生活，注重人民的根本需求，天下才得以保全，社稷才得以稳定。所谓"君舟民水，水可载舟，亦可覆舟"。

因此，中国传统文化既强调民以君为主，又强调国以民为本，是尊君与重民的对立统一。

（四）中庸之道

中庸是中国传统文化中的一个重要概念，体现了崇尚和谐与统一的社会心理。所谓"中"，即不偏不倚；所谓"庸"，即用。中庸就是待人接物采取不偏不倚、调和折中的态度。它是中国古代的宗法制度和小农经济共同作用下的产物。

中庸之道作为经国之大道，要求政治上刚柔并济，经济上予民以惠却又不铺张浪费，文化上和而不同；作为一种处世之法，它要求中正平和，至诚守信；作为中国人独有的审美情趣，则体现了一种中和之美，表现在中国古代社会生活的方方面面。

中庸不仅是一种抽象的思想原则，而且是一种修养境界。孔子将中庸视为最高的道德，认为它是超功利的，却又有着极大的功用。这种功用就是达到人、己、物的和谐，使人和事物的发展都能够保持均衡协调。

第二节　中国古代商业伦理思想

一、中国古代商业的产生和发展

（一）原始商业的产生

原始社会末期，随着生产力的发展，人们有了剩余产品，开始了物物交换，这种物物交换行为，也就是原始商业。

（二）职业商人与货币的出现

到了夏朝，商部落的第七任首领王亥积极发展农牧业，使商部落强大起来。他在商丘服牛驯马，发展生产，用牛车拉着货物，到外地与其他部落进行交易，开创了华夏商业贸易的先河。久而久之，人们就把从事贸易活动的商部落人称为"商人"，把用于交换的物品称为"商品"，把商人从事的职业称为"商业"，而王亥也被称为华商始祖。

（三）商业管理政策的出现

周朝时期，出现了"工商食官"政策，对商业进行集中统一管理。"工商食官"是西周的官营手工业制度。当时的手工业者和商贾都是官府管的奴仆，他们必须按照官府的规定和要求从事生产及贸易。在这种制度下，周王室和诸侯都有官府管理的各种手工业作坊，属司空管辖。这些手工业作坊的各类生产者称为百工，他们既是具有一定技艺水平的工匠，又是从事手工业生产的管理者。所有百工由国家发工资养活，所有百工创造的价值由国家支配。

（四）商品市场的出现

春秋战国时期，官府控制商业的局面被打破，各地出现了许多商品市场和商人。当发现市场存在这样或那样的需求时，商人根据需求，结合当地情况，进行资源配置，再通过这些资源的优化配置，获取最大利润。以市场为中心，以市场为准则，完全遵循市场规律办事，使私商逐渐成为商人的主体，出现了管仲、范蠡、子贡等大商人。随着商业的繁荣，还形成了许多著名的都会，如临淄、侯马、新郑、下都、咸阳等。

（五）统一货币与商业初步发展

秦汉时期，由于国家的统一，秦始皇统一货币、度量衡，修建驰道；汉代"开关梁，弛山泽之禁"，并开通了海上和陆上丝绸之路，使商业获得了初步发展。特别是西汉时期富商大贾周流天下，对外贸易发展，出现了许多中心商业城市，但这一时期的商业总体水平不高。

（六）都市商业和农村集市的发展

农业经济的发展，手工业的进步，特别是隋朝时贯通南北的大运河的开凿，促进了商品流通范围的扩大。唐代时还出现了柜坊和飞钱。柜坊专营货币的存放和借贷，是我国最早的银行雏形。飞钱类似于后世的汇票。柜坊和飞钱是商品经济发展的结果，为商业提供了便利，也促进了商业的发展。

由此，出现了许多商业发达的城市，除黄河流域的长安、洛阳外，长江流域的扬州、益州也成为繁荣的商业城市。唐代长安城有市、坊，市有两个，即东市和西市。东市肆邸千余，货物山积，商贾云集。唐朝政府允许外商在境内自由贸易，因此西市有来自西域、波斯、大食等地的商人。市与坊用围墙隔开，白天定时开市、闭市。

与此同时，农村集市也有了进一步发展，尤其是在水陆交通要道附近，集市不断增多，有些还发展成重要的市镇。

（七）纸币出现与商业繁荣

宋元时期，农业、手工业高度发展，为商业的兴盛提供了坚实的物质基础。政府逐渐放松对商品交易的限制，同时水陆交通的便利进一步促进了对外贸易的发展。城市的繁荣，打破了市、坊的界限，商业活动不再受时间的限制。而随着商品种类的迅速增加，许多农副产品和手工业品开始转向市场。北宋时期，出现了世界上最早的纸币——交子，纸币的出现和应用进一步促进了商业的繁荣。元代的大都是政治文化中心，也是繁华的国际商业大都会，"百物输入之众，有如百川之不息"；杭州则是南方最大的商业和手工业中心；泉州是对外贸易的重要港口，经常有百艘以上的海船在此停泊，被外国旅行家誉为"世界第一大港"。

（八）商帮的出现

明清时期，由于小农经济与市场的联系日益密切，农产品商品化得到了发展。城镇经济空前繁荣和发展，许多大城市和农村市场都很繁华。其中，北京和南京是全国性的商贸城市，汇集了四面八方的特产。在全国各地，还涌现出许多地域性的商业群体——商帮，其中人数最多、实力最强的是晋商和徽商。

二、中国传统文化及其对商业文化的影响

中国的商业伦理主要来源于对中国传统文化有着深远影响的中国古代的一系列思想流派。

（一）儒家思想与中国商业文化

仁义礼智信、温良恭俭让、忠孝廉耻勇是儒家思想的最主要内容，是约束人们的行为准则，对中国古代乃至今天的商业伦理规范都产生了深远的影响。

1. 仁义礼智信

仁是儒家思想的核心。仁即爱人，讲究人人平等，肯定人的尊严和生命价值。这种爱人又是推己及人，由"亲亲"而扩大到泛众。以老字号为代表的商业文化，处处体现了这种"爱人"文化。

义原指"宜"，即因时制宜，因地制宜，因人制宜之意。孔子以"义"作为评判人们思想、行为的道德原则。中国古代把那些行为合宜的商人称为"义商"。

礼是儒家思想与文化重要的政治与伦理范畴。在长期的历史发展中，"礼"作为中国封建社会的道德规范和生活准则，对中华民族精神素质的培养起了重要作用。商业文明中倡导的礼貌待客就是"礼"的行为规范在商业领域的体现。

智同"知"，是儒家的认识论和伦理学的基本范畴。智是指知道、了解、见解、知识、聪明、智慧等，其内涵主要涉及知的性质、知的来源、知的内容、知的效果等几方面。关于知的性质，孔子认为，知是一个道德范畴，是一种人的行为规范。

信是指待人处事的诚实不欺、言行一致的态度，为儒家的"五常"之一。孔子将"信"作为"仁"的重要体现，是贤者必备的品德，凡在言论和行为上做到真实无妄，便能取得他人的信任。当权者讲信用，百姓也会以真情相待而不欺上。诚实守信、童叟无欺，正是商业伦理的重要体现。

2. 温良恭俭让

温从水从昷，昷，送食于囚，适度增加，本意为适度增加水温，暖水，引申为适中的温度，古昷、温同。

良从畐从亡，亡为隐藏、看不到；畐为古福字，深厚满足之意。本意为拥有但不能直观看到的价值。若"发虑宪求善良"，求的不是我们现在概念的"善良"之人，而是有治国之才与执事之能的善人与良人。

恭《尔雅》：恭，敬也。先秦时期恭、敬就是现今礼节、礼貌的概念。恭受礼所节制，按现今的概念就是礼也得按规定而行，不足不恭，恭过则谄。

俭从人从佥。佥为两边、两面，本意为前后一致。凡从佥的字皆有佥之两面之意。若剑即为两面一致的刀；捡即为以手提起使其两面可见；检即为查木之内外等。

让从言从襄。襄为埋种扣合使二为一，增实于其内也。因此谥法云：辟地有德曰襄，本意为相责以推贤《说文》：相责，让也。《国语·晋语》：让，推贤也。

3. 忠孝廉耻勇

忠，忠诚、忠良、忠恕。无论是对个人、集体，还是国家，忠诚都是最基本的要求，所起的作用都是十分巨大和不可估量的。不论是忠贞不渝的屈原，还是宁死不屈的文天祥，精忠报国的岳飞，苟利国家生死以岂因祸福避趋之的林则徐，无不体现着"天下兴亡匹夫有责""精忠报国"等壮举，无不构成一幅幅扣人心弦的壮丽画面。

孝，孝敬、孝道、孝心、孝行。百善孝为先，孝是对人最基本的要求，孝爱文化在中国源远流长，它是一种理念与精神，是为人的立身之本，是社会责任意识的源头，是中华传统文化的重要组成部分。无论是孝感动天的舜，亲尝汤药的刘恒，啮指痛心的曾参，还是百里负米的子路等都是孝的典范，无不体现着孝道。

廉，廉洁、清廉、廉政、廉明。洁身自好、不苟且不贪腐，早已成为人们向往的理想。廉生威、威生明、明生信，君子爱财、取之有道，威武不屈，贫贱不移，富贵不淫，汝廉乎？晏婴尚俭拒新车、吴隐之笑饮贪泉、狄仁杰铁面无私廉明断案断案……这些都是清正廉洁的率先垂范的典型，被后人歌颂为清官廉吏，在历史舞台上留下了光彩夺目的一页。

耻，本义指声誉上受到的损害，即耻辱，用作动词指羞辱、侮辱，引申为感到羞愧。

勇，战胜自己的恐惧，以担当的精神去完成任务。

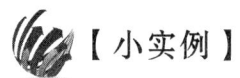【小实例】

子贡经商

子贡是孔子众多弟子中最富裕的人，他一生都遵从先师孔子的教义，就算再有钱再受到权贵的欢迎，也始终坚持把道德摆在第一位，所以凡事义为先，然后再到财，故此形成"义利"。子贡赚了钱，很舍得拿出来经世济民，还给自己定下一些标准："己欲立而立人，己欲达而达人。"

有一次，孔子对子贡说："善施政者必须要有充足粮食储存，以及百姓的信任和军备。"子贡不解，询问道："如果在情非得已的情况下，要减去一样，该怎么选择？"孔子说："那就除掉军备吧？"子贡道："若是剩下的两者，还必须除去一样该怎么选？"孔子道："那就扣除粮草储存吧，历来生而为人终需一死，如果没有百姓信任的话，那何以能有朝廷官衙的存在。"事后，子贡恍然大悟，遂把诚信视为最重要的品德，故此钱财权势在必要时均可舍弃，唯独诚信不可以。

子贡还喜欢参加各种民间活动，乐于助人，修桥补路，在政策方面给出很多建议以及资金援助。

资料来源:儒商鼻祖:子贡的4大经商之道,你都学会了吗? [EB/OL].(2020-05-27) [2024-12-07].https://www.toutiao.com/article/6831378267270808067/?wid=172137647 4571.

(二)道家思想与中国商业文化

1. 道法自然

它是《道德经》中最重要的哲学思想,意思是尊重自然规律。在《道德经》中,老子提出"人法地、地法天、天法道、道法自然",他用顶真的文法,将天、地、人乃至整个宇宙的深层规律精辟涵括、阐述出来。"道法自然"揭示了整个宇宙的特性,囊括了天地间所有事物的根本属性,宇宙天地间万事万物均效法或遵循"自然而然"的规律。

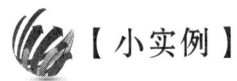【小实例】

范蠡经商思想

范蠡总是探索和别人不一样的道路。一次齐国发大水,所有商家都在争着抢着购买船只,船只的价格被抬高了,而卖车子的商户几近倒闭。范蠡见状,买进了大量车子。大家都笑他痴:"你是疯了吗?做善事也要看时间啊,这样子你很快就会破产的。"范蠡只是笑笑,不理会他们。洪水退去了,百姓人家的船只连个摆放的地方都没有,而商户们面对大量囤积的船只,纷纷捶胸顿足。干旱时,人们纷纷添置车辆,可是范蠡根据气候天象,预测大雨将至,购进了大量船只。果然连连大雨,积涝成洪,船价高涨,范蠡又成了大赢家。"旱则资舟,水则资车",这样的生意经虽然听起来荒谬,实际上却暗中藏理,证明范蠡具有长远的眼光,善于把握自然规律。

资料来源:绍兴市旅游委员会.绍兴故事(有删减)[EB/OL].(2019-07-05) [2024-12-07]. https://www.sohu.com/a/325039252_120207047#.

2. 以柔克刚

以柔克刚是一种策略或哲学思想,意味着用柔软的手段来克制刚强的力量。这个概念源自中国传统文化和哲学,特别是在道家思想中有所体现。它强调的是,对于刚劲的事物,不一定需要用更刚劲的力量去征服,相反,最柔软的事物可能是其最大的弱点。这种思想不仅适用于军事策略,如三国时期蜀国丞相诸葛亮在《将苑》中所提到的"善将者,其刚不可折,其柔不可卷,故以弱制强,以柔制刚",而且也适用于管理和领导策略,如管理学术语中所描述的"以柔克刚法"。这是成熟的领导者在面对下属的过激行为时,采取理智和冷静的方式,巧妙坚持原则,缓解矛盾的一种用人谋略。

3. 以弱胜强

以弱胜强是企业在处于不利地位时的自保策略。"田忌赛马"的故事揭示了如何用自己的长处去对付对手的短处,从而在竞技中获胜。客观上,中小企业在大多数方面都无法与垄断者抗衡,因此表现得相对弱势对这些企业来说至关重要。然而,强与弱并不是绝对的,在企业竞争中,一个有效的竞争策略加上公司资源的合理配置和使用,往往能起到较为重要的作用,保持核心竞争力是取胜的关键。

4. 祸福相倚

祸福相倚给人以安身立命的警示。道家认为世上一切事物都是既相互对立又互相统一的。财富是把双刃剑,财富越多,个人的人身安全、生命的存在本身就越受到威胁。老子的再传弟子范蠡能够领悟"散财"哲学,而当今一些企业家也深谙此道,把慈善事业作为企业文化之一。

5. 有容乃大

"有容乃大"源自《尚书·君陈》中的"有容,德乃大",是指谦虚谨慎、胸怀宽广,这是一个人有修养的表现。道家认为水的特性就是道的特性,处于"天下之交",只有居于社会的最低位置,天下的财富才会源源不断地聚集到你这里。在商业文化中,商人将自己居于下位,所谓"未曾开口三分笑""和气生财""顾客是上帝""顾客永远都是对的"正是这种思想的写照。

(三)法家思想与中国商业文化

1. 用法管理百姓、社会、国家

法家提倡用法管理百姓、社会、国家,认为"定分止争"是任何时代法律的基本作用。《慎子》中有个例子就说明了定分止争:"一兔走,百人追之。积兔于市,过而不顾。非不欲兔,分定不可争也。"因此,要保证国家和社会的秩序,就必须依靠法律、规章制度。商业领域也不例外。

2. 不断超越的思维模式

法家提倡无中生有。商人必须从各个地域的差别中,从各个季节的变化中,从社会环境的改变和人们生活方式的一些细小变化的征兆上,去寻找商机。

(四)兵家思想与中国商业文化

兵家思想总体来说是一种竞合的思想,认为在有限的资源领域展开较量,双方可以是敌人,但更大程度上是朋友,是合作伙伴。双方只有联合,优势互补,才能赢得更多胜利。在商业领域,与其进行水火不相容、互相消耗的竞争,不如共同发展、做大市场,以有利于市场的共赢竞合。竞合思想具体表现为:

1. 以和为贵

以和为贵为中国商人开拓了更为广阔的生存和发展空间。在企业起步阶段，为了自身生存，企业不得不与对手展开竞争，计较一城一地的得失；当到了一定境界，积累了一定财力之后，企业家更应重视的是人生价值的实现，以及如何通过自己的创造和给予，为社会创造财富。

2. 和气生财

在企业经营中，只有讲和气，才能与别人进行更好的、更有效的沟通，即使处于劣势的竞争条件下，也能赢得生意上的合作伙伴与顾客，从而获得最后的胜利。当然，和气并不是怯弱、忍让、卑贱，不只是为了将顾客口袋里的钱掏出来而故意放低姿态，而是为了创造一个更加有利于生财的环境，营造更好的交易氛围。

3. 和而不同

中国商人具有很强的包容性，能够与各个国家、各个民族的商人和谐共存，一起发展。"和"对商业企业的要求具体表现为：一是保持自己独立的人格；二是允许别人保持其独立性和完整性；三是善于协调关系。只有这样，才能使中国商人在参与国际竞争时，不迷失方向，误入歧途。

4. 讲求谋略

兵家讲求的是筹划谋略，所谓"运筹帷幄之中，决胜千里之外"。商场如战场，商战中的市场调研、知己知彼，实施有效的营销策略与及时进行控制，都是取得商战胜利的必要保证。

（五）墨家思想与中国商业文化

1. 兼而爱之，和而不争

墨家主张的是完全的博爱，这与儒家所倡导的"亲亲"不同，将父慈、子孝、兄友、弟悌等的亲人对待方式，扩展到其他陌生人身上，认为真正联结人类社会的不是血缘，而是爱，并且主张上下一心为人民服务，为社会兴利除弊。兼爱的思想为中国商人提供了一条通向合作共赢的道路。

2. 提倡俭以理财

墨家提倡节用、节葬，认为应通过节约以扩大生产，反对奢侈享乐的生活，也反对儒家的厚葬，认为不应把社会财富浪费在已故人身上。在现代社会，一个企业、一个品牌的创立者，一定是俭朴的，不肯浪费一分钱，因为奢侈、浪费是商人的大敌。

三、中国古代商业伦理思想的主要内容

中国传统文化反映在商业文化上，也具有悠久的历史以及独特性。4 000多年的中华商道是人类商业文化宝库中的一朵奇葩。中国古代优秀的商业伦理规范可归纳为买卖公平、诚信无欺、信誉第一、守义谋利、礼貌待客等。

（一）买卖公平

买卖公平是指买或卖公平合理，互不相欺。买卖公平是以透明及互相尊重为前提的。在开展商品交易活动时，公平交易是古代商人树立信誉的法则。古代商人多数能从长远利益出发，坚持价格公道、买卖自由、薄利多销、互利互惠、诚实经营、公平交易。只有买卖双方不存在相互欺瞒的行为，同时双方的地位平等，互相尊重，才能保证交易的顺利完成并促进后续反复交易的实现。而且，一般情况下，买方往往对商品的来源、成本、质量等信息不知情或者知之不多，因此，更需要卖方的公平和透明。

（二）诚信无欺

诚信无欺是儒家诚信观在商业领域的体现。它强调待人接物诚实守信，不采用欺诈手段。孔子说过："人而无信，不知其可也。"诚信无欺是中华民族的传统美德，是为人处世的基本准则，也是古代商业从业者对社会承担的义务和职责，是商人在职业活动中处理人际关系的道德准则。古代商人的经商之术是：诚信经营，童叟无欺。

（三）信誉第一

在以儒家思想为主流的社会中，不论是一个人还是一个企业，想要长久立足，信誉是最重要的。信誉第一是指将商业信用和声誉作为商人最重要的行为准则。经商之人只有在言论和行为上做到真实无欺，才能取得顾客的信任，并获得良好声誉。闻名海内的晋商就十分重视商业信誉，史书记载：晋商"轻财尚义，业商而无市井之气"。晋商非常重视职业道德教育，并有严格的惩罚措施。任何一个人如果有欺诈行为，都会为同行所耻、乡里所鄙、亲人所指，并失去经商权，无脸再回故乡。因此，在晋商中，弄虚作假者较少。

（四）守义谋利

追逐利益是商人的共性，但是要在守住商人底线的前提下再来谈利益。《觉世名言》中有记载，北京的萃雅楼以"货真价实"四字为经营原则，做到进货时三不买，即低货不买，假货不买，来历不明之货不买；出货时三不卖，即太贱不卖，太贵不卖，买主信不过不卖。诚实经营为萃雅楼赢得了良好的声誉。当时京城从平民到官吏，都慕名前去购货，这使萃雅楼的生意日益兴隆。清朝年间的商人舒遵刚曾说过：

"钱，泉也，如流泉然。"他认为："对人言，生财有大道，以义为利，不以利为利，国且如此，况身家乎。"徽州商人李大皓告诫他的继承者以"财自道生，利缘义取"来严于律己，做到"视不义富贵若浮云"。

（五）礼貌待客

中华民族是礼仪之邦，历来重视礼貌待客。儒家思想中把"礼"作为调节人际关系的内容。礼貌待客也是我国商业领域的优良传统，是古代商人协调与顾客关系的一个重要手段。"不可因势凌人，因财压人，因能侮人，因仇害人"是古代商人重要的处世准则。只有以诚相待，以礼相待，才能得到客户的信任。

四、中国古代的"义商"

中国古代出现了许多优秀的商人，他们不仅能做到公平交易、诚信不欺，而且能济危扶困，乃至爱国济民，这些人身上体现了中国古代的传统商德，被后人称为"义商"。"义商"是古代商人中的道德楷模，体现了商人对道德境界和理想人格的追求，同时也体现了商人为国分忧、为民解难的社会责任意识。

（一）范 蠡

范蠡，春秋末期越国的上将军，在越王最落魄的时候来到越王身边，辅佐越王励精图治，雪会稽之耻，最后成就霸业。范蠡后来功成身退，舍弃高官厚禄，不辞而别，因为他知道越王可以共患难，却不可共富贵，只有退隐才能自保。他先到了齐国，改名为鸱夷子皮。齐国人知道他有很好的品德和很高的才能，就请他任宰相。经过几年的治理，齐国国富民强，他却又辞官而去，到了当时的商业中心陶（今山东省菏泽市定陶区）定居，自称"朱公"，人称陶朱公。他在这里既经营商业，又从事农业和牧业，很快就表现出非凡的经商才能。据传范蠡在19年内有3次赚了千金之多，但他秉承"取之于市场，用之于市场"的理念，仗义疏财，一生之中3次散尽家财给穷苦百姓，用德来支配财富，反哺社会。他的行为使其获得了"富而行其德"的美名，成为几千年来我国商人的楷模。

范蠡提出了一套"积贮之理"，即在物价便宜时，要大量收进。他说"贱取如珠玉"，即像重视珠玉那样重视降价的物品，尽量买进并存贮起来，等到涨价之后，再尽量卖出。"贵出如粪土"，即像抛弃粪土那样毫不可惜地尽量抛出。

范蠡还留下了《陶朱公商训十二则》，这十二条商训成为后世商人重要的经商要领：

一、能识人。知人善恶，账目不负。二、能接纳。礼义相待，交者众。三、能安业。厌故喜新，商贾大病。四、能整顿。货物整齐，夺人心目。五、能敏捷。犹豫不决，终归无成。六、能讨账。勤谨不怠，取讨自多。七、能用人。因才器便任事有赖。八、能辩论。生财有道，阐发愚蒙。九、能办货。远货不苟，蚀本便轻。

十、能知机。售贮随时，可称名哲。十一、能倡率。躬行以律，亲感自生。十二、能运数。寡宽紧，酌中而行。

（二）子　贡

子贡，名端木赐，字子贡，是孔子的得意门生之一，春秋时期卫国（今河南省鹤壁市浚县）人，政治家，儒商之祖，曾任鲁、卫两国之相。他出身于商人家庭，20多岁继承祖业并开始经商，曾经经商于曹、鲁两国之间，有"君子爱财，取之有道"之风。《论衡·知实》记载："子贡善居积，意贵贱之期，数得其时，故货殖多，富比陶朱。"他深谙经商之道，因此非常富有，"家累千金"。同时，能言善辩，反应敏捷，又为他经商创造了很好的条件。子贡也重视诚信经商，"端木遗风"就是指子贡遗留下来的诚信经商风气，为后世商界所推崇。

然而，子贡经商不单是为了发财致富，还与政治目的相联系。他是孔子周游列国经济上的支持者。子贡也是一位有学识的商人，诸侯不但需要他的货物，也需要他的政治见识和才学。经商成为他宣传政治主张和发挥外交才干的重要途径。子贡还是尊师重道的典范，每当孔子遇到危难、遭遇险恶时，子贡总能挺身而出。相传，孔子病危时，子贡未能赶回，他觉得对不起老师，别人守墓三年离去，他在墓旁再守三年，共守六年。

（三）白　圭

白圭，名丹，字圭，战国时期著名的经济谋略家和理财家，有"商祖"之誉。他曾在魏国做官，后弃政从商。《汉书》中称他是经营贸易、发展生产的理论鼻祖。他提出贸易致富的理论，善于把握商机，主张根据丰收歉收的具体情况，采用"人弃我取，人取我与"的方法经商。谷物成熟时，收进粮食，蚕茧出产时，收进絮帛，同时出售粮食。白圭对经商的时机把握得恰到好处，靠贱买贵卖来获取利润。

白圭认为真正的商人，不应唯利是图，应当有"智、勇、仁、强"4 种秉性。他认为，经商致富，就要像伊尹、吕尚那样筹划谋略，像孙子、吴起那样用兵打仗，像商鞅推行法令那样果断。如果智不能权变，勇不足以决断，仁不善于取舍，强不会守业，就没有资格去谈论经商之术。这一经营准则，直到今天仍在商界广泛运用和提倡。为掌握市场的行情及变化规律，白圭经常深入市场，了解情况，对城乡谷价了如指掌。白圭虽为富商，但生活俭朴，经常与他的奴仆们同甘共苦。

（四）弦　高

弦高，春秋时期郑国的一位行商，经常来往于各国之间做生意。作为商人，弦高深知国家的安危对自己事业发展的重要作用，因此，他对国家的存亡非常关注。公元前 627 年，他去周王室辖地经商，途中遇到秦国军队，当他得知秦军要去袭击他的故国郑国时，便一面派人急速回国报告敌情，一面伪装成郑国国君的特使，以 12 头牛作为礼物，犒劳秦军。秦军以为郑国已经知道偷袭之事，只好班师返回。郑国因此避免了一次灭亡的命运。当郑国君主要奖赏弦高时，他却婉言谢绝。他认为，作为商人，忠于国家是理所当然的。他也因此成为历史上爱国商人的典型代表。

（五）卜　式

卜式，西汉武帝时的大臣，以牧羊致富。汉武帝为政期间，匈奴屡犯边界，卜式上书朝廷，愿以家财的一半捐献国家抗击匈奴。他说："天子诛匈奴，愚以为贤者宜死节于边，有财者宜输委，如此而匈奴可灭也。"（《史记·平准书》）卜式还广施钱财救济家乡贫民。朝廷听闻他慷慨好施，赏以重金，召拜为中郎。他又把赏金全数捐助府库，虽然他官至中郎，但仍穿着布衣和草鞋在山中为皇家牧羊。

第三节　中国近代商业伦理思想

一、中国近代经济社会出现的新阶层

鸦片战争使中国开始沦为半殖民地半封建社会，并促进了自然经济的解体。中国经济社会出现了一些新的变化：一方面，国内出现了买办商人阶层；另一方面，也出现了民族工商业资本家阶层。

（一）买办商人阶层

"买办"一词是葡萄牙语"Comprador"的意译，意为采买人员，原指欧洲人在印度雇用的当地管家，后将殖民地半殖民地国家中替外国资本家在本国市场上服务的中间人和经理人统称为买办。从本质上讲买办即经纪人。

鸦片战争后，中国沦为半殖民地半封建社会，闭关锁国的局面被外国列强打破，欧美国家的商行、公司、银行为了掠夺中国人的财富，纷纷在中国设立分理处或代理机构，并雇用中国人为这些机构工作。因此，一般将外国资本家在当时的中国设立的商行、公司、银行等所雇用的中国经理称为买办。这类被外商雇用的商人通常外语能力强，一方面可作为欧美商人与中国商人的翻译，另一方面可进行欧美国家商界与中国政府之间的双向沟通。

买办阶层作为中国历史上一个特殊的经纪人阶层集团，具有洋行雇员和独立商人的双重身份，既得到外国势力的庇护，又可以代洋行在内地买卖货物或出面租赁房屋、购置地产，成为西方国家在政治上、经济上侵略和控制中国的工具。买办阶层既经营钱财的进出和保管，也参与业务经营、商品交易事宜，并代表洋行与中国商人商定价格，订立交易合同，取得双方的信任。他们逐渐成为外商对华贸易的代言人。

买办阶层推动了中国的洋务运动，催生了中国的民族资本主义。从清末至1949年中华人民共和国成立前，买办阶层与官僚、资本家结合在一起，形成官僚买办资产阶级。在晚清，唐廷枢、徐润、郑观应和席正甫并称"晚清四大买办"。

（二）民族工商业资本家阶层

鸦片战争失败后，清政府与西方列强签订了一系列不平等条约，使中国知识分子更强烈地体会到国仇、家恨。甲午中日战争后，帝国主义列强竞相对华进行资本输出，进一步破坏了中国自给自足的自然经济，为民族资本主义的发展提供了客观条件。在严重的民族危机的刺激下，许多人纷纷呼吁"设厂自救"和"实业救国"，把商业利益与民族利益、国家利益紧密地结合起来，形成了中国近代民族商业资本家阶层。其中出现了一批杰出的人物，如郑观应、陈启元、刘鸿生、张之洞、张謇、卢作孚、范旭东等。他们从事工商业活动，除了盈利，更主要的是为了实现自己的理想抱负，振兴民族经济，挽救国家危亡。

同时，近代商业民族资本家阶层中的许多人都受过良好的教育，也接触过西方近代的一些先进文化，他们中的一些人到过国外留学，有些则多次出国考察国外的企业，在发展民族工商业的过程中，积极借鉴西方科学的企业管理和先进的经营方式。如荣氏兄弟（荣宗敬、荣德生）在企业中用工程师制取代了工头制，张謇在企业中实行成本计算制的成本管理，穆藕初制定了一系列厂规、厂纪等企业管理制度。民族工商业资本家将西方科学的经营管理内容与中国传统的商业伦理思想有机结合，形成了中国近代商业伦理思想。

二、中国近代商业伦理思想的主要内容

中国近代商业伦理思想是在继承了传统商业伦理思想的基础上，在中国近代半殖民地半封建社会的特殊历史背景之下形成的。在"实业救国"的旗帜下，我国近代商人的价值观中逐步融入了爱国主义精神和科学管理等新的内容。中国近代商业伦理思想主要表现在以下几个方面：

（一）维护民族利益，实业救国

近代的许多民族资本家把商业活动与民族救亡、富国强兵有机地结合起来，在他们身上体现了民族主义和爱国主义精神。如著名慈善家、民族实业家荣氏兄弟，坚持"以德服人"的思想原则。荣德生手书的对联"意诚言必中，心正思无邪"正

是他们人品和商德的最佳写照。他们先后创办了保兴面粉厂和申新纺织公司等民族工商企业，从事纺织、面粉、机器等工业60年，在国内外市场上享有盛誉。荣氏兄弟为民族面粉工业、纺织业的发展立下了汗马功劳，享有"面粉大王""棉纱大王"的美誉。新中国成立前夕，荣德生不愿与国民党仓皇出逃，明确表示"不离开大陆"，并阻止三子将申新三厂搬迁至台湾，使企业的绝大部分机器设备得到了完好的保存，为新中国留下了一大笔宝贵的社会财富。解放军渡江前夕，他派代表与共产党联络，迎接解放，体现了进步民族资本家以民族利益为重。

（二）坚持"义在利先""至诚待人""信誉第一""薄利多销"等原则

近代民族工商业资本家继承了中国传统的商业伦理思想，用"义在利先"的原则赢得消费者，用诚信取信于市场。如北京同仁堂是国内最负盛名的老药铺，它是由乐显扬于1669年创建的一家药店，历经数代，载誉三百余年。历代同仁堂人始终恪守"炮制虽繁必不敢省人工，品味虽贵必不敢减物力"的古训，树立了"修合无人见，存心有天知"的自律意识，形成了制药过程中小心谨慎、精益求精的严谨精神，其产品以"配方独特、选料上乘、工艺精湛、疗效显著"而享誉海内外，体现了近代商业伦理中义在利先、至诚至信的思想。

（三）坚持仗义疏财、恤孤济贫、及时行善、造福社会等善行

由于怀抱爱国的理想，同时受传统文化中儒家思想的影响较为深刻，中国近代许多民族资本家中，用"经世济民"的价值追求将自己的经营活动与国家的利益结合起来，将经营工商业所得用于兼济天下、造福社会的大有人在。如被称为"状元实业家"的民族资本家张謇，一生创办了20多个企业、370多所学校，为我国近代民族工业的兴起和教育事业的发展作出了显著贡献。张謇于1894年考中状元，授翰林院修撰。1904年，清政府授予他三品官衔。后因目睹列强入侵，张謇毅然弃官，走上了创办实业和发展教育的救国之路。他在江苏南通创办大生纱厂，并以家乡为基地，努力进行发展近代纺织工业的实践，为民族纺织工业的发展和壮大做出了重要贡献。他建学堂、开交通、造公园、兴水利、办慈善，仅大生纱厂为公益事业的垫款就达70多万两白银。1905年，与马相伯在吴淞创办了复旦公学（今天复旦大学的前身）。他的"实业救国"虽不能挽救旧中国，但却有利于当时社会经济和文化的发展。

（四）以勤俭道德修养立身

近代商人多以勤俭道德修养立身，继承了传统商贾所信奉的诚信、勤俭的行商信条，具有勤勉意识。勤俭创业者比比皆是，如近代著名的商帮晋商，大部分起家

于贫寒：渠家（代表人物渠本翘）起家于小贩、王家（代表人物王现）起家于卖豆腐、常家（代表人物常万达）则起家于背着褡小买小卖的行商。但是晋商却行贾万里，勤勉的踪迹遍布全国和近邻俄罗斯、日本等国，成为当时最大的商帮。

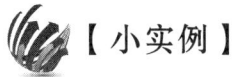【小实例】

从传统文化出发，重建商业伦理

1916 年 5 月，以张公权为领导的中国银行抗拒袁世凯的停兑令，坚持为民众的挤兑风潮买单，上海中国银行之钞票信用，从此名声大振。"顾客永远是对的"这句话耳熟能详，而它早就出现在 1931 年的南京路霓虹灯上，那是郭泉兄弟创办的永安纱厂的服务宗旨。一个人如何能够深刻地影响一个地方？可以从"张南通""南通张謇"这些称呼中体会。卢作孚的北碚建设提出了"人的现代化"的口号，要求"忠实地做事，诚恳地对人"；荣氏企业为何蒸蒸日上？科学管理、劳工自治、文化学习，这些措施加惠于工人。而精神有寄托、能安居乐业的工人就真正成了工厂的生命线。无一例外，这些企业的文化都深植于儒家精神之中。仁义礼智信、温良恭俭让、忠孝廉耻勇，儒家的主流价值观"以人为本"沉淀于这些民族企业家的血脉之中，让他们在逐利的同时，从未忘却"义"的存在。

资料来源：阿元聊历史.从传统文化出发，重建儒商道德观（改编）[EB/OL].(2016-12-06) [2024-12-07]. https://book.douban.com/review/8213336.

第四节　中国当代商业伦理思想

一、当代商业伦理思想的基本来源

（一）传统商业伦理思想

中国传统文化源远流长、博大精深。在数千年的文明史上，中华民族不仅创造出了大量优秀的文明成果，而且形成了丰富的商业伦理精神体系。其中，很多著名的商业伦理思想直到今天仍有可资利用的价值，对当代企业进行经营管理具有十分重要的意义。在我国传统文化中，最具有现代价值的要数"说一不二""童叟无欺""取信于民"的诚信精神，"守义谋利""信义服人"的道德信条，以及"慎终如始"的责任态度。一些有着悠久传统和良好声誉的百年老店，传承了传统商业文化中的精华，在经营、管理和销售中始终如一地贯彻以诚为本、取信于民、交往有信的道德信条，形成了一套流传百世、经久不衰的经营理念。例如：尽职修业、贾法廉平、

诚信无欺、货真价实、公平交易、斗秤无欺、"仁义经商，义财方取""诚招天下客，信纳万家财""买卖不成仁义在，一团和气福自来"等。直到今天，这些道德信条和理念依然是衡量企业和商人是否优秀的不变准则。

（二）西方商业文化的合理成分

21 世纪是经济全球化和信息经济时代。经济全球化是全球范围内商品经济高度发展的产物，它意味着人类的经济活动已超出民族、地域和国别的范畴而成为跨国和国际活动。经济全球化背景下的中国当代商业伦理，同时也需要吸收西方商业文化中的合理成分。西方商业文化突出表现在：人格独立与精神自由、权利平等与交易公平、信守合约与履行承诺等方面。其中，尤其重视对契约的尊重和信守，并通过法律保障商业信用，将诚信原则法律化。从劳动力的购买到市场交易中货款的支付，再到复杂的金融信贷、保险交易、票据流通、证券买卖等，均需要靠基于相互信任基础上的诚信和商人的自觉自律来维持。在罗马法中，债务人不仅要承担契约规定的义务，而且要承担诚实、善意的补充义务。《瑞士民法典》在总则中将诚实信用原则规定为民法的基本原则。西方商人中也流行着这样一句格言："诚实是最精明的行为。"信用制度的建立，遏制了商业活动中投机取巧、狡黠奸诈的行为，保证一切都从商业利益的角度出发，最大限度地保护商业并促进贸易。

（三）社会主义市场经济的本质要求

市场经济是人们从事经济活动以及相关社会活动的重要领域，是人类文明的共同成果。社会主义的本质决定了中国的市场经济是具有社会主义性质的市场经济，它具有市场经济的一般特征，即平等性、竞争性、法制性、开放性。作为市场领域有机组成部分的商业领域，同样需要在相应的法律规范、司法保障下健康发展和正常运转，需要在坚持公有制主体地位和实现共同富裕为根本目标的前提下，开展各类商业活动。

市场经济归根结底是一种信用经济，信用是市场经济运作的基础，是市场有序化的基本保证。商业伦理建设有助于建立规范、有序、文明的市场经济秩序，有助于市场机制的正常运转。这既是当代商业伦理建设的需要，也是社会主义市场经济建设的要求。

二、中国当代商业伦理思想的主要内容

当代中国商业伦理是一种与社会主义市场经济相适应，与现代法制规范相协调，与传统商德相承接的新型商业伦理思想，是社会主义道德的核心、原则、具体规范在商业领域的贯彻和具体应用。

（一）义与利的统一是商业伦理起码的要求

义与利，是中国传统伦理学中两个重要的伦理学范畴，义与利的统一无论在古代还是在现实社会中都有着十分旺盛的生命力。取利以义、见利思义的主导思想，对调整社会的利益关系、规范商业行为以及构建商业伦理价值体系有着极其深远的现实意义。在商业领域强调义与利的统一，有利于抵制商业企业的利己主义，纠正见利忘义的弊病，规范商业行为，并以此确立商业经营指导思想和根本原则。

当前市场经济条件下，很有必要以"义以为质""义以为上"来洗涤人们的心灵，约束企业的行为。任何社会都存在社会与个人的关系问题，反映在商业领域主要就是企业与消费者的关系，这一问题的核心就是社会整体利益与个人利益或小团体利益的关系。义与利的统一倡导个人或个别企业的私利应服从社会公利。任何一个社会，要保护商业秩序的稳定以求得发展，都要求经营者的个人利益服从社会利益。

（二）信誉是企业的生命，高于一切

信誉是建立社会主义市场经济的必备条件之一。遵守商业信誉首先要真诚、严格履约。"人无信不立，事无信不成"，信守诺言、履行合同是商业信誉的一种表现。商业合同受到法律的保护，毁约、违约的行为既会受到法律的制裁，又是商业伦理所不容许的，会受到社会的谴责。其次要重视维护供应商、生产商、消费者、合作者的利益。如发现在契约和销售商品的过程中存在不利于对方或商品有缺陷甚至不合格的情况，应主动提出收回、退换并补偿对方的损失。特别是在零售商业中，零售企业与零星购物的顾客之间并无书面合同，更需要企业从维护消费者利益的角度出发，保证商品的质量和服务。

（三）提供优质的产品和服务

优质的产品和服务能为企业带来美誉度，并通过口碑传播，赢得更多的消费者，从而最终使企业盈利。商业企业应通过满足人们不断提高的物质和精神需要，提高市场占有率，提升企业效益。一方面，企业作为社会人的角色，其存在和发展的价值，就是为了满足人们的需要，为人民服务；另一方面，企业也在为人们服务的过程中获得了回报——盈利。企业提供的商品只有做到货真价实，才能赢得更多的消费者。为了做到货真，必须坚持商品质量标准；为了做到价实，必须严格掌握国家和市场有关的价格政策及规定。同时，企业要通过主动、热情、耐心、周到的服务，获得更多消费者的光顾，从而获得更多的盈利。

（四）促进社会进步

企业依托于国家和社会发展，对国家和社会必须履行应尽的义务，承担社会责任。企业社会责任是指企业在创造利润、对股东承担法律责任的同时，还要承担对员工、消费者、社区和环境的责任。企业的社会责任要求企业超越把利润作为唯一目标的传统理念，强调在生产过程中对人的价值的关注，强调对消费者、环境、社会的贡献。支持社会公益事业，将慈善机构作为牢固的合作伙伴，把社会信息融入广告宣传中，把一项新的社会活动整合到当前的战略中。

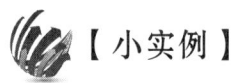【小实例】

芹溪村党员致富带头人：英儒商

芹溪村老党员英儒商已从事蜜蜂养殖 30 余年，目前养殖蜜蜂 400 余箱。面对刚入行的养蜂新手，英儒商总是毫无保留地向他们传授养蜂技巧，手把手教会他们养蜂。2019 年，为改善村民收入结构，拓宽村民收入渠道，余朋乡主动向上争取资金，因地制宜，购买 90 箱蜜蜂，鼓励芹溪村 9 户建档立卡贫困户认养，并依托"党建+"模式，发动党员致富带头人，发挥党员先锋模范作用，带领指导村民发展养蜂产业，帮助村民增收致富，切实助推乡村振兴。

几年下来，芹溪村的养蜂产业从"一枝独秀"发展到"群芳争艳"。截至 2022 年，芹溪村共有蜜蜂养殖户 23 户，蜜蜂养殖存量 1 000 余箱，年产蜂蜜约 0.75 万公斤，年销售额可达 70 万余元。

资料来源：芹溪村党员致富带头人：英儒商[EB/OL]. (2024-07-22) [2024-12-07]. https://cn.bing.com/search?pglt=297&q=.

同时，随着经济的深入发展和环境保护意识的日益增强，消费者对商品的安全与健康要求越来越高，体现出绿色消费的趋势，对企业是否履行环境保护责任，在商品生产和销售过程中能否做到节能、减排等要求越来越高。保护环境，培育绿色市场，提高整个社会的生态消费意识，促进人的全面发展和社会进步，也成为商业道德追求的崇高目标。

第五节　中国的商帮文化

一、中国商帮的崛起

商帮一般是指以地域为中心，以血缘、乡谊为纽带，依靠得天独厚的物质资源、地理优势以及深厚的文化基础，在发展过程中逐步形成的商人集团。伴随着几百年来商品经济的发展，商品行业种类和数量的增多，商人队伍日益壮大，竞争也日益激烈。在特定的商帮文化经济、社会背景下，商人利用他们天然的乡里、宗族关系联系起来，互相支持，和衷共济，形成具有血缘性和地域性的商业集团，即商帮。同时，商帮成为市场价格的接受者及市场价格的制定者和左右者，不仅可以规避内部恶性竞争，增强外部竞争力，还可以利用集体的力量更好地保护自己。商帮即在这一背景下应运而生。

真正意义上的中国商帮则形成于封建社会末期。明清时期，民间商业资本积累空前庞大，各地商人形成了许多大大小小的地区性商帮，主要有徽商、晋商、闽商、广商、宁波商、洞庭商、龙游商、江西商、山东商、陕西商，合称十大商帮。

中国的十大商帮从崛起的原因上来划分，可分为 3 类：第一类是诞生于山稠田狭、人多地少的自然条件恶劣的地区。这里的农业发展不能供应本地人的基本生活需求，因此"舍本逐末"走出山外以做生意来糊口，大批外出做生意的本地人，随着生意做大，逐渐形成商帮。第二类是本地资源丰富、交通便利，是天然的商品集散地，因此利用本地的资源优势逐渐集聚起的商人群体所形成的带有地域特征的商帮。第三类是利用地理优势开展外贸活动而形成的商帮。

二、中国商帮文化的特征

我国的商帮文化是最古老、最具中国特色的区域企业文化。商帮的兴起，说明了区域文化对从事商业活动的个人及群体的影响，不同的区域文化孕育了不同的经济形态和相应的经济人格——商人的不同理念和行为所形成的独有的商业气质。如山西商帮的"守信不欺"、徽州商帮的"信以为先"、宁波商帮的"长袖善舞"、广东商帮的"冒险犯难"、福建商帮的"积极进取"、山东商帮的"稳中取胜"、陕西商帮的"克勤兴业"、洞庭商帮的"因时逐利"、江西商帮的"讲究商德"、龙游商帮的"无远弗届"，均体现了不同地域商帮各自的文化特征。

当然，带有各自地域特征的中国商帮，作为受中华传统文化深刻影响的商业集团，也具有共同的价值观和文化特征，主要表现在以下方面：

（1）大部分商帮出自自然条件恶劣的地区，经过艰苦奋斗，白手起家，日积月累，最终做大做强。因此，他们养成了艰苦创业的精神。

（2）在中国传统文化的影响下秉承一些共同的价值观和经营理念，如诚实守信、敬业勤劳、群体意识、勇于创新、灵活经营、不断进取等精神，而这些精神恰恰体现了中国传统文化中的儒家思想。

（3）主张君子爱财，取之有道，不能舍义取利、见利忘义。在物质生活方面，都崇尚勤俭持家、劳动致富，反对骄奢淫逸、铺张浪费。

中国明清时期十大商帮的地域分布及经商特点如表 4-1 所示。

表 4-1　中国明清时期十大商帮的地域分布及经商特点

商帮名称	所在地域	经商特点
山西商帮	山西	以诚信著称，崇尚"管鲍遗风"
徽州商帮	徽州（今安徽省黄山地区）	以诚待人、以信接物、以义为利
陕西商帮	陕西	善捕商机、敢作敢为
洞庭商帮	今苏州市西南太湖中洞庭东山和西山	善于更新观念，重视依托家乡
江西商帮	江西	积极活跃、不避艰险
山东商帮	山东	仗义、吃苦耐劳、稳重实干
广东商帮	广东	胆大务实、精明灵活、擅长贸易
福建商帮	福建	诚实信用、善用关系
宁波商帮	宁波	勇于冒险、以信为本
龙游商帮	浙江中部	诚实守信、亦贾亦儒

 【案例分析】

商业发展需要传统文化支撑

天下兴亡，企业有责。当前，关于世界商业伦理的思辨越来越热，中华优秀传统文化在世界商业伦理探索中的作用越来越大，也面临着前所未有的历史机遇。2017年年初，国务院办公厅正式公布了《关于实施中华优秀传统文化传承发展工程的意见》，首次以中央文件形式，专题阐述了中华优秀传统文化传承发展工作，而作为社会生产生活主体的广大企业，正是融入传统文化教育的最重要场域之一。作为现代儒家管理的践行者和中华优秀传统文化的倡导者，方太集团的经验在于借助中华优秀传统文化做好企业公民，不仅将自身视为一个经济组织，还将企业定位为一个企业公民组织，在企业发展的过程中不断利用优秀传统文化增强自身竞争力，这样的和谐发展模式赢得了更多人的认同。历经 20 余年稳健发展，今天方太已经成为中国高端厨电领域当仁不让的领导者。在文化创新上，方太致力于传承和推广中华优秀文化，在现代儒家管理模式上走出了可贵的一大步。方太用自身的发展道路告诉外界，企业重视商业伦理建设可以更加务实，并且可以用成果来检验。新冠疫情发生后，全球经济尚处在缓慢复苏的关键阶段，许多企业经营者都感受到了前所未有的压力。此时，逆境求发展的最佳方案并不是打败多少竞争对手，而是向内求生，从文化血脉中找到立身处世的智慧指引，以此练好内功少走弯路。

资料来源：传统文化对商业伦理有着不可磨灭的重要性[EB/OL]. (2017-05-03) [2024-12-07]. https://www.sohu.com/a/137975412_565988.

思考题：

1. 如何理解国家层面提出"传承中华优秀传统文化"的动机？

2. 企业层面该如何践行中华优秀传统文化？

【复习思考】

一、单选题

1. (　　) 被称为商人的始祖，被奉为文财神。

    A. 文仲　　　　　　　　　　B. 范蠡

    C. 乔致庸　　　　　　　　　D. 胡雪岩

2. "生意要勤快，切勿懒惰，懒惰则百事废；用度要节约，切勿奢华，奢华则财钱竭"反映出的经商之道是 (　　)。

    A. 诚信　　　　　　　　　　B. 勤奋

    C. 节俭　　　　　　　　　　D. 勤俭

3. 孔子的名言"己所不欲，勿施于人"之所以在商业领域也能流传至今，是因为它道出了企业营销道德的一个原则，即 (　　)。

    A. 公平竞争　　　　　　　　B. 互利与合作

    C. 优质服务　　　　　　　　D. 集体主义

4. 以下不属于中国明清时期十大商帮的是 (　　)。

    A. 徽商　　　　　　　　　　B. 晋商

    C. 闽商　　　　　　　　　　D. 黔商

5. 以柔克刚是诸子百家哪一家的思想？(　　)。

    A. 道家　　　　　　　　　　B. 儒家

    C. 墨家　　　　　　　　　　D. 法家

二、多选题

1. 中国传统文化的特征包括 (　　)。

    A. 以人为本　　　　　　　　B. 家族本位

C. 个人英雄主义　　　　　　D. 中庸之道

2. 道家思想在中国商业文化中的主要表现有（　　　）。

A. 仁义　　　　　　　　　　B. 道法自然

C. 祸福相倚　　　　　　　　D. 节俭

3. 以下属于兵家思想的有（　　　）。

A. 以和为贵　　　　　　　　B. 兼而爱之

C. 讲求谋略　　　　　　　　D. 依法管理

4. 中国近代民族工商业资本家的代表人物有（　　　）。

A. 张之洞　　　　　　　　　B. 弦高

C. 卢作孚　　　　　　　　　D. 范旭东

三、判断题

1. 祸福相倚、有容乃大是儒家思想的精髓。（　　　）

2. 墨家的独善其身，兼济天下，成为中国商人一种理想的修身方式与精神寄托。（　　　）

3. 在中国近代，有"状元实业家"之称的是荣毅仁。（　　　）

4. 在中国近代，那些替外国资本家在中国市场上服务的中间人和经理人被称为买办。（　　　）

5. 王亥开创了华夏商业贸易的先河。（　　　）

四、问答题

1. 简述中国古代商业产生和发展的历史。

2. 中国传统文化形成的重要基础是什么？

3. 中国传统文化有哪些基本特征？

4. 儒家文化在哪些方面对商业伦理产生了影响？

5. 道家文化是如何影响我国商业伦理的？

6. 简述中国近代商业民族资本家阶层的产生与发展。

7. 列举中国明清时期的十大商帮。

五、实际操作训练

实训项目：寻访当地百年老字号企业。

实训目的：了解该商训及折射出的商业伦理。

实训内容：在食品、医药、制鞋、百货等行业中寻找一家百年老字号企业，搜集该企业的发展历史资料以及老字号的商训，分析该老字号的商训及折射出的商业伦理。

实训要求：学生可以小组的方式开展调查工作，5人一组；各组成员自行联系，并调查当地的一家企业；详细了解该企业的商训折射出的商业伦理，并完成表4-2。

表 4-2　老字号企业分析

基本资料	名　称： 成立年份： 地　址： 企业现在负责人： 联系方式：
	所属行业：
	规　模：
商　训	
企业文化	
折射出的商业伦理	

第五章　市场营销中的伦理问题

【本章基本知识】

知识要点	掌握程度	相关知识
消费者权利与企业道德责任	了解	消费者权利、企业的道德责任
安全与尽责问题	熟悉	产品（服务）质量与安全、尽责与安全责任分担
信息披露与道德营销	熟悉	信息披露、道德营销、消费主义与道德消费
企业市场营销中商业伦理的主要表现	熟悉	市场营销的主要内容、市场营销中伦理问题的潜在危害、市场营销中面临的伦理困境
企业市场营销中商业伦理的规范设计	掌握	企业市场营销运营中商业伦理问题产生的原因、企业市场营销运营中伦理问题的相关观点、企业市场营销运营中的基本伦理原则、企业市场营销运营中伦理问题的治理对策

【本章关键术语】

市场营销；消费者权利；企业道德责任。

唯诚待人，人自怀服，任术御物，物终不亲。

——《新安歙北许氏东支世谱》

内儒外商，为富当仁。

——《论语》

【导入案例】

HXEK 捐款

HXEK 实业有限公司创立于 2000 年 6 月，总部位于福建省厦门市，是一家集研发、生产、销售于一体的大型运动服饰企业。HXEK 秉持"脚踏实地、演绎非凡"的经营理念，逐渐发展成在全世界拥有 7 000 余家店销，行销欧洲、东南亚、中东、南北美洲、非洲等国家和地区，并斩获"中国 500 最具价值品牌""亚洲品牌 500 强"《福布斯》亚洲 200 佳"等殊荣。

HXEK 不仅在脚踏实地地办企业，还一直在默默做公益：

2008 年，通过福建省红十字会向汶川捐赠现金 300 万元、物资 300 万元。

2013 年，与福建省残联基金会携手，捐赠了超过 2 500 万元的爱心物资。

2012—2017 年，累计向福建省及福建对口支援的新疆、西藏地区贫困残疾人捐赠价值 2 500 万元的服装。

2018 年，向福建省残疾人福利基金会捐赠 6 000 万元的爱心物资。

2019 年，向中国残联捐款 1 亿元。

2020 年，向武汉捐赠价值 1 000 万元的物资。

2021 年，"720"特大暴雨突袭郑州，HXEK 捐赠 5 000 万元物资。

2021 年 10 月 10 日，捐赠 2 000 万物资驰援山西。

2022 年 7 月 30 日，HXEK 官微宣布向福建省残疾人福利基金会捐赠 1 亿元款物，用于帮助困难残疾群体。

2023 年 12 月 19 日，HXEK 向甘肃受灾地区捐赠了 2 000 万元的物资。

在 HXEK 看来，企业是社会不可或缺的一部分，从社会中获取资源，就应该回报社会、负有一定的社会责任。一个企业，不应该只是关心自己企业的收益，还应该负有强烈的社会责任感，回馈社会。

思考：

从商业伦理的角度看，企业在市场营销活动中如何让消费者、企业、社会各方都满意？

第一节　消费者权利与企业道德责任

一、消费者权利

（一）消费者与消费

广义上的消费者泛指一切从事消费活动的人，包括生活消费者和生产消费者；狭义的消费者专指法学意义上的消费者，即为满足生活需要而购买、使用某种产品和服务的社会个体成员。本章所讨论的消费者指狭义的消费者。

产品同样也包括狭义和广义两种概念，最狭义的产品仅局限在其特定的物质形态和具体用途上；最广义的产品概念则指为满足人类需要和期望的任何媒介物，包括有形的产品和服务、体验、事件、资产、组织、信息和创意等。本书使用的概念介于狭义和广义之间，即满足消费者欲望和需求的有形与无形介质。

消费过程是消费者对产品和服务的选择、购买、使用和受益的过程，也是形成生产者的产品和服务市场的过程。在这个过程中，企业作为基本经济单位，将各种社会资源转化成消费者愿意接受的产品和服务并从中获取盈利。

在传统社会中，生产者和消费者往往同属某个共同群体，熟人社会的"信用"

"声誉"和"道德"制约被用来保障双方的权利，缺乏信誉、有了坏名声的商人很难在传统社群中立足。在现代社会中，这种来自熟人群体的信用和声誉压力已经不适用于生产者与消费者的关系。

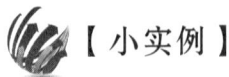【小实例】

无人看管的面包圈

20 世纪 80 年代，保罗·费德曼就职于一家为美国海军提供服务的研究所，每当拿到新合同时，他习惯买些面包圈分给同事。后来费德曼养成每到周五就在办公室里放一筐面包圈请大家随便吃的习惯。同一办公楼的其他员工知道后，也经常过来拿几个面包圈，为了收回面包圈的成本，费德曼决定在面包筐旁放一个空篮子，并标上面包圈的价格，这样他收回了 95% 的钱。

随后费德曼辞职专门售卖面包圈，招揽生意的方式很简单：他一大早将面包圈和用来收款的篮子放在各个公司的食品间，然后再回来取钱。费德曼在 140 家公司放入大约 8 400 个面包圈，并详细记录每一次的收支情况。费德曼的记录显示，小公司的人彼此相识，信用和荣誉的压力就大于那些互不熟悉的大公司，而有较高控制欲的高层人员则更倾向白吃。

费德曼实验的总体情况表明，在团体中诚实水平还是不错，平均付款比例达到 87%。只有十几个人的小公司比大公司高出 3%～5%，令人产生荣誉感的节日付款比率高于其他日子，基层员工所在楼层的付款比率高于高层员工。实验显示：在有监督的情况下，人们更容易保持诚实的品质。

在现代社会中，买卖双方更多依照契约而规定各自的权利和义务。当消费者购买某种产品和服务时，就意味着消费者与企业达成了契约。在这层契约关系下，消费者支付"货币"来获得某种"效用"，因而也具备了相应的权利。

（二）消费者的权利

理论上，在自由竞争的市场上，通过竞争机制达到资源的最佳配置从而取得社会效用最大化，消费者完全可以通过这一机制保护其权利而无须额外的保障。但这只是理论上的可能性，实际情况并非如此。消费者的权利获得充分保障的前提条件是：①市场是完全自由竞争的，消费者具有选择的可能性；②消费者拥有与产品和服务提供者等量的信息及知识，从而具有选择的能力；③消费者的行为是理性的。

基于各种原因，消费者无法完全依赖市场交易来保障自身的权益，必须辅之以外部干预，尤其是通过法律的干预保障其权益。法律意义上的消费者权利，是指在法律框架下，消费者有权做出（不做出）或者要求他人做出（不做出）一定行为的权利，这种权利也被称作消费者基本权利。在中国，消费者保护的主要依据是《消费者权益保护法》。

通常，消费者保护所涉及的基本权利包括安全的权利、知情权、自由理性选择权、犹豫权、求偿权和获得尊重的权利等。

1. 安全的权利

消费者购买产品和服务时，有权保护自己免受劣质产品、有毒有害产品的伤害。有关安全权利的伦理争论之一是消费者的安全是否可以视为一种"货品"，通过市场机制加以解决。支持者认为消费者的安全问题可以通过消费者的购买偏好引导生产者通过自由竞争得以完善：消费者如果需要更安全的产品和服务，他们会为安全的产品和服务支付更高的价格，从而刺激生产者提高其产品和服务的安全性。他们甚至认为，在产品和服务的安全性上依赖政府干预，会有损市场的公平性和效率。只有消费者有权决定其安全偏好，政府不应要求生产者提供超过消费者需求的安全性能。但在反对者看来，"看不见的手"不能有效保障消费者的安全：信息的不对称、非理性的消费决定、垄断市场等都会降低市场配置资源的能力。而安全的权利是一项基本人权，政府必须加以监督并提供基本保障。

2. 知情权

《消费者权益保护法》第八条第一款规定："消费者享有知悉其购买、使用的商品或者接受的服务的真实情况的权利。"第十三条第一款规定："消费者享有获得有关消费和消费者权益保护方面的知识的权利。"知情权使消费者有权从厂商那里获得产品与服务的真实信息。虽然从交易的公平性角度看，生产者有责任提供所有的与产品和服务相关的真实信息，但实际上，这些信息掌握在生产者手中，而几乎没有哪些生产者愿意提供与产品和服务安全缺欠相关的信息。消费者还可以从第三方机构获得相关信息。在有些国家，第三方机构负责收集信息并通过出售信息获取收益，但这种方式很难成为普遍性的模式。收集信息的成本、消费者的支付意愿以及第三方机构本身的信用程度都会成为障碍因素。进入互联网时代后，消费者能够很方便地利用公共信息平台和即时通信工具获取相关信息，但信息的可靠性却难以保证。

3. 自由理性选择权

自由理性选择权意味着能够在众多替代产品和服务中自由选择，其实现的前提条件是市场上有足够多的生产者和需求者，并且他们都可以自由进入或者退出某个市场；同时消费者可掌握足够的产品和服务信息。在垄断市场上，自由选择权固然无法实现；即使在竞争性市场上，如果所有的生产者高度趋同，消费者也无从选择。

4. 犹豫权

知识经济和互联网时代的到来，电子商务、网上交易等的数量逐年增加，越来

越多的国家倾向赋予消费者犹豫权。犹豫权的确立，主要是基于产品、服务提供者和消费者权利的公平性。在类似电子商务、金融保险等合约的订立过程中，消费者受到专业知识或信息不充分的限制，很容易产生非理性消费的冲动，使选择权及知情权受限，所以合理的犹豫期是对双方权利的一种平衡。

5. 求偿权

求偿权是指消费者获得赔偿的权利。当消费者受到有缺陷的产品或服务的伤害，或者不公平交易的损失时，能够获得合理的赔偿。目前世界各国在消费者求偿权的实践中，彼此之间多有不同。有些国家惩罚性赔偿力度较高，部分国家则尚未有惩罚性赔偿措施。

6. 获得尊重的权利

尊重权主要指消费者的意见得到尊重的权利。当消费者面临产品和服务问题以及产品和服务提供者不公平交易行为时，能进行投诉并有机构针对投诉做出公平处理。我国目前主要是由各地的消费者协会作为处理消费者投诉的机构。

二、企业的道德责任

企业是社会的基本经济单位，在从事生产、流通和服务等经济活动中，将资源按照消费者需求转化为产品或服务，在满足社会需要的同时使自身盈利。盈利是企业创造附加价值的组成部分，也是社会对企业的一种认可和报酬。对企业而言，经济利益的重要性不言而喻，但对消费者的道德责任同样是企业必须履行的责任和义务，同时也是企业具有长期竞争力的保障。

（一）主要观点

企业与消费者具有平等的权利和义务，但对何为"平等"则有不同的看法。有关企业对消费者的道德责任，基本上有 3 种不同的论点：①契约论；②尽责论（适当关注论）；③社会成本论。

1. 契约论

契约论者认为产品或服务提供者和消费者之间只是一种契约关系，消费者购买产品或服务就意味着他们和生产者之间达成了合约。契约论认为企业的道德责任不应超出契约的规定，否则就是对有限资源的浪费并影响市场运作的效率。例如，假定消费者自愿购买安全性较低的产品，政府是否应强迫企业承担超出消费者意愿的安全责任呢？按照契约论的观点，消费者愿意用较少的"现金"购买安全性较低的产品，只要生产者不存在故意隐瞒的问题，政府就不应加以干预。如果政府强迫企业承担超出消费者支付意愿的安全责任，消费者将被迫支付更多的"现金"购买他们不需要的功能，使资源不能达到最优配置（降低了资源配置的效率），从而也不能称作完美的"好"（道德上的好、效果和效率三者并存）。

契约论的局限性在于它假定生产者和消费者具有完全对称的信息来源，在契约中不存在故意误导或者强迫的情况。因此，契约论提出了产品或服务提供者的4种道德责任：遵守契约条款的义务、披露信息的义务、不误导消费者的义务、不强制消费者的义务。相对应的，消费者则有支付价款而获得标的物的义务。就遵守契约条款而言，生产者必须具备其所提供产品或服务的必要知识，产品或服务应达到厂商所明示或暗示的质量，并保障产品的可靠性、安全性；在产品寿命周期内提供维修保证；披露的义务则是指卖方应明确告知买方任何可能影响其购买决策的事实，包括产品缺陷、安全或健康隐患等。严格的披露义务还包括产品成分、功能特点、使用成本、产品等级等各项信息。不误导的义务重在防止对消费者的故意欺骗，提供明示或暗示的错误信息；不强迫的义务要求产品或服务提供者避免通过影响消费者的情绪等不道德手段促使消费者做出不理智的消费决策，从而剥夺消费者的自由选择权。

契约论是对产品或服务提供者最低的道德责任要求，按照契约论的观点厂商发表否认性声明或者明示产品和服务的潜在缺陷或不安全性，就可以避免相应的责任，因此常被视为底线责任观。

2. 尽责论（适当关注论）

尽责论（适当关注论）建立在如下观点之上：消费者和生产者之间存在信息不对称，因此消费者的权利很容易受到损害。作为具有知识和信息优势的一方，生产者必须承担适当关注的责任，以保障消费者不受其所提供产品和服务的伤害。在很多伦理理论中都可以找到尽责论的依据，其中以关爱理论的影响最大。关爱理论的核心思想是每个人都生活在"关系"网络中，都应关心那些与我们有关系的人，如父子、夫妇、兄弟、朋友等。产品或服务提供者与消费者之间既不是完全没有关系，但也不具有特别亲密的关系。他们向消费者提供产品或服务，双方因为消费者受该产品或服务的影响而形成了某种关系，从而使消费者有权在需要时获得帮助。对此，产品或服务提供者应予以适当关注，使消费者得到相应的帮助。

与"适当关注"对应的是"疏忽"。疏忽是指可以合理预见但未能预见而造成损失的情况，因疏忽而造成的损失应该得到赔偿。适当关注责任适用于过错原则，如果生产者已经履行了适当关注（合理注意）责任，则无须支付赔偿。

尽责论的局限性在于，很难确定厂商是否尽到适当关注的责任。同时，尽责论假定生产者应该具有产品或服务的全部知识，能够预见到使用者的风险。这一点，在技术高度发达、产品组件来源多样化、生产制造国际化的今天，实际上是很难达到的。

3. 社会成本论

社会成本论是对产品或服务提供者的道德责任要求，是一种严格责任，其程度远超契约规定或适当关注责任。社会成本论认为产品或服务提供者应该承担由其产品或服务所导致的任何伤害的全部社会成本，即使他们已经尽到各种责任并采取了合理的措施；同时，产品或服务提供者还应为其员工所导致的损害负责。

社会成本论认为，将因产品或服务所导致的损害成本内部化，可以迫使产品或服务提供者更加关注安全性以避免发生损害。功利主义伦理观对社会成本论的形成有一定影响，认为由于社会成本内部化必然反映在产品的价格中，将会促使社会资源的最有效运用，从而提升整体效率。但社会成本论最大的问题在于其违背了公平性原则，让产品或服务提供者承担所有的道德责任，这既不公平又可能导致消费者因不必对损害结果负责而变得漫不经心，从而造成产品和服务提供者及为其提供保险相关服务的厂商负担过重。

契约论、尽责论和社会成本论对道德责任的不同要求，对社会消费环境的塑造有较大影响，在那些倾向严格责任的地区，产品或服务提供者对产品或服务的性能和安全性具有更高关注度，消费者也更容易维护其权利，但同时也需支付较高的消费成本。

（二）伦理困境

理论上消费者的权益是比较明确的，但实践中仍然存在诸多伦理困境或者道德两难。

企业作为产品（服务）提供商，与消费者之间建立的是一种基于价值的利益相关者关系。这种关系并不仅是双边的关系，而且可能是一种包括政府、厂商、消费者及竞争者在内的多重关系的组合。厂商应在其中承担相当大的管理者义务，但在实践中并不是所有厂商都愿意或能够较好地履行这些责任。

伦理困境在于厂商和消费者所面临的情况可能是非常复杂的，通常都难以根据道德原则做出简单判断。其中可能包括厂商、消费者以及市场环境等多方面的原因。

在讨论企业与消费者关系中的伦理问题时，一个非常重要的问题是厂商的道德行为是否受到"奖励"、不道德行为是否受到惩罚。如果市场上普遍存在信息不透明问题，消费者很难通过"购买行为"向厂商表达"奖励"或"惩罚信号"。

有人认为企业只是市场竞争中的一叶孤舟，必须在风浪中艰难地保持道德与现实的平衡，而这种平衡又恰恰是最难以实现的。受各种因素影响，有些企业试图在道德和现实之间寻找平衡。问题在于抗拒道德的"平衡"是无法持续的，一旦越过底线就如同打开了潘多拉的盒子。只要试图突破伦理准则的约束而去寻求所谓"最佳平衡点"，就不可能保住最基本的伦理准则，那些倒掉了的企业如此，后续的尝试者也不例外。

从长远的观点来看，一个有竞争力的企业首先必须是一个有道德的企业，一个道德上的"好"企业、一个盈利能力上的"好"企业和一个商誉上的"好"企业，它们之间并不矛盾。费雷尔曾经指出，如果企业的道德决策做得好，利润将或多或少地持续最大化；利润和道德之间具有直接关系。虽然在短期内道德形象可能无法给企业带来直接的利润回报，但在一个成熟、健康的市场上，消费者总是倾向选择那些看起来更有道德的企业。不道德的商业行为，是企业失去长期顾客的一个关键性因素。

也许有读者会质疑这些观察和结论，争辩说当消费者和整个市场的道德水平处在相对较低的阶段，企业的道德并不能带来利润。这种说法或许不能说完全没有道理，但却非常短视。在一个不完善的市场上，劣币驱逐良币现象的确存在，迎合市场缺欠甚至主动采取不道德行为的企业也许可以在短时间内获得较高的利润。然而，正如三聚氰胺事件所显示的，不道德的决策最终是一个不可能达到双赢的决策。乳制品行业集体失范的结果是国产奶粉集体损失市场。根据山东青岛海关公布的数据，2010 年前 8 个月，进口奶粉价格上涨两成，进口奶粉尤其是原装进口奶粉供不应求。截至 2015 年，这一趋势不仅没有停止，甚至在一些北欧国家也面临中国消费者抢购奶粉的现象。

喜欢以消费者低价偏好为企业不道德行为辩护的决策者，可能忽略了一个事实：消费者的"效用"并不仅体现在使用价值上，还体现在他们对企业道德形象的认同上。当企业的价值观违背消费者自身价值观时，大多数消费者会拒绝接受该企业的产品和服务。市场竞争的历史表明，那些建立了良好道德形象的企业更容易获得消费者的青睐，在发生品牌危机时也能快速恢复。

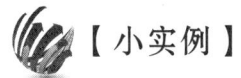【小实例】

QS 公司 TLR 胶囊事件

QS 公司生产的拳头产品 TLR 胶囊在 20 世纪七八十年代非常受患者欢迎。1982 年，TLR 占据了止痛药店面交易市场份额的 35.3%，销售总额达 3.5 亿美元，占 QS 公司总销售额的 7%，利润总额的 17%。

1982 年，TLR 卷入一次中毒死亡事件，公司遭遇严重的产品安全危机，其市场份额一度骤降至不足 7%。QS 公司采取了一系列措施应对危机：立即回收分布在全美各地店面的 3 100 万瓶药品、向大约 50 万名购药者通报该胶囊受污染的信息、在一周内开通顾客免费热线电话并及时发布准确信息；公司还安排从董事长到高级职员各个层级的管理者在媒体公开回答公众质疑并免费为顾客调换药品。

事件发生后，根据美国国家食品药品管理局的调查，药品中的有毒成分并不是在生产过程中混入的，疑似有人对店面销售的 TLR 做了手脚。整个事件中，QS 公

司诚实、守信、公开、透明的处理方式赢得了消费者的信任。至次年 5 月，TLR 的市场份额重新攀升到 35%。

QS 公司的这个案例并不是个案，他们的行为赢得了消费者的尊重，在长期的市场竞争中获得了竞争优势。

第二节　安全与尽责问题

向消费者提供符合安全和健康标准的产品及服务，是企业的基本责任。按照国际标准化组织的定义，质量是指"反映实体满足明确和隐含需要的能力的特征总和"。质量特性可以从性能、寿命、可靠性、安全性和经济性等几个方面进行评估，其中最重要的指标是安全性和可靠性。可靠性是指在产品、服务规定使用条件和寿命周期内完成规定性能的能力，可靠性是安全性的基本条件。

改善产品和服务的可靠性与安全性，已经成为影响普通民众幸福感与满足感的重要制约因素。

一、产品（服务）质量与安全

产品（服务）的质量与安全水准是一个相对的概念，没有绝对好的或安全的产品（服务）。这涉及技术和经济两方面的原因：一方面，层出不穷的新技术使产品（服务）质量和安全性评估面临诸多不确定性。另一方面，产品和服务的经济性也制约了质量及安全性能无限提高的可能性。技术上有可能达到的最高级别的质量水平和安全性，也可能是消费者完全支付不起的。硬性规定超过消费者需求的质量和安全性要求会使某些消费者被剥夺购买"适宜"产品和服务的机会。

在有关产品质量尤其是有关产品安全的伦理决策上，经常存在一些"决策困境"。例如，当我们过度强调产品或服务的安全性时，固然可能对某些消费者不公平（消费者可能无法支付），但若完全以消费者需求作为安全性的判断标准，同样会形成不公平（受制于知识和信息的有限性，消费者经常无法做出明智、理性的选择）。因此，需要确定"合理"的质量或安全标准。

（一）安全与安全标准

从法律意义上看，产品和服务的安全包括两层含义：消费者的人身安全以及财产安全，即消费者使用产品和服务时，其生命安全和利益不受危害或损失。如果在使用产品和服务的过程中，消费者遭受不合理的危险，则该产品和服务将被认为是不安全的，也就是有缺陷的。

在很多情况下，所谓"合理的安全期望值"可能是模糊的，需要制定安全技术标准并以法律的形式予以保障。

通常，安全技术标准包括国际标准、国家标准、企业标准等。标准存在的意义在于向消费者传达明确的产品或服务质量信息，消费者可以根据接收到的信息对产品或服务质量进行判断从而自行做出购买决策。

（二）安全标准的判断

企业实施歧视性的质量标准可能会导致严重不良后果。一旦消费者具有较高的支付能力，将会快速抛弃该企业的产品和服务，严重情况下甚至损害整个行业和国家的竞争力。因此，讨论产品和服务安全的道德问题时，应从多个角度进行评价。

（1）技术和经济。从技术上评估产品和服务的安全性是确保"合理"安全的底线。企业还应评估需要通过多大程度的努力、花费多大成本，可以达到什么程度的安全性。技术和经济角度的安全评估，经常采用费用-效益分析方法，但不是所有的安全问题都可以采用这种方法。涉及人身安全的问题，不能单纯考虑技术和经济分析，这样做显然不符合社会的道德标准。需要指出的是，很多安全问题的产生都与价格竞争所导致的过度成本控制有关。在这个问题上，市场环境与企业决策都是重要原因。

（2）安全风险。对产品和服务安全风险的评估，主要考虑使用该产品或服务的消费者可以接受的安全度。在评估时，除了技术性评估问题，还要考虑使用者的价值和价值观问题。例如，在涉及儿童、医疗、卫生、教育等行业的安全问题上，必须考虑这些问题能激起公众特别的关注。对企业而言，安全度必须控制在可接受的风险范围内，才会被视为合乎道德标准。

（3）社会接受程度。企业可以在技术经济评估和风险评估的基础上，为自身的产品和服务订立质量标准。不同社会由于存在文化和经济发展水平的差异，对标准的要求也有所不同。标准的制定通常都与社会接受程度基本同步。不同市场对产品可靠性和安全性的要求会有所不同，会使产品标准存在一定的差异性。

（三）双重标准问题

双重标准是指在处理同一性质的事情时，根据个人的喜好、利益或其他因素，对不同个体或群体采取不同的判断或行为准则。这种现象可能表现为对别人的要求高于对自己，对不熟悉的人要求高而对亲近的人要求低。双重标准不仅存在于个人层面，也可能体现在组织、国家等不同层面的社会关系中。在组织层面，一个企业可能为自己的员工提供完善的设施和服务，而对外来人员或其他组织则可能不提供同等级别的设施和服务。在国家层面，一个国家可能对某些国家的产品实施高关税，而对其他国家则可能不征收关税。双重标准可能源于心理上的归因偏差，即人们倾

向对自己和他人的行为及其结果进行不准确的归因。

针对双重标准的道德争论，主要集中在是否存在"歧视"以及企业是否"诚实"两个方面。例如，市场上存在的一些双重标准，很多情况下是针对国内外市场制定不同质量标准，这使面向国内市场销售的产品在安全性和可靠性方面低于出口产品。

由于国内的一些标准低于国际标准，从而导致这些企业实施双重标准并不违反中国法律。例如，某品牌麦乐鸡因含有聚二甲硅氧烷和特丁基对苯二酚两种有害成分在美国被强制下架时，该品牌在其他国家的公司却宣称其产品符合该国有关食品添加剂的相关标准。很多消费者质疑跨国企业在中国市场上的一系列质量和价格歧视行为。某种程度上，这种歧视性待遇正是安全标准过低造成的。双重标准导致一些国内销售产品（包括国际品牌）频繁出现安全质量问题。

二、尽责与安全责任分担

有关主要利益方（企业、消费者、立法与监管机构）对产品和服务安全的责任分担问题，需要考虑多种因素。在很多情况下，企业、消费者、政府都需对产品与服务安全问题负责。

（一）企业的尽责与免责

产品责任又称产品侵权损害赔偿责任，厂商对于产品潜在风险的责任承担问题，大致有 3 种情形：明知产品中隐含风险而没有告知、明知产品中隐含风险并告知消费者风险、事前未知产品中隐含风险。前两种情况下，厂商应当承担所有的责任并有可能被加重责任处罚。

按照一般的道德原则，掌握更多权势的人需要承担更多责任。相较于消费者，厂商因其所处的优势地位而负有保护消费者权益不受伤害的责任。如果厂商没有履行责任而使本可预见（或避免）的安全损害发生，就被视为没有尽到审慎之责。产品和服务安全方面的尽责理论，正是建立在厂商的这一道德责任基础上的，其应尽的审慎之责体现在从产品设计到售后服务的整个过程中。

（1）设计。设计是指在某一特定目标指导下，对该目标的实现过程、方式、手段所进行的规划。在产品设计过程中，除满足消费者需求外，还应考虑安全标准。这里的安全不仅包括产品本身的安全性，还包括产品使用过程中消费者由于不熟悉产品或产品使用工具可能产生的安全风险。作为产品和服务提供者，厂商应开展必要的研究以预见可能的风险并加以预防；因生产者本身知识不足而未能预见的安全风险，属于未履行审慎之责。

（2）原材料选用。原材料的选用直接影响产品质量是否能达到设立的标准，厂商审慎履行其应尽之责包括对原材料质量、原材料应用后果、产品使用条件变化对原材料安全性的影响等方面进行审查和研究，也包括承担选择合格供应商的责任。供应链管理虽然未体现在所有法律体系中，但通常被认为是厂商尤其是大厂商重要的道德责任。

（3）生产过程和质量控制。生产中的责任主要体现在对生产过程的控制以保证最终产品的质量，在生产过程中应尽可能避免任何安全隐患的存在，包括避免因节约成本而降低产品的可靠性和安全性。生产厂商应建立有效的质量控制体系以确保产品质量能够满足消费者需求，还应建立详细的质量监察数据库，记录相关信息。

（4）信息发布。生产厂商应通过产品包装、标签或产品使用说明书向消费者披露有关产品质量、潜在风险等安全信息。在产品信息发布方面，不同国家之间的标准差异较大。有些国家要求在所有产品的每一份包装单上，详细说明产品的成分、制造商、分包商、销售商的联系地址、电话等信息，以保障消费者可以获得足够的信息。厂商还应详细说明产品使用过程中可能存在的安全风险，特别是对供某些特殊消费群体（如儿童、智力障碍者、医疗用品消费者）使用的产品，更应充分考虑使用对象的能力，对那些在使用过程中可能产生严重伤害的产品，应严格控制销售过程并给予消费者充分指导。

由于履行审慎之责后通常可以免除或减轻厂商的产品责任，一些厂商倾向将各种潜在的产品安全风险列入产品使用说明书，以期免责或减轻责任，这种趋势已经越来越明显。厂商将本应直截了当提供给消费者的关键信息湮没在厚厚的产品使用说明书中，消费者可能会遗漏真正与安全风险相关的关键信息。这种情况不仅发生在有形产品中，也经常存在于金融服务等无形产品领域。

对此，有些国家已经开始强制要求厂商将关键性信息加以单独、明显的标示。但由于监管部门不可能穷尽所有的可能性，因此是否将不利于厂商的关键信息隐匿在一堆无用信息中，基本上还是取决于厂商的道德自律。

（二）消费者和政府的责任

消费者和监管机构也应负有审慎之责，他们对产品安全同样可以发挥作用。

1. 消费者的影响

理论上，在市场经济条件下，消费者的选择（安全和价格偏好）将引导企业实现资源的最佳配置。当多数消费者具有较高的安全偏好，并愿意为此支付较高价格时，厂商将选择提供更安全的产品和服务。随着市场供求关系的变化，具有更高安全性能的产品和服务将占据主要市场地位。反之，当多数消费者过于偏好低价时，努力降低成本以吸引消费者就成为厂商的理性选择。但消费者的影响只能解释产品安全问题的部分原因。消费者的消费决策经常是非理性的，低价偏好和炫耀性消费，都是常有的现象。以消费者偏好推卸厂商的责任，不仅存在道德上的争议，并且也可能是短视的行为。

2. 立法及监管机构的影响

立法和监管机构对产品与服务安全具有相当大的影响。消费者和厂商之间的信息不对称，需要第三方的干预加以解决。从立法的角度来看，《中华人民共和国民法典》《中华人民共和国消费者权益保护法》等保护消费者权益的相关法律已较为完善，但由于企业太多，在消费者保护和厂商责任监管方面的难度相对较大，有时会因为人为原因而对违规、违法行为的惩罚力度不足，造成违法成本很低，以致淡化了厂商不道德行为的成本问题。

此外，监管技术薄弱、信息不透明等也使消费者很难根据市场信息做出理智的消费决策，一些行业组织也往往倾向以强大的游说力量影响政府监管。这时，消费者保护组织、立法及监管机构以及其他第三方组织之间的合作与博弈，将直接影响消费者保护的力度和厂商不道德营商行为的成本。历史上，烟草、制药等行业都经历过行业游说与消费者保护之间的博弈。这一过程中的主要道德问题在于厂商是否对立法和监管过程施加了不当影响。

（三）影响厂商决策的主要因素

在产品安全与尽责问题上，做出最终决定的还是企业及其决策者。如果他们在决策中不考虑道德底线，仅依靠消费者、立法者和制度监管，是不可能取得好的效果的。影响厂商决策的主要因素有组织价值观与伦理氛围、决策者个体的道德、组织伦理等。

1. 组织价值观与伦理氛围

组织价值观对产品安全和尽责问题的影响，直接决定了企业对利润与商业道德和社会责任关系的处理方式，尤其是在发生伦理困境时，缺少道德意识和道德警觉的决策者很难做出正确的选择。组织价值观与组织文化密切相关，组织文化作为一系列观念、理念和价值观的集合，决定了组织的伦理氛围，是企业在应对组织内外环境过程中逐渐形成和发展起来，并不断被传递给新的组织成员并指导其行为的价值观的体现。通过共同的组织文化，组织成员能够产生集体感、忠诚感和归属感。良好的组织文化有助于建立稳定的组织体系，为组织及其成员提供理论指导和行动方向，这将有助于强化组织内部道德行为的发生。

在那些完全以绩效为导向而忽视企业社会责任的组织中，在股东利润最大化的口号下，任何影响企业利润的道德责任都不在其考虑范围内。为寻求廉价替代品而降低对原材料质量的控制标准、为节约成本减少产品检测和安全控制措施、以满足消费者低价偏好的名义降低产品质量等不道德行为，都是比较常见的。其道德决策具有明显的功利性：能够带来利润的道德原则是可以"接受"的原则，否则就是"不现实"的原则，甚至为了利润，超越法律底线也是可以接受的。

2．决策者

个体决策者虽然受组织文化和伦理氛围的影响，但面临困境时每个人仍然有不同的选择。即便是在一个充满竞争和完全以绩效为导向的团体中，仍然有人能够在关键时刻做出符合道德的决策。显然，个人价值观、个人经历以及个人道德水平直接影响其最终决策。按照科尔伯格的道德发展阶段说，处于较高道德发展阶段的人比处于较低阶段的人更易于做出符合伦理的决策。

个体的经验和风险偏好也在某种程度上影响决策。经验丰富、掌握更多信息并且具有较高风险偏好的个体，在面对诱惑和机会时，更有可能做出不道德的决策。

对个体道德选择的压力，既可能来自组织内部（如利润或绩效要求），也可能来自组织外部。

3．伦理审核强度

在实践中，决策者进行自我伦理审核的能力和强度也会影响其道德决策。经常思考以下问题的决策者可能更具有道德敏感性。这些问题可以归纳为：一旦产品和服务出现责任问题时，公司和消费者的损益情况如何？发生可预见的危害或获取利益的概率有多大？本人跟受益人或受害人有什么关系？一旦问题被公开，舆论会如何评价？该问题持续的时间有多长？是不是只有我一个人负责？答案越肯定，决策时发生不道德行为的可能性就越低。

第三节　信息披露与道德营销

产品、服务与消费者关系中的伦理失范问题，还表现为信息披露与营销管理中对消费者权益的侵害。

一、信息披露

信息作为一种重要的沟通工具，其公开性、透明性和准确性是消费者权益保障的基本条件。信息披露主要是指企业用公开方式，通过包装、广告、产品说明书、传播媒介等，公开发布与产品和服务相关的重要信息，以利于消费者做出理性的判断，合理选择是否购买该产品或服务。信息披露，除了描述产品属性功能外，还可以将企业的经营理念、价值观传递给消费者，从而与消费者建立更多的精神联系。

（一）基本伦理原则

在信息披露中应遵循以下基本原则：

（1）诚实守信原则。诚实永远是最好的武器。诚实守信要求企业向消费者真实、

准确地描述、传播有关产品性能、质量、规格、品种、特点等相关信息。"真实告知"是关键。

（2）公正平等的原则。公平是商业活动所要遵循的基本道德原则，产品与服务中的公平主要是指交易双方在人格、权利和义务方面的公正与平等，是建立在等价交换基础上的利益均衡。

（3）不损害公共利益的原则。信息披露过程中应遵循公序良俗，以不损害公共利益为底线。消费者有各种各样的需求，生产者不能以迎合甚至诱导不良习俗和消费欲望为目标发布或隐瞒各种信息。

（二）不道德行为

信息披露中与消费者相关的不道德行为主要表现为：欺骗性宣传和侵犯消费者隐私权等。

1. 欺骗性宣传

欺骗在信息披露中是一种常见的手法，是指以虚假的语言或行动蓄意误导消费者的行为，包括虚构、篡改研究数据，夸大产品功能，蓄意捏造不实信息，诋毁竞争对手，仿冒与造假等。欺骗不仅直接损害了消费者的知情权，同时对所有利益相关者而言都是一种资源的浪费。虚假信息的泛滥，将会增加整个行业和全社会的交易成本，减少社会福利。

厂商的欺骗行为中，仿冒与造假可能是最令人头疼的不道德行为。仿冒和造假不仅涉及消费者权益，同时也涉及被仿冒对象的权益问题。

产品与服务中的欺骗行为可能很轻微，甚至轻微到不会被消费者察觉的程度。有些则很严重，甚至可能被追究刑事责任。对不同类型的欺骗行为，企业应该区别对待还是采取零容忍态度呢？

有些企业认为，对任何欺骗行为都应该采取零容忍态度，有些企业则认为如果没有造成实际损害，则可以"适当"容忍欺骗。对欺骗的不同态度，直接决定了企业的道德决策。从根本上讲，轻微的欺骗，最终都会变成弥天大谎。能够为了所谓的公司利益欺骗消费者的雇员，也很可能为了个人利益欺骗公司。

2. 侵犯消费者隐私权

乔治·奥威尔的《1984》和唐纳斯·马克的《窃听风暴》都描述了公民信息被监听和控制、隐私权受到侵犯的情景。在高度商业化的时代，消费者的信息被监控并不是个例。即便在互联网出现之前，也有大公司利用专业化数据收集公司全球数百万消费者的个人信息。

客户信息的收集和使用是一个十分敏感的话题。在向消费者提供产品和服务的过程中，厂商不可避免地或主动或被动收集消费者相关信息，有些信息属于消费者隐私权保护的范围。

传统上，消费者信息的使用采用消费者知情同意的方式，由消费者授权厂商合理使用。一些厂商可能采取欺骗的方式，不合理使用或者转售消费者信息。

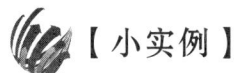【小实例】

BDT 公司使用客户信息是合法的吗

BDT 卡是一种非接触式智能卡，在香港地区被广泛用于公共交通和商业支付中。至 2010 年，其市面流通数量已达 2 000 多万张。根据 BDT 公司推出的"日日赏"计划，客户申请该优惠计划时必须同意向 BDT 公司提供个人数据，作为 BDT 公司、附属公司、联属公司及商务伙伴推广产品及服务使用。如未能提供正确数据，则无法享受"日日赏"服务。BDT 卡在"个人资料申明"中也列明在卡主不反对的前提下，公司可将用户资料用于推广和直销。"日日赏"计划收集了约 240 万用户的个人信息。

2010 年，陆续有 BDT 卡客户收到保险公司的推广电话。客户怀疑个人信息被泄露，但该公司在公开回应中称旗下公司从未向任何机构出售客户个人资料。很快，有公司前雇员透漏公司曾将会员资料（包括客户姓名、电话、身份证号码和出生日期等）对外销售给保险用作电话推销。保险公司要求电话推销员隐瞒保险公司雇员身份，自称代表 BDT。

7 月 14 日，BDT 公司首度承认将 200 万名"日日赏"客户资料提供给商业伙伴，但未透露详情。BDT 公司发言人表示，客户阅毕条款、填妥申请表就代表公司已征得客户同意，有权将其数据提供给商户使用；公司也与商户签订协议，推广期结束后便将资料销毁。

7 月 21 日，香港个人资料私隐专员公署主动介入调查，就此事展开听证。次日，特区金融管理局按照银行业条例，责令 BDT 公司呈交报告，说明是否将客户个人资料转交第三者。7 月 26 日听证会后，BDT 公司承认自 2002 年开始已将用户资料转售给 6 家公司；更向两家保险公司出售近 200 万名客户的个人信息，共获利 4 400 万港元。

BDT 公司以所谓"客户资源共享"条款为滥用客户信息的行为做辩护。该公司负责人强调在用户加入优惠计划时已经明示要求用户提供相关资料供公司做日后推广行销使用，这是行业普遍做法。但该公司将客户信息与其他公司共享并获利的做法，仍然被认为是非法获利。该公司总裁也因出售客户隐私而辞职。

厂商在收集个人信息时，经常使用的方法是提供小额优惠或者设置技术障碍，在冗长的说明中列出消费者如不明确反对，即代表同意将个人资料提供给公司使用。这种做法遭到了消费者普遍的强烈反对。一些公司被迫响应客户要求，对信息收集过程进行修订。例如，一些搜索引擎公司修改了服务中的信息设置程序，让用户信息收集选项变得更醒目。

3. 大数据时代的消费者隐私问题

互联网和信息技术的普及，使大数据的收集、分析更容易，也更具有商业价值，进行大数据分析能够给厂商带来更有针对性的广告推送、更有效锁定目标消费人群。在这种情况下，大数据应用中的隐私权问题就变得更为严重。

从互联网的网页阅读到即时通信工具，只要有互联网的地方，就有时刻不停地数据信息搜集。目前，厂商、平台开发者、内容服务商、移动通信公司无时无刻不进行信息搜集，绝大多数都包含了消费者和互联网使用者的个人信息。

与传统厂商搜集信息必须获得消费者授权的观点不同，大数据时代的信息搜集更多是以无须授权的二次开发和利用的形式侵犯人们的隐私权。在信息技术的支持下，通过大数据分析，"个人"很容易被追踪和定位。

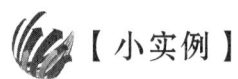 【小实例】

1.43 亿用户信息泄露，美国征信机构 CEO 离职

涉及 1.43 亿用户个人信息泄露事件暴发的 3 个星期后，2017 年 9 月 26 日，世界 3 大征信机构之一的艾可飞发布公告称，其董事会主席兼首席执行官（CEO）将从即日起"退休"。这是艾可飞大规模信息泄露之后，第三个高级管理人员，也是最高级别的管理人员离职。9 月 7 日，艾可飞称，其系统被黑客攻破，有可能使 1.43 亿消费者的个人信息受到侵害。犯罪分子在 5 月中旬至 7 月利用美国网站应用程序漏洞，获取的个人信息包括用户姓名、出生日期、社会保障号、住址及一些驾照信息。这些信息原本应该受到艾可飞的保护。此外，有近 21 万的信用卡信息和 18.2 万份带有敏感信息的文件也遭泄露。艾可飞成立于 1899 年，总部位于佐治亚州亚特兰大市，拥有超过 8.2 亿客户和超过 9 100 万家企业信息，与美国环联和爱尔兰益博睿并称世界三大消费信用报告机构。信息泄露案爆发后，美国多个联邦与州政府机关对此展开调查。在公司 CEO 被"退休"之前，艾可飞已经有首席信息官和首席安全官离职。

资料来源：1.43 亿用户信息泄露，美国征信机构 CEO 离职[EB/OL]. (2017-09-28)[2024-12-07].https://baijiahao.baidu.com/s?id=1579775136337769705&wfr=spider&for=pc.

维克托·迈尔和肯尼思·库克耶在《大数据时代》一书中指出，大数据时代的信息使用规则需要变革，隐私权的保护应当从过去的"用户允许"转变到"使用者承担责任"模式。信息使用者必须对使用大数据的风险和潜在伤害进行评估。他们还指出，在大数据时代保护个人隐私权应当适用三大原则：公开原则、公正原则和可反驳原则。所谓公开和公正原则是指信息的使用者必须公开用来进行分析预测的数据和算法系统，这一系统应经公证的第三方专家认可；而可反驳原则要求明确提

出个人可以对大数据所进行的预测进行反驳的具体方式。

即便在这种情况下，大数据时代个人隐私权的保护仍然是一个具有高度挑战性的话题。

（三）道德两难

企业在小心谨慎以保障消费者知情权和隐私权同时，还需要考虑信息披露中的其他利益相关者的权益保护问题。新技术的出现，也使信息披露问题更加复杂。在商业利益与隐私权保护、商业利益与避免不公平歧视之间，可能存在不少道德两难问题。

1. 成本与隐私权保护

很多厂商会通过各种方式收集用户信息用于商业活动，这些信息对锁定目标用户、拓展市场、改善服务、增强竞争力都有重要作用。在法律没有明确规定消费者信息收集的禁止性条款时，对用户信息的使用有很多模糊空间。但直接出售用户信息，则不仅违背道德底线原则也违背我国法律。

在大数据时代，收集和保存用户信息已经成为一种非常普遍的商业行为。对这些信息的二次开发和利用也可以为厂商带来巨大利润。与此同时，厂商在保护用户信息和隐私权时需要投入大量的资金、技术和人力成本，这导致一些厂商疏忽或故意疏忽了保护消费者信息安全的责任。

日本某公司游戏站大约 7 700 万用户信息包括姓名、地址、电子邮件、出生日期、登录名、登录记录、密码安全问题等因遭黑客攻击而泄露。公司董事长兼 CEO 代表公司道歉，并承诺在美国的用户，如果因信息外泄而遭受损失，公司将向每个用户提供最高 100 万美元的保险赔付额度，该额度将涵盖用户的经济损失和诉讼费用。

2. 消费者利益与企业自律

企业因向消费者提供良好的产品和服务而获得利益。在多数情况下，企业越是能够提供良好的产品和服务，越能够满足消费者的需求。但在某些情况下，企业与消费者的利益存在冲突。例如，食品生产厂商倾向向消费者提供更"美味"的产品，这些产品可能含有大量的脂质、糖分、碳水化合物等成分。某些特定消费群体，如儿童，可能更容易受产品广告的影响，从而更容易成为肥胖人群。

酒精饮料、烟草的生产和营销也存在类似问题。现在，大多数国家已经立法禁止香烟和酒精饮料的广告。但在控制诸如肥胖问题上，多数国家仍然依赖厂商的自律。

美国导演摩根·斯普尔洛克执导了一部名为"Big Size Me"的纪录片，斯普尔洛克以自己作为实验对象，亲身体验了 30 天的麦当劳之旅。实验前，斯普尔洛克的体重为 185 磅，实验第 18 天已经上升到 202 磅；实验前的体检显示他身体健康，在实验中医生认为如果继续现有饮食，他将有可能很快出现心血管和肝脏问题。

在诸如此类问题上，企业与消费者利益之间可能存在潜在冲突。厂商需要审慎地考虑在商业利益与避免损害消费者利益之间寻求适度平衡。

此外，厂商在可能面临种族、性别、年龄歧视问题时，更需要在自身利益、消费者、立法与监管、社会意识之间小心谨慎地寻找平衡。

二、道德营销

道德营销，就是通过合乎伦理的方式，提供能够增加社会福利、社会效益的产品和服务，实现企业自身的生存和发展。道德营销强调企业的道德形象，以此提升企业竞争力。与一般营销不同，道德营销强调服务社会，突出企业的社会责任。

（一）道德营销形式

经常被提到的道德营销手段包括公益营销、绿色营销、社会营销等。

1. 公益营销

公益营销也被称为善因营销或事业营销，其显著特点就是通过开展公益活动而进行营销。公益营销改变了营销仅重视企业商业利益的传统观念，通过与公益机构合作等方式，以慈善和公益活动为纽带，将公司的产品或服务与公益事业联系起来，建立良好的企业品牌形象和商誉，从而提高产品或服务的附加值、增强雇员的组织归属感等。正因如此，公益营销经常被视为竞争战略的有效手段。

公益营销的本质就是企业在利他的过程中实现利他与利己、商业利益与公共利益的统一和结合。企业在社会公益、树立良好道德形象的同时，还建立了与消费者的良好互动并在未来可能从中获取更大的商业利益。公益营销可以通过将部分营销收入捐赠公益团体、与公益团体合作或者取得公益团体的特许或授权等方式进行。将营销收入与慈善捐赠绑定，是很多企业采用的公益营销手段。

公益营销的成功，有赖于企业对利益相关者需求的精准把握。农夫山泉"现在，你每喝一瓶农夫山泉就为孩子们的渴望捐出了一分钱"的广告，就成功打动了无数人的心灵。

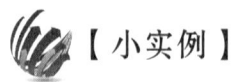【小实例】

公安部刑事侦查局打拐办开发的平台

公安部儿童失踪信息紧急发布平台（"团圆系统"）是为建立儿童失踪信息发布的权威渠道，发动群众搜集拐卖犯罪线索，公安部刑事侦查局打拐办在阿里巴巴集团的技术支持下开发的平台，以失踪地为中心，通过 25 个移动应用和新媒体向一定范围内的群众推送失踪儿童信息，用于全国各地一线打拐公安民警即时上报各地儿童失踪信息。

该平台于 2016 年 5 月 15 日正式上线。截至 2021 年 3 月，"团圆系统"共发布了 4 722 条儿童失踪信息，找回率达到 98.1%。

资料来源：公安部启动儿童失踪信息紧急发布平台，信息精准推送相关人群(编)[EB/OL]. (2016-05-15)[2024-12-07].https://www.thepaper.cn/newsDetail_ forward_1469529.

公益营销既然以"公益"为标签，重要的是在整个营销链条上必须保证在道德上没有瑕疵和污点。从某种程度上看，公益营销是一把双刃剑，如果不能真实地实现"公益"目标而仅仅把公益作为一种招牌，则很容易产生负面效果。

2. 绿色营销

绿色营销也是一种经常使用的道德营销手段，企业以"生态环保""绿色低碳"为号召，通过满足消费者的绿色消费需求实现企业的商业目标。绿色营销的关键是将消费者利益、企业的商业利益和生态环境保护三者结合起来。绿色营销可能贯穿于设计、生产、营销各个环节，也可能仅体现在生态环保等营销口号中。真正的绿色营销应通过节约资源、减少环境污染、维护社会利益而实现。绿色营销的成功案例很多。一些企业通过与环保组织合作，建立企业绿色、环保的品牌形象，同时也达到通过绿色文化活动培育消费者绿色意识的目的。

2020 年 9 月 22 日，习近平主席在第七十五届联合国大会一般性辩论上发表重要讲话指出：应对气候变化《巴黎协定》代表了全球绿色低碳转型的大方向，是保护地球家园需要采取的最低限度行动，各国必须迈出决定性步伐。中国将提高国家自主贡献力度，采取更加有力的政策和措施，二氧化碳排放力争于 2030 年前达到峰值，努力争取 2060 年前实现碳中和。

低层次的绿色营销，重在推广绿色产品和服务的用户价值，从而增加企业的商业价值；较高层次的绿色营销将用户价值和社会价值结合起来，激发用户的绿色意识，与用户共同合作、参与建设绿色社会的活动，从而在用户的绿色体验中收获社会价值和企业的商业价值。

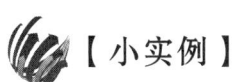【小实例】

支付宝"网上植树"

上网种树，也能获得由全国绿化委员会办公室和中国绿化基金会发放的"全民义务植树尽责证书"。2016 年 8 月，支付宝推出了一项旨在带动公众低碳减排的公益项目——蚂蚁森林。

"义务植树"利国利民，曾经根植于一代人记忆中，但受到诸多现实条件限制，一些年轻人难以充分参与。自从蚂蚁森林上线以来，用支付宝来"种树"获取"植树证书"变得简单易行。无论是每天坚持绿色出行多走路，还是平时消费用支付宝支付，或者是通过线上购买火车票等，人们都可以为自己积攒能量。待这一能量达到了一定数值，就可申请领取一棵树，由支付宝在某个地方种下一棵货真价实的树。借助互联网平台提供的渠道，"网上种树"变成了一种时尚，还能得到国家颁发的证书，因此很多年轻人都积极参与。

在这一过程中，企业通过网友的消费行动、增强黏度等可以获得相关收益；国家的植树绿化事业，也可以获得有力支持；消费者则在满足自身消费需求和绿化梦想的同时，履行了自己应该承担的责任和义务，精神上有很强的满足感；植树所在地的群众则因为参与栽树，获得了就业机会和劳动收入。可以说，这是一种多赢之举。

资料来源："网上植树"让公益变简单[EB/OL].(2019-01-14) [2024-12-07]. https://baijiahao. baidu.com/s?id=1622613549087167159&wfr=spider&for=pc.

支付宝客户"网上植树"，再由支付宝安排人员在某个地方种下一棵货真价实的树，大大激发了网民植树的积极性。如此一来，环境变好了，支付宝的用户也日益增多了。

3. 社会营销

科特勒早在 20 世纪 70 年代就提出了社会营销的概念，认为企业可以通过有计划的活动来影响社会观念的改变。社会营销真正兴起于 20 世纪 90 年代，重点在于通过相应的营销手段和技术影响特定受众的行为，使他们自愿接受、拒绝、改变或放弃某些行为，从而提升个人、集体和社会的利益。

社会营销是消费者利益、公共利益、公司商业利益的平衡，经常用于环境保护、疾病防治、不良行为导正、提高健康水平等社会项目中。一些国际组织如联合国、世界银行、亚洲银行等的社会项目，也已承认和接受了社会营销这一概念。

社会营销干预或改变特定社会行为的 3 个要素：利益、规则和关系干预。在 3 个要素中，最重要的是关系干预。通过改变与受众的关系，引导受众行为的改变，是最有长久影响力的一种方式。利益与规则，则是通过让参与者从中受益并诱使其改变行为规则，从而达到社会营销的目的。新西兰环保组织曾拍摄了"环保总动员"的宣传片，该片真实记录了环保组织通过帮助一般市民改变生活方式以降低能源和资源消费的故事。在这些故事中，环保组织通过提供现金奖励，鼓励市民适应新的生活规则，减少其生态足迹。企业参与社会营销活动，经常需要与非营利机构合作，重点是理念的营销，将企业自身的理念与社会理念有机融合在一起，从而起到较好的作用。

（二）道德营销不仅是手段

"道德营销"本身并不能证明企业的营销活动是合乎伦理的。如果企业仅仅将道德营销作为实现企业商业利益的手段，那么，在"道德营销"的名义下，也可能出现不合乎伦理要求的决策。

美国多起知名企业因卷入假公益营销事件受到质疑，证明"道德营销"本身并不一定能给企业带来期望的效应，不道德的所谓"道德营销"最终反而会伤害营销者自身。从这个意义上说，道德营销既是一种手段，但又绝不仅仅是手段。

道德营销与单纯的企业慈善捐赠不同。慈善捐赠被定义为善因捐赠，企业除了建立慈善道德形象外，并不从中获取利益。道德营销则将企业、社会目标结合起来，在营销活动中实现社会目标，在服务社会中实现企业商业目标。但在传统中国文化中，公益、慈善与企业商业利益的平衡是一个非常敏感的话题。

企业期望以道德营销获取战略性利益时，尤其应考虑企业道德形象的一贯性、道德营销的真实性、企业商业利益的可接受性问题，特别是在面对不同社会文化背景时，更应审慎决策。

三、消费主义与道德消费

消费主义，更多的是一种炫耀性消费。第二次世界大战后，世界经济高速发展，社会财富大量增加，任意占有和消费财富成为一种社会地位的象征。消费主义认为人们可以无限制地占有和耗费物质财富，以满足个人需求的最大化。

消费主义首先在欧美尤其是美国盛行起来，其后果是使炫耀性消费取代了西方传统的新教伦理，经济冲动取代了宗教冲动。厂商通过广告宣传，达到刺激消费、诱导消费的目的，广告在不断激励需求的同时，也制造着炫耀性消费的空间，诱使人们按照广告来制定自己的消费需求。

炫耀性消费显然不是一种理性的消费，消费者在决定其购买决策时，不是考虑费用和收益，而是为了炫耀其社会、经济地位。例如，汽车在很多国家仅仅是代步工具，但在另外一些国家则象征着身份和地位。

（一）炫耀性消费与厂商营销

炫耀性消费是消费主义流行的重要特点，厂商的不良营销手段在一定程度上促进了炫耀性消费的产生和扩张。对厂商道德决策的讨论经常集中在消费价值观的营造方面。一些厂商试图通过迎合、诱导消费者的不良消费倾向而获取利润。个别厂商甚至瞄准人性的弱点，创造不良消费的空间和可能性。

按照对消费者个体是否有利、对他人及社会是否有利两个标准，可以将消费者的需求分为4类：对个体和社会及他人有利，对个体不利对社会及他人有利（或无害），对个体有利对社会及他人无利（或有害），对个体、社会及他人均无利（或有害）。

对上述 4 类消费需求，是否应该满足每一种可能的需求，即使这种需求对消费者或者对社会和他人是害的？按照道德的标准，答案显然是否定的。但理论是一回事，实践又是另一回事。

一些厂商通过宣扬炫耀性的消费广告，来促使消费者进行此类消费。例如，在一些炫耀性消费品的广告中，香车美女几乎成为经典桥段，似乎在竭力营造"如果你没有这些，你就不入流"的消费观。消费者尤其是年轻消费者，似乎很难抵御这种诱惑。

奢侈品本身没有道德问题，但奢侈品所诱发的炫耀性消费心理，值得关注。在消费主义盛行的时代，厂商的自律责任值得关注和提倡。

（二）动物福利保护及争议

动物福利保护问题是道德消费的议题之一。道德消费就是购买符合人们道德期待的商品和服务（即不伤害或剥削人类、动物及自然环境的商品），拒绝那些不道德的商品和服务。姚明所代言的公益广告"没有买卖就没有杀戮"就是一则宣扬保护动物的道德消费广告。

在有关道德消费的争论中，满足人类需求与动物福利保护之间的优先顺位则是争议的焦点之一。动物福利保护组织 Farm watch 对新西兰的 30 家农场进行了秘密调查，在互联网上再次引起了争议。

随着人类消费文明观的不断变化，越来越多的消费者在满足自身需求的同时，开始关注动物福利保护。企业作为消费产品的生产者和提供者，如果不能有效应对消费者认知的这种转变，就有可能成为消费者批评和扬弃的对象。很多时候，正是消费者和企业之间的相互作用改变了所在社会的整体消费道德观。

（三）道德消费的兴起

道德消费观的兴起，与人们的同情心密切相关。亚当·斯密认为，同情心自然而然地产生道德。"无论人们认为某人会怎样自私，这个人的天赋中总是明显存在这样一些本性，使他关心他人的命运。这种本性就是怜悯或同情，就是当我们看到或设身处地地联想到他人不幸遭遇时所产生的感情。这种感情同人性中所有其他原始感情一样，绝不只是品行高尚的人才具备。"

道德消费的兴起，也正是基于这种普遍同情心之上的。人们对自己所消费产品生产、制造过程中发生的一些悲惨事实普遍反感，促使消费者对产品和服务提出了更高的道德要求。但正如罗宾逊所说，同情心并不能涵盖所有领域。当人们自身利益与同情心存在矛盾时，这种利他的情感就不那么可靠。这时，社会的幸福就有赖于美德。道德消费也正是建立在这一基础之上的。

当消费者愿意为"道德"买单时，消费者的道德选择就形成了对企业的压力。

除了消费者努力外，劳工协会、环境保护组织、动物福利保护组织的努力，也是道德消费的重要社会基础。厂商的责任之一是对这些组织的呼吁做出正面的回应。

道德消费不仅体现在动物福利保护方面。人们在购买产品和服务时，已经不再仅仅关注产品质量和价格问题，也开始更加关注这些产品和服务生产过程中是否存在违反道德守则的情况。

在推动道德消费方面，一些国家已经开始尝试为消费者编制购物指南，对那些符合社会期待的产品和服务，使用某些特殊标签加以推荐，鼓励消费者积极购买和消费。这些标签包括公平交易、有机食品、资源回收、动物保护、绿色制造等。对那些存在不道德行为的公司产品或服务，则将其列入拒绝购买名单中。

第四节　企业市场营销中商业伦理的主要表现

一、市场营销的概念和主要内容

研究市场营销的主要内容，首先需要理解什么是市场营销。

（一）市场营销的概念

市场营销包含的活动和观念很广泛，不同人给出的定义也不尽相同。其中，欧洲关系营销学派的代表人物格罗鲁斯和营销管理学派的代表人物菲利普·科特勒于20世纪90年代后对市场营销所下的定义被世界各国市场营销学界广泛引用，成为两个学术流派的权威定义。

（1）营销是在一种利益之下，通过相互交换和承诺，建立、维持、巩固与消费者及其他参与者的关系，实现各方的目的。（格隆罗斯，1990）

（2）从管理的角度界定，营销管理作为艺术和科学的结合，它需要选择目标市场，通过创造、传递和传播优质的顾客价值，获得、保持和发展顾客。从社会的角度界定，营销是个人和集体通过创造，提供出售，并同别人自由交换产品和价值，以获得其所需所欲之物的社会活动过程。（菲利普·科特勒，2006）

因此，现代营销是以实现企业和利益相关者等各方的利益为目的，对顾客价值进行识别、创造、传递、传播和监督，并将客户关系的维系和管理融入各项工作之中的社会管理过程。

（二）市场营销的主要内容

传统市场营销策略包括以下几个方面的内容：

（1）产品（production）。产品包含产品定位、产品设计、产品组合、产品建设等。好的产品等于营销成功了一半，产品作为营销之本，无产品不营销，就是对产品重要性的真实写照。做什么样的产品要与能做成什么样相结合，产品定位做到融于市场又领先于市场，产品设计做到超前与落地相结合，产品建设则保证实际建成与产品定位、产品设计零偏差，那么产品这块就基本成功了。

（2）定价（price）。定价是市场营销学中最重要的组成部分之一，主要研究商品和服务的价格制定及变更策略，以获得最佳的营销效果和收益。

（3）分销渠道（place）。分销渠道是商品从生产者向消费者流动所经过的通道，其长短、宽窄，及企业对渠道成员的管理策略都会对分销渠道各方的利益产生影响。

（4）促销（promotion）。促销实质上是一种沟通活动，即营销者（信息提供者或发送者）发出作为刺激物的各种信息，把信息传递到一个或更多的目标对象（信息接收者，如听众、观众、读者、消费者或用户等），以影响其态度和行为。

随着市场对企业提供服务的要求越来越高，服务营销理论也迅速发展并完善。服务营销是一种通过关注顾客，进而提供服务，最终实现有利的交换的营销手段，作为服务营销的重要环节，"顾客关注"工作质量的高低，将决定后续环节的成功与否，影响服务整体方案的效果。服务营销策略在传统 4P 策略的基础上增加了服务人员、服务过程、有形展示 3 个部分。

二、市场营销中伦理问题的潜在危害

企业营销行为中的种种非伦理行为，会造成整体市场运行的失序，阻碍市场经济的正常发展，企业自身、消费者乃至全社会都深受其害，主要表现在以下几个方面：

从企业自身角度而言，一方面，由于假冒伪劣现象严重，一些企业不得不花巨资购买或开发防伪技术，甚至自己花钱打假。这无疑加重了企业的额外负担，使企业的营销成本加大，使企业的收益受损。另一方面，不道德的营销，损坏了企业信誉，损害了企业形象，这无疑会使企业失去顾客的信赖，失去对优秀人才的吸引力，企业也因此无法获得长期发展。

从消费者的角度而言，企业提供假冒产品、危险产品，在价格、广告、促销等诸多方面的不诚实、不道德行为，都直接或间接地侵害了消费者的利益，如产品的过度包装容易误导消费者购买，产品设计的缺陷威胁着消费者的生命财产安全等，这些都会给消费者带来一定的损失。现实生活中，因为这些不道德行为，消费者不但遭受精神的、经济的损失，甚至还可能付出健康和生命的代价。

从社会的角度而言，用贿赂的方式推销商品，在广告或宣传中诋毁、贬低竞争对手的商业信誉或产品声誉，用低于成本的价格进行倾销等，这些都无不有损市场竞争秩序，严重影响其他企业的正常生产经营活动。此外，由于市场竞争的加剧，有些企业在追求自身经济利益的同时，不惜牺牲公众利益，污染环境、浪费资源，对整个生态的永久伤害更是无法挽回。

三、市场营销中面临的伦理困境

（一）产品中的伦理困境

1. 产品设计中的伦理问题

产品设计过程中，常见的伦理问题主要有以下几个方面：

（1）产品设计中的安全问题。

有缺陷的产品设计是导致很多灾难性悲剧的主要原因，如玩具上有锋利的边缘，可能导致割伤事故；玩具上有开放的管道或空间，可能卡住儿童身体的一部分等。福特公司的 Pinto 车案例和挑战者号航天飞机失事是因为产品设计存在问题而造成悲剧的两个典型事例。Pinto 车是福特公司 20 世纪 70 年代初推出的一款车型，其油箱位置的设计不合理导致其在追尾碰撞中极易起火爆炸。1986 年美国挑战者号航天飞机失事，是由于发射时气温过低引起一个 0 形密封环损坏。生产厂商认为 0 形密封环垫圈只是一个小物件，不会对航天飞机有多大影响。

（2）产品设计中的环境保护问题。

为了满足消费者多样化的需求，现代产品的设计新颖多变。然而，有些设计是以浪费资源和能源、加剧环境污染和生态破坏为代价的。典型的例子就是 20 世纪后期愈演愈烈的"一次性消费"，这种不计后果的设计之风，不仅破坏了现代人的生存环境，也完全没有考虑到子孙后代的资源需要。还有些产品虽然方便且改善了人们的生活，但其使用却给社会带来了不可忽视的副作用，如喷雾剂与氟利昂制冷剂对大气臭氧层的破坏，不可降解的塑料包装造成长期的土地污染问题，一些化学物质如清洁剂会污染空气、河流和地下水等。

（3）产品设计中的人性关怀问题。

在保证安全及环境友好的前提下，产品的设计还应更进一步，要充分考虑消费者的审美特征和使用习惯，使最终产品不仅富有美感，而且使用时也操作简便、容易上手。如获得 KOKUYO 设计奖的"Double Faces"，是一款灵巧的尺子。这款具有适应性和通用性的尺子，根据汉语数字中偶数字字形左右对称的特点，将其使用在透明材质尺子的刻度上，使尺子无论哪个面向上放置，看到的字都是正的，只是排列顺序相反。在正面适合从左向右使用的同时，背面适合从右向左使用，通过简洁的设计使左右手人群的使用需求都得到满足，充分体现出设计者对人性化设计的理解。

2. 产品包装中的伦理问题

产品包装中的伦理问题主要体现在以下几个方面：

（1）过度包装。

过度包装是指产品包装超过其所需的程度，形容包装的耗材过多、分量过重、体积过大、成本过高、装潢过于华丽、说辞过于溢美等。对商品进行过度包装的现

象日趋严重，不少包装已经背离了其应有的功能，形成了不必要的包装保护及商品美化，其主要表现为过于美化、层次过多、耗用材料过多、分量过重、体积过大、成本过高、不利于回收利用等，大大超过了保护和美化商品的需要，给消费者一种名不副实的感觉。例如一盒标价 2 000 元的茶叶，金属盒上镶嵌着彩色石头，里面是瓷盒，衬着绸缎，而茶叶只有 300 克，带上包装却是数千克。据统计，我国每年仅包装废弃物就要消耗 2 800 亿元。过度包装不仅浪费资源能源、污染环境，还会加重消费者的购买负担。

（2）欺骗性包装。

欺骗性包装是指产品只有精美的包装外表，而其内在质量却很低劣。这种"金玉其外，败絮其中"的包装手段严重误导了消费者，损害了消费者的正当权益，而且企业自身也不可能获得长远的发展，换句话说，企业这是"搬起石头砸自己的脚"。回顾毒奶粉事件，多年的品牌经营和企业形象因为产品质量问题而溃不成军，广告投入和产品包装反而成为企业的累赘和消费者的指责点。在市场竞争中，产品本身是第一位的，包装只是一种辅助手段。优质的产品加上适度的包装，才能赢得消费者的青睐。

（3）包装信息失真。

包装信息失真是指包装上的产品信息和产品实际不符，如 2005 年 5 月 25 日，浙江省工商局在一次例行检查中发现，某品牌奶粉每 100 克中，碘含量达 191～198 微克，严重超过了国家标准的 30～150 微克含量，但该奶粉的包装袋上却清楚地注明碘含量符合国家标准。现在，超市、商场中众多产品的包装上都著有"绿色产品"字样，但事实上一些超市出售的"绿色蔬菜"通常只是在清洗后加上保鲜膜，在外包装上贴上绿色食品标志，就冠以"绿色蔬菜"的名称。

（4）包装模仿。

包装模仿是指一些不法企业通过对知名产品包装的模仿，大肆生产"山寨产品"，误导消费者购买。比如有商家曾推出"娃啥啥"产品来仿冒"娃哈哈"产品，而且其包装几乎和"娃哈哈"一模一样，使消费者将该产品误当作真的娃哈哈产品来购买，严重损害了消费者的权益。

3. 产品质量安全中的伦理问题

下面主要分析产品质量问题中最具代表性的假冒伪劣产品和产品安全问题两个方面。

（1）假冒伪劣。

产品质量问题中最为突出的便是假冒伪劣产品。市场上产品以次充好的现象时有发生。例如，在一次抽样调查中发现，不少企业销售的金银珠宝饰品存在以次充好、以假乱真的现象。如潮州市湘桥区某珠宝金行销售的 750 白镶玉戒指的含金量只有 580‰，比标准值低了 170‰，是典型的虚标含金量；揭阳市某珠宝金行销售的 18K 铂金镶玉吊坠铂金含量为零等。

（2）产品安全。

产品安全是指确保产品在使用、操作、维护和报废过程中不会对消费者、操作者、环境或财产造成伤害或损害的措施或过程。因为其危害性，所以一直是人们关注的话题。例如：2023 年 11 月 17 日，美国卫生部门官员说，已在 15 个州发现至少 43 人感染沙门氏菌，其中 17 人住院，多个品牌的完整甜瓜、现场切块和预制切块甜瓜可能与这些感染病例有关；美国《纽约时报》2024 年 2 月 27 日报道，美国 44 个州的儿童都在食用铅含量极高的肉桂味苹果泥；美国疾控中心数据显示，该国每年有 4 800 万人罹患食源性疾病（因人食用被污染的食物而引起的疾病），每周疾控中心要调查多达 36 起食物中毒事件。

（二）定价中的伦理问题

定价中的伦理问题主要有以下几种形式：

1. 暴利价格

暴利价格是指企业产品的定价远远超过了产品生产所需要的成本，从而产生了过高的利润。有些产品的高利润是高风险引起的，如一些高科技产品研发阶段时间长、投入高，而且成功率低，这类产品的售价远远高于产品本身的生产成本是可以接受的。但是，有些企业利用自己的垄断优势来制定暴利的价格，或是利用消费者信息的不对称来制定暴利的价格，尤其是商业、饮食业、娱乐业。这是因为生产型公司产品的高价不易被接受，而服务业的"服务"产品价格难以准确衡量，一些商家通过宣传自己的服务有特色从而定高价，加之法律、法规不完善，使部分公司有机可乘。

2. 价格欺诈与误导性定价

价格欺诈是指经营者以不正当的价格手段欺骗购买者并使其经济利益受损的行为。误导性定价行为是指经营者在经营活动中，使用容易使公众对商品的价格产生误解的所有表示或者说法。对于价格欺诈和误导性定价的区别现在还没有一个非常严格的标准，实际上在大多数情况下，两者的区别并不非常明显。常见的价格欺诈或误导性定价行为有 3 种：虚高定价、价格比较、生产商的建议零售价。

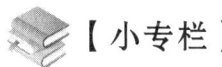【小专栏】

常见的 3 种价格欺诈或误导性定价形式

1. 虚高定价

虚高价格就是所定的价格严重高于商品本身的价值。对这种定价策略的争议主要集中于消费者会错误地以虚高的原价作为参照并做出决定。销售商惯用的做法是

开始时将产品定一个很高的价格，这个价格只维持很短的时间，然后销售商在其后的大部分时间内进行打折销售。不知情的消费者在将现售价和所谓的"原价"比较后，认为获得了优惠从而购买该产品。

2. 价格比较

价格比较是指零售商在销售商品时将其商品价格和其竞争者的价格进行比较，这种行为在市场竞争非常激烈且品牌化的产品中较常见。这种竞争行为主要影响的是零售商与其竞争对手之间的竞争关系，一般认为，如果零售商所标示的比较价格是准确的，这种价格比较是可以接受的，如果提供虚假信息则是不道德的。

3. 生产商的建议零售价

对于生产商的建议零售价，企业认为："我们在商品外包装上标明建议零售价是想约束商家擅自抬高或压低价格，避免消费者利益受到损害，也避免损害我们产品的品牌形象。"而超市的经理却认为："一般来说，我们在竞标有建议零售价的商品时，通常会优先选择建议零售价高的商品，这样就会有更大的利润空间，因而厂家便将建议零售价逐渐抬高来刺激商家。"一般认为，因竞争的压力而将建议价格远远定于正常价值之上，这时企业的行为就是有误导性的。

资料来源：周祖城. 企业伦理学[M]. 北京：清华大学出版社，2005:127.

3. 歧视性定价

歧视性定价又称差别性定价，是指对于同一种产品或服务向不同的消费者索取不同的价格。如 2014 年 2 月 11 日新华网财经频道报道，某数字公司因对华为、中兴等国内通信设备制造商专利许可时设定的费率较其对苹果、三星、诺基亚等公司的费率高出数倍乃至数十倍，并采用针对国内企业提起 337 调查等手段迫使国内企业接受其报价，涉嫌构成歧视性定价和垄断高价。国家发改委已对其展开了反垄断调查。

4. 串谋性定价

串谋性定价是指生产者和经营者之间互相串通，订立价格协议或达成默契价格，以共同占领市场，获得高额利润。还有一种备受争议的价格行为就是价格联盟。典型的例子是国内一些彩电企业结盟深圳，以同行议价形式共同提高彩电零售价格，并迫使彩管供应商降价。表面上它们的行为抑制了彩电业的过度竞争，然而实质却是维护联盟成员的小集团利益并扭曲了市场机制。

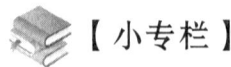【小专栏】

常见的 3 种串谋定价形式

1. 协议定价
通过类似合同的协议来固定价格，其反竞争性是非常容易判断的。但是，如果竞争者之间通过价格信号传递信息但又没有明确的协议存在，这种情况就是隐含的价格串谋。在这种情况下，就需要判断竞争者合谋定价的动机，而不能仅仅依赖是否存在统一的价格这个结果来进行判断。同样的情形也适用于竞争对手之间互相交换价格信息，尽管可能并没有更明确的串通定价的信息，但是实际存在协议定价的情况。

2. 价格领导

在价格领导中，小企业通常采用行业中领导者制定的价格。关键的问题是，跟随行业领导者制定价格的动机是什么。一般情况下，小企业的这种行为被认为是公平的，因为小企业需要和大企业进行竞争，价格上不能相差太大，价格过高就没有竞争力。同时行业的领导者一般都有成本优势，所以小企业所定的价格也不可能低于大企业的价格太多。

3. 转售价格维持

转售价格维持是指制造商规定了零售商和批发商销售商品时的最高或最低价格，也有可能同时规定一个最高价和一个最低价。在营销中搭便车的问题是存在的，因为低价的经销商可能提供很少的服务，但是，消费者能够从本地区其他经销商那里获得好处。比如说，某些经销商的购物环境比较差，也很少提供售前的咨询等服务。消费者可能会从另外一个高端的经销商那里了解产品信息，进行咨询，但是却到低端经销商那里去购买。

资料来源：张学斌，赵冬花.企业伦理学[M].哈尔滨：哈尔滨地图出版社，2006:155-156.

5. 掠夺性定价

掠夺性定价是指企业为将对手挤出本市场或吓退意欲进入本市场的潜在竞争者，以降价甚至低于成本的价格销售，待对手退出市场后再提价的一种价格策略。如2005年，液态奶生产企业爆发了激烈的价格大战，一时间牛奶价格降得很低，行业平均利润大为下降，部分中小企业出现生存困难的情况。又如由于重复建设和缺乏创新能力，家电企业大打价格战。这些行为不仅妨碍了公平竞争，也让消费者在获得短期利益的同时，产生了心理困惑。

（三）促销中的伦理问题

企业的促销组合主要有4种工具：人员推销、广告、营业推广、公共关系，本节主要探讨人员推销、广告促销及营业推广中容易出现的一些伦理问题。

1. 人员推销中的伦理问题

企业的推销人员需要同时面向所属公司与顾客，这种在组织内外的独特地位所呈现的一些特性往往使推销人员陷入伦理困境。比较常见的伦理问题有如下几个方面：

 【小专栏】

推销人员在组织内外的独特地位

推销人员的两难地位；一方面，他们是组织提供的产品或服务的拥护者；另一方面，他们要竭尽全力让组织的产品或服务迎合顾客的需求。尽管组织和顾客都希望推销人员在某种程度上具有忠诚度，但组织和顾客可能对推销人员有不同的期望。正是这些不同的期望经常使推销人员陷入伦理的两难境地。

推销人员的独立性。推销人员的工作或行为在组织内相对于其他雇员更独立。由于推销人员在组织外工作，组织对他们的直接监管比其他雇员要少得多。另外，他们时常不能得到足够的沟通和及时的有关组织市场推广计划的消息。这种独立性有利有弊，但从伦理角度分析，一个明显的不利因素是推销工作的独立特性经常使推销人员陷入伦理的疑惑境地。

推销人员工作的高压力性。众多推销人员常常被要求在某段时间内销售多少数量的产品或取得多少销售额。他们除了自己和顾客，没有可以转移压力的地方。这种压力迫使推销人员采取不当的推销方法，如我们常遇到的"恶劣销售"或"高压销售"。

推销人员的独特角色。有人认为推销本质上就具有不道德性。他们认为，组织要求推销人员去推广他们被要求推广的产品或服务，而不是他们真正认为是值得推广的产品或服务。换句话说，所有推销人员推广的产品或服务不一定达到他们所承诺的那种水平。

资料来源：王方华，周祖城.营销伦理[M].上海：上海交通大学出版社，2005:194-195.

（1）故意误导。

在推销活动中，一些推销人员迫于完成任务的压力或受到高额提成的诱惑，常常利用消费者的知识漏洞，对产品做出不正确的陈述或虚假的承诺。如一个净水器公司的推销人员在居民小区进行产品演示，将净水器自带的"测试笔"放入自来水中，显示水质很差，而经过他们的净水器净化后，水质为良好，使居民们误认为自来水不能饮用。而实际上，自来水中含有的钙、镁、铁等离子属于电解质，当把电解仪阳极的铁棒放入自来水中时，铁被电解后形成了氢氧化铁（灰色）、二价铁离子（绿色）、三氧化二铁（红褐色）、四氧化三铁（黑色），而净化后的水因不含导电的铁、钙、镁等离子，"水质"自然就提高了。

（2）高压推销。

许多推销人员都具备"愈挫愈勇"的精神。在实际推销中，这些推销人员"永不言败"，对消费者纠缠不放，即使消费者已经明确表示不需要他们的产品，他们还是会频繁出现在消费者的周围，竭尽全力迫使消费者购买产品。这是一种典型的高压推销方式。高压产品的另一种表现是，当消费者购买时面临不确定性而犹豫时（如这种产品能否满足自己的需要，其他企业的产品是否更好等），推销人员一般会通过一些"花招"来"帮助"消费者做决定。如通过"限时销售"或"限量销售"使消费者产生紧迫感，使他们感觉如果错过将会失去一个好机会；为了清仓，实行产品大幅度打折或加送赠品等方式，使消费者感到该产品物超所值而大量购买他们也许本来就用不上的东西等。

（3）消费者差别对待。

消费者差别对待包括两层意思：一种情况指一些推销人员对不同的消费者在服务态度或提供方便性上有差异，如推销人员有时给某些顾客比其他顾客提供更殷勤的服务，为他们提供更快捷的送货和更低的折扣，告知他们销售组织内的变化等，而其他顾客可能没有这些优待；另一种情况指一些推销人员对同一消费者在其购买前后的态度上有差异，如在消费者购买前"鞍前马后""面带微笑"，而在消费者购买后则"爱答不理""冷若冰霜"。在现代商业中，推销人员的后一种行为已经较为少见，常见的是前一种行为。例如，一些商业银行在对大客户和平民客户的服务态度和提供方便上截然不同，对待大客户可谓殷勤备至，而对待平民客户却爱答不理。

（4）送礼和款待。

围绕送礼行为的伦理问题是：在怎样一个临界点上，送礼行为会变成行贿？所送礼物的价值量通常被作为区分送礼行为和行贿行为的标准。但这种标准并不准确。举例来说，许多人会说，诸如钢笔和铅笔之类的礼物不会超越伦理的界限，但有人却会质问炙手可热的中超联赛的两张入场券，即使它们的价值可能并没有笔那么大。

款待，就像送礼一样，如果款待被用来对顾客施加额外的影响和压力，超出了产品本身的特点和好处而对顾客有吸引的话，款待行为则超出了伦理的界限。然而，由于消费者所感到的这种压力只有其自身才能感受到，所以，很难判断款待到底是推销人员对顾客施加压力还是为做成某笔生意而向顾客表示感谢。

2. 广告促销中的伦理问题

广告促销中常出现的伦理问题有如下几个方面：

（1）虚假性广告。

在广告活动中，广告信息的真实性是前提。然而，仍有一些企业违反职业道德，制作和发布虚假广告，使消费者对产品的质量、价格、性能等产生错误的认识。这些虚假违法广告的表现主要有虚构企业名称，虚构消费者使用案例，虚构权威机构验证数据，将食品当作药品对产品功效进行虚假宣传等。还有一种较为隐蔽的虚假广告，如一种药的宣传词："流行性感冒是由支原体和衣原体感染引起的。"这是典型的伪科学。

（2）误导性广告。

误导性广告提供的信息也许是真实的，但由于艺术表现形式过于夸大或言词具有强烈的煽动性而对消费者产生误导，从医疗器械、丰胸、减肥、增高产品广告到乙型肝炎、白癜风、红斑狼疮等疾病的治疗和无痛人工流产宣传等，不一而足。这些广告不仅使消费者产生精神上的不安，使消费者产生自我怀疑，而且在无形中逐渐改变了消费者的价值观，使消费者过于追求漂亮的外表，而忽视对自身修养的提高。有些广告还使用影星作为产品代言人，广告中影星以前卫的打扮和充满诱惑的肢体语言推销奢侈品，着力宣传一种时尚的生活方式。这在很大程度上是在误导消费者的审美观和价值观，将消费者引至崇尚消费主义和享乐至上，倡导盲目的高消费。

（3）媚俗性广告。

在信息泛滥的今天，消费者的注意力已经成为稀缺资源，为了吸引消费者的眼球，"姿本主义"盛行，即滥用女性形象进行产品宣传。广告活动中，适度的女性形象可以提升消费者的审美情趣，有利于产品的"广而告之"。但过度将女性附于某一产品，将女性形象进行"物化"，则不仅易使消费者产生"审美疲劳"，而且是对女性群体尊严的侵犯。不仅如此，一些广告还利用女性宽衣解带、敞胸露背、做出不雅姿势的画面来刺激受众的感官。这些广告格调低下，不但是对女性尊严的公开侵犯，而且对社会风气造成了严重的不良影响。

（4）比较性广告。

比较广告，又称对比广告、竞争广告。一般来说，较少有企业"指名道姓"地与竞争者做比较，多数是通过暗示的方法宣传本企业或本产品的优越性。如某公司投放的一则楼宇广告就曾引起激烈争论，广告内容是这样的：售货员卖出一支冰激凌，中间被一位肥胖的中年人拿走了，舔了一口后才递给消费者。很多人指出，广告里的中年人显然是指企业的分销商，该公司是在告诉消费者："电脑在到你们手上之前，被分销商占了便宜。"

（5）广告的暴力传播。

广告的暴力传播是指广告的无孔不入和高频率"轰炸"。现代广告高度发展，已基本涵盖了人们生活的方方面面，从商场和超市中悬挂的电视广告、手机广告、城市"牛皮癣"广告、电影中的隐性广告到自然风景区的悬幅广告、网络广告等，就更不用提传统媒体如电视、广播、报纸杂志上的广告了。如果保持在合理的范围内，这些广告对大众的影响也不会太大。但现在广告已有突破时空限制的发展趋势，极为膨胀，几乎成泛滥之势，可以说凡是有人出现的地方就有各类广告。这些过度的广告不仅影响大众生活的安宁、城市环境的美观，并且干扰了正常的社会经济秩序。

3. 营业推广中的伦理问题

打折是企业在营业推广活动中的常见手段之一，它可以使消费者得到实惠，加快企业资金流动，减少库存，本是一件好事。但是，现在许多企业是先将价格提升上去，然后再打折，甚至有时打了折的价格比原来的价格还要高，打折成了欺骗消费者的陷阱。打折完全成了企业吸引消费者的"小花招"。的确，对于需要购买多种商品的消费者来说，无暇也无精力去了解每一种所需产品的价格构成情况，他们不一定知道折扣的内幕和秘密，也不一定知道企业的竞争对手的产品价格更低、质量更好，更可能的是消费者无法说出企业定价有什么不合理的地方。但是企业是否有信心肯定消费者永远不会知道这一切？从长远来看，尤其是在网络化普及的时代，这些价格欺诈带来的利润是有限的，企业的发展也不会持久，而可能带来的信誉损失却是无限的，任何期望与消费者长期相处的企业该怎么做呢？这是所有不法企业要严肃思考的问题。

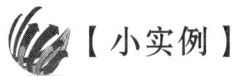【小实例】

贴着"优惠促销"标签，实际卖得更贵

2017 年年初，JLF 深圳某店推出的元宝大豆油、景田饮用纯净水等产品竟然比促销前还要贵，价格甚至是原来的 1.5 倍。WEM 深圳福星店促销"2 瓶'法国莱雅干红 8 号'仅需 88 元"，但卖的却是另外一种红酒，售货员拒绝为海报上的两瓶红酒按 88 元结账。

（四）服务中的伦理问题

当前，我国已经进入服务经济时代。企业管理者应树立起服务营销的理念，认识到服务营销对企业发展的重要性，同时，更应把营销伦理贯彻到服务营销中去。只有合乎伦理的服务营销才能最终获得消费者的信任，才能成为企业长远立足于社会的竞争优势。

1. 服务质量的伦理问题

企业为了满足顾客的需求，对服务质量的追求在不断发展，但同时也存在一些不符合伦理道德的行为。这些主要表现在以下几个方面：

（1）服务安全问题。

服务安全问题主要是指企业在服务过程中可能对顾客的生命安全造成伤害，包括物质和精神两个层面。比如，餐馆提供不卫生的食物，理发店、按摩店提供不道德且违法的色情服务等。这些行为都是缺乏道德伦理的，对消费者是有害的。企业应提供合乎伦理的服务，并保证自身提供的服务的安全性。

（2）服务收费问题。

服务收费问题主要是指服务人员向被服务者收取的费用不合理，即服务人员收取的费用与其提供的服务质量差距大，顾客没有享受到与他所支出的费用相当的服务。例如，有些理发店利用消费者不知情的情况，使用一些低劣的洗发水、护发剂

来代替本应该使用的价格相对较高的材料。

（3）服务功能问题。

功能是服务质量特性中最基本的一个要素，是企业提供的服务所应具备的作用和效能。一些缺乏伦理的服务企业经常通过提供虚假功能的服务来牟取不法收入。例如，一些美容机构宣传某项服务具有很多功能、优点，而事实上此项服务毫无作用。

（4）服务时间问题。

服务的时间要满足被服务者的需求，包括及时、准时和省时等要求。如果一项服务占用了顾客太久的时间却不见效，或者服务没有达到事先承诺的时间，那么这项服务就不具备时间性。例如，有些教育培训班，实际培训的时间往往没有事先承诺的长；也有些服务企业，事先承诺在一定时间内完成某项服务，却因种种借口不断拖延。

（5）服务文明问题。

服务文明问题主要是指提供服务的过程中满足精神需求的质量特征。顾客总是期望在服务过程中能享有一个自由、亲切、受尊重、友好、自然与谅解的气氛，但现实生活中，一些服务提供者往往欠缺文明意识，如一些医生的冷漠服务态度总是在无形中增加了伤患者和家属的心理压力。

2. 服务人员的伦理问题

服务人员的伦理问题有很多，其中最常见的有态度问题、侵犯隐私问题、角色冲突等。

（1）服务态度问题。

对服务行业而言，服务人员的态度非常重要，员工要以热情、真诚的态度对待所有的顾客，用心去服务好每一位顾客，从而营造出和谐的氛围。但我们有时会遇到这样的情形：当你穿着朴素进入商场，询问服务人员相关问题时，可能会遭遇到较差的服务态度；而当你穿着华丽，高贵地出现在服务人员面前时，对方可能会以较好的态度帮你解决问题。

（2）侵犯隐私问题。

在服务行业，特别是一些需要对顾客隐私进行保密的行业，在保护隐私方面对企业的服务人员提出了更高的要求。例如，在电信行业，如果企业将顾客家庭联系信息泄露出去，将会给家庭带来很多麻烦；而心理行业中心理医生对患者隐私问题的保密措施应更加严格，如果保密不当，侵犯了患者的隐私，将产生不可估量的后果。

（五）电子商务中的伦理问题

电子商务代表了人类文明发展的潮流，是传统经济活动转型和发展的方向。但是，与其他任何新鲜事物一样，企业在实施电子商务中也存在伦理问题，主要表现在以下几个方面：

1. 构建虚假产品广告信息

电子商务中卖家通过网络广告介绍推销产品，买家通过广告了解自己所需要的购物信息。一些卖家不能够客观、真实、准确地向买方传达自己产品的信息，有的借用暗喻、明喻、夸张等手法夸大产品功能、服务项目，甚至更改和捏造使用效果、生产工艺和日期；有的根据自己的利益割裂和肢解信息，或者根本不披露不利于自身的信息，或将不利于自身的信息放在人们容易忽略的位置，达到误导受众的目的等。

2. 出售劣质产品

在电子商务网站中不乏看到"假一罚十，欢迎专卖店验真伪"的字样，但仍有一些不良卖家打着"正品行货"的旗帜，而实际却采购劣质产品并想方设法销售给消费者。例如，一位田先生在某网站购买了一双运动鞋，穿了一个星期，鞋底多处严重开胶。网站客服人员的回复是："该鞋采用环保材料，开胶是正常情况，超过了7天，不予退换。"经过调解，网站同意退货，但坚称自己卖的是正品。

3. 未按合同履行服务承诺

电子商务中的服务承诺包括伴随产品销售的售前、售中和售后服务以及以劳务形式存在的服务。存在问题最多的是售后服务环节，即商品的所有权已经归属买家和商家已经收到客户付款后，商家的售后服务很难如电子商务合同中所承诺的那样兑现。例如，李先生冲着性价比在某商城买了一个16寸的显示器，收到后使用发现显示屏幕忽暗忽亮，便打电话给厂家，得知售后服务点偏远。于是就联系商城客服，得知可以经过商城返修，系统返修申请也说明可以送回商城处理。结果半个月过去了也没有人来处理此事，几经周折最后还是被告知需要李先生自己处理。

4. 私下出售客户信息

在电子商务中，个人数据收集、个人数据二次开发利用等很多环节都涉及隐私信息。一些电子商务商家并不顾及与买家签署的合同，会循环使用消费者、潜在客户的信息资料不断获得更多的利益。例如，一些网站以市场调研为由，当消费者一进入网站，就会自动跳出一些调研报告的对话框，从中获取消费者的个人身份信息、消费需求、购买能力等。然后根据消费者信息资料进行分析整理，建立客户信息数据库。在没有经过客户的许可下，这些客户信息很可能被私下泄露或者出售。

第五节　企业市场营销中商业伦理的规范设计

市场营销活动中，存在着诸多伦理问题，形势不容乐观，因此，采取必要的措施来预防和规避这些非伦理行为就格外重要。

一、市场营销运营中企业商业伦理问题产生的原因

企业营销伦理是在企业长期营销活动中逐渐形成的，不仅外受宏观环境制约，还内受企业本身条件的影响。分析市场营销伦理问题出现的原因可从以下几个方面入手：

（一）政策法规

我国虽已制定了一系列经济方面的法律法规，如《中华人民共和国民法典》（以下简称《民法典》）、《中华人民共和国广告法》（以下简称《广告法》）、《中华人民共和国消费者权益保护法》（以下简称《消费者权益保护法》）、《中华人民共和国反不正当竞争法》（以下简称《反不正当竞争法》）、《中华人民共和国产品质量法》（以下简称《产品质量法》）等，但与发达国家相比还存在着一定差距。主要表现为：法律中原则性条款较多，操作起来弹性较大，容易导致一些营销者钻法律的空子，从事违法营销活动等；部分市场管理部门存在分工不明，职责重叠的现象，缺乏有效的监督机制；部分执法人员政治思想及业务素质不高，执法不严，办事讲究人事关系、权钱关系，知法犯法，营私舞弊等，这些都助长了部分企业的不道德营销行为。

（二）市场因素

一方面，过于市场化导向对营销伦理具有负面影响。如在市场交换中对利益最大化的追求，市场经济中注重利益和效率的功利价值观念，市场机制中的盲目性缺点等，都强化了企业的利益主体地位，引发了一些企业唯利是图、不择手段地掠取不正当利润。另一方面，市场体系与市场机制的不完善也对营销伦理问题具有负面影响。如果市场体系与市场机制不健全，等价交换与公平竞争原则被扭曲，这种劣质的市场因素会驱使某些企业凭借其对某些产品的垄断地位，采用某些非经济手段参与市场竞争，而很少考虑社会及消费者的利益。

（三）信息不对称

在信息不对称的情况下，逆选择和道德风险会在商品市场中出现。逆选择主要表现为劣质品泛滥，在品牌、质量差异较大的市场中，如烟、酒行业，假冒名牌产品的现象屡见不鲜。道德风险则表现为卖方对买方的各种欺诈，如发布虚假广告，或在广告中使用含混不清的词语误导消费者；推销人员采取不正当手段迫

使顾客购买；还有的借"有奖销售"之名，搭售劣质、滞销产品等，严重侵害了消费者的利益。

（四）企业经营哲学

企业经营哲学是企业经营活动的指导思想，它规定企业的经营方向和经营目标，是影响营销道德的重要因素。企业经营哲学如果受利益驱动的影响，以利润最大化为导向，而不是以顾客需要为导向，很可能导致营销道德失范现象的发生。一些企业宣扬唯利是图的经营哲学，只要能赚钱，便不择手段，对企业员工观念的培养产生了不良影响。总之，健康规范的企业文化会使企业诚实、合法经营、正当求利。反之，则会把企业引向另一个极端。

在制定营销决策中，既要考虑企业的利润目标，又要考虑消费者及社会的利益，从而体现企业营销决策的道德性。

（五）个人因素

一方面，某些营销人员科学技术、知识水平不高，道德文化的认知程度较低，从而影响了自己在营销实践中的伦理判断；另一方面，营销人员要跟顾客、批发商、零售商、竞争者、广告公司、研究机构、媒体、政府部门、公众等利益相关者打交道，每一方都有自身的期望和要求，因而利益冲突在所难免。此外，与技术人员、生产人员、人力资源管理人员、财务人员等相比，营销人员面临市场竞争的压力更大、更直接，相应的，他们获得地位、晋升、加薪甚至巨额报酬的机会也更多，在这些利益诱惑面前，一些营销人员会不由自主地将某些不道德行为合理化。从而，导致许多不道德的行为发生。

二、企业市场营销运营中的基本伦理原则

（一）诚实守信原则

诚实永远是最好的武器。诚实守信要求企业向消费者真实、准确地描述、传播有关产品性能、质量、规格、品种、特点等相关信息，"真实告知"是其中的关键。

（二）公正平等原则

公平是商业活动所要遵循的基本道德原则，产品与服务中的公平主要是指交易双方在人格、权利和义务方面的公正与平等，是建立在等价交换基础上的利益均衡。

（三）不损害公共利益原则

信息披露过程中应遵循公序良俗，以不损害公共利益为底线。消费者有各种各样的需求，生产者不能以迎合甚至诱导不良习俗和消费欲望为目标发布或隐瞒各种信息。

三、市场营销运营中企业伦理问题的治理对策

从以上论述可以看出，制约企业营销伦理水准的因素很多，这些因素对营销伦理的作用不是孤立的，它们相互联系、彼此渗透而交融在一起共同起作用。要提高我国企业营销伦理水准，必须不断完善外部环境与内部条件。具体来说，可从以下几个方面入手：

（一）建立社会诚信体系，改善企业营销环境

结合国情，利用网络信息管理系统建立信用评价手段。充分利用和发挥网络新闻媒体及社会舆论的优势，加大对"失范"和"示范"案例的曝光力度，弘扬、树立诚信营销的典范，打击违规营销的企业。明确推进社会诚信体系建设的总体规划和建设目标。然而，社会诚信体系的建设需要政府、企业和个人共同努力，政府要引导企业诚信经营，加强国民诚信教育，提高国民整体素质。同时，加强管理部门的监督职能，加强管理者的道德自律与他律机制建设，完善企业外部监督和约束机制。考评一个企业要兼顾经济效益和社会效益，政府管理部门要为企业发展创造一个公平、公正、公开的良好环境。

（二）倡导企业营销伦理，构建企业核心文化

企业首先要树立"以消费者为核心"的现代营销观念，同时还要树立重视社会效益的社会营销观念。这是企业营销伦理建设的最根本措施。现代营销观念把顾客需要作为企业的营销方向放在首位，对消费者利益的重视是企业的主动要求，而不是被动行为。社会营销观念要求企业自觉考虑社会责任和义务，注重社会利益，讲究社会公德，建立、巩固以营销伦理道德规范为核心的企业文化。企业营销伦理虽属价值观领域的问题，但企业文化却是企业价值观的集中体现，因此企业营销伦理规范和企业文化的主旨是一致的。所以，企业文化是营销伦理的载体，企业营销伦理规范可以通过形式多样的企业文化活动融入企业的每个细胞。

（三）提升消费者维权意识

我国法律赋予了消费者各种权利，如知悉真实情况权、自主选择权、人身财产安全权、公平交易权、依法求偿权、获得知识权、建立消费者组织的权利、监督批评权、受尊重权等。但现阶段，这些法律法规存在着执行难的问题，其中一个很重要的原因就是消费者的维权意识薄弱。为了增强消费者的自我保护意识，一方面，新闻媒介应加大对有关消费者权益保护的宣传，政府也应该大力协助其开展各种提高消费者权益意识的活动，同时加强对各种损害消费者利益的行为的惩罚：另一方面，在加强消费者团体建设的同时，也要对现实中发生的各种纠纷给予合理的解决，从而为消费者的自我保护行为做出典范。消费者在自己的合法权益受到侵害时，要依法维护自己的权利，与侵害消费者利益的行为作斗争，既可以保护自己，也可以减少企业的不道德行为。

 【案例分析】

HN 校园营销

2015 年 8 月，HN 联手全国 10 余所高校举办了"能量校园，手机换 HN"活动；9 月，HN 玩转开学季。10 月 31 日，第三届 HN 校园品牌经理新星大赛在佛山拉开帷幕。HN 以事件营销和产品体验营销为载体，开展品牌活动，不断开创品牌校园营销的新方式。

1. 与大学生共创价值

设置 HN 校园品牌经理新星大赛。HN 以该大赛为平台，通过大学生去了解大学生，让大学生与大学生沟通。在赛程设计上，HN 让参赛者自由发挥，采用真实的销售场景，让大学生在市场上凭借自己的力量去营销产品。对于参赛的大学生而言，此次活动使他们获得锻炼和成长，还能获得入职 HN 的机会。对于 HN 公司而言，这个比赛不仅能够广泛传播 HN 的品牌价值，也能够加深 HN 对校园市场的培养，塑造大学生对 HN 品牌的忠诚。对于年轻的消费者来说，他们能获得 HN 营造出来的"专注、激情、挑战"的体验。

2. 建立 HN 品牌社群

品牌社群是以消费者对品牌的情感利益为联系纽带的一个社区。消费者因为其人生观、价值观、兴趣取向与该品牌的特点和精神相契合，让消费者从心底认同该品牌，进而让消费者组织起来对该品牌形成一种崇拜或忠诚。

HN 的品牌联想有挑战、能量、极限等。"90 后"大学生是一个勇于挑战、喜爱新鲜、拒绝平庸和疯狂青春的群体，是一个追求时尚、坚持向往、追求个性独立和品牌忠诚的群体。两者之间完美契合，容易形成一种品牌社群，因此，大学校园具有打造 HN 品牌社群的基础。

HN 通过一系列活动和比赛极大地宣传了品牌价值理念，"手机换 HN"提醒了"低头族"，"HN 开学季"给大学新生带来一份真诚的帮助，品牌经理新星大赛更是给大学生提供了一个"真刀真枪"的平台，每一次活动都会在大学校园和社会上带来大量的话题讨论。这些活动和话题帮助 HN 在大学生中成功建立了良好的口碑。HN 校园品牌经理新星大赛这样的赛事，让大赛参与者能够深度参与，使他们对 HN 品牌精神能有更好的理解和更深的认同。这些参与者不仅自然成为 HN 品牌社群的一员，而且很可能成为大学中 HN 品牌社群的关键意见领袖，成为影响其他大学生的关键力量。

3. 弘扬企业的社会责任

在现代社会，企业社会责任已经深入人心，除了一些常规的慈善活动，一旦某地发生灾难，需要帮助，很多企业都会慷慨解囊。HN 在此类企业慈善活动中从不

落后，坚持承担起社会责任。

HN的校园营销活动也彰显着红牛的社会责任意识。比如，HN的"手机换HN"活动让大学生们认识到了手机对课堂的危害。大学生们踊跃参加活动，从中学到了专注、尊重。校园品牌经理新星大赛则是一个"大学生就业指导公益项目"，为在校大学生提供一个真正的锻炼，一个真实的职场体验，一个真实的拼搏过程。这样的经历，对实践经验相对缺乏的大学生而言，弥足珍贵。

资料来源：佚名.企业品牌营销战略案例分析（有删减）[EB/OL].（2016-11-09）[2024-12-07].https://www.xuexila.com/chuangye/shichangyingxiao/1900906.html.

思考题：

HN校园营销成功的密码是什么？

【复习思考】

一、单选题

1. 现代市场营销观念要求企业应以（　　　）为中心开展营销活动。

　　A. 产品　　　　B. 市场　　　　C. 企业　　　　D. 消费者

2. 价格歧视属于市场营销中的（　　　）伦理问题。

　　A. 产品　　　　B. 促销　　　　C. 定价　　　　D. 电子商务

3. 在中秋节、春节等节日时，许多商家的商品在基本保证质量的前提下包装十分奢华，价格也十分高昂，这属于（　　　）方面的伦理问题。

　　A. 产品设计　　B. 定价　　　C. 产品包装　　D. 广告

4. 家装之后，去甲醛的业务员用自带的测量仪测试住户家里的甲醛浓度显示严重超标，结果他们改造之后，再次测试，显示室内空气良好。但住户仍能闻到刺鼻的味道，这属于人员推销中的（　　　）伦理问题。

　　A. 故意误导　　　　　　　B. 高压推销

　　C. 消费者差别对待　　　　D. 服务安全

二、多选题

1. 市场营销的主要内容包括（　　　）。

　　A. 产品　　　　B. 定价　　　　C. 促销　　　　D. 成本领先战略

2. 产品包装中大的伦理问题主要表现有（　　　）。

　　A. 过度包装　　B. 欺骗性包装　　C. 包装信息失真D. 包装模仿

3. 服务质量的伦理问题主要包括（　　　）。

　　A. 服务安全　　B. 服务收费　　C. 服务功能　　D. 服务时间

三、判断题

1. 市场营销就是销售。（　　　）

2. 生产者之间、经营者之间为了维护自己的利益互相串通，订立价格协议或达成默契价格是可以的，不涉及商业伦理问题。（　　　）

3. 营销中的伦理问题是针对企业而言的，买方不存在伦理问题。（　　　）

4. 社会营销观念注重消费者、企业、社会各方的利益。（　　　）

5. 价格定得低一些不涉及商业伦理问题。（　　　）

四、问答题

1. 消费者权利和生产者责任的平衡点在哪里？你知道还有哪些不同观点吗？请谈谈你的看法。

2. 谈谈你对产品安全和"适当关注"的认识，你认为惩罚性赔偿是否适合中国市场？

3. 仔细观察周边市场，选择 3～4 个具体案例谈谈市场特性和消费者偏好对企业伦理决策的影响。

4. 从消费者权利和生产者责任的角度，讨论消费者信息保护的道德问题。

5. 分析大数据时代消费者隐私权保护中存在哪些问题？你有何对策和建议？

6. 你是如何看待动物福利保护问题的？如何平衡人类和动物之间的福利？

7. 结合你所了解的案例，从战略角度讨论伦理决策与企业竞争力的关系。

8. 市场营销中可能存在的非伦理行为主要有哪些？

9. 市场营销的伦理问题可能产生哪些危害？

10. 产品定价过程中主要存在哪几大类非伦理行为？各自的主要行为有哪些？

11. 促销中可能出现的伦理问题有哪些？

12. 如何避免市场营销中的伦理问题？如果你是企业负责人，你会采取什么样的对策？

五、实际操作训练

实训项目：某企业在市场营销活动中的商业伦理情况调查。

实训目的：了解该企业在市场营销活动中对商业伦理的遵守和执行情况。

实训内容：确定调研对象和调研方法，拟定调研问卷，做好调研时间规划，在实施调研之后分析该企业在市场营销活动中对商业伦理的遵守和执行情况，并从政府、社会、消费者、企业的角度分别提出商业伦理问题的解决对策。

实训要求：学生以 5 人一组的方式开展调查工作；设计调研方案；各小组自行联系企业，并实施调研；撰写调查分析报告。

第六章 员工管理中的伦理问题

【本章基本知识】

知识要点	掌握程度	相关知识
员工管理活动的内容	明晰	员工管理的主要内容，员工管理中可能面临的伦理困境，员工管理中伦理问题的潜在危害
雇用关系中的伦理问题	掌握	歧视问题，员工流动问题，其他问题
工作场所中的伦理问题	熟悉	员工隐私问题，工作参与问题，工作健康问题，骚扰问题
奖惩体系中的伦理问题	熟悉	薪酬设置问题，利益冲突问题
特殊员工群体保护中的伦理问题	熟悉	未成年工/童工保护中的伦理问题，女职工保护中的伦理问题，农民工保护中的伦理问题
员工对企业应承担的伦理责任	理解	履行职责，对企业忠诚，以企业整体利益为重
员工管理活动中伦理问题产生的原因及其治理对策	掌握	雇员的法定权利，伦理问题产生的原因，治理对策

【本章关键术语】

人力资源；歧视；竞业禁止；员工隐私；同工同酬；特殊员工群体；员工对企业的伦理责任。

【导入案例】

范蠡：千金散尽还复来

范蠡，字少伯，楚国宛地三户（今河南南阳）人，是我国春秋末期的政治家、军事家、谋略家，曾辅助越王勾践灭吴后辞官到齐国经商。范蠡一生因其三次"千金散尽还复来"的事迹，被后人尊称为"商圣"，"南阳五圣"之一。

兴越灭吴成功后，范蠡敏锐地觉察到越王勾践对自己的猜忌，于是找准机会毅然离开越国，迁徙到齐国，开始以经商为业，其"商圣"之路也从此起步。范蠡首先选中了盐业作为自己商业活动的起点。范蠡对各国的情况了如指掌，他知道，地处中原及西北且不临海的秦、晋等国，食盐非常昂贵，而这些国家的土特产又是齐国所紧缺的。所以，把齐国的盐卖过去，然后再把齐国需要的货物运回来，一个来回就能赚两次钱。就这样，范蠡的食盐生意红红火火地做起来了。不到三年，范蠡商号的盐已流通到邻近诸侯国，其他附带买卖的货品更是不计其数，范蠡也因此"致产数十万"成为巨富。

就在此时，传来了齐国国君打算任命范蠡为相的消息。其他人欢天喜地，范蠡却说："居家则致千金，居官则至卿相，此布衣之极也。久受尊名，不祥。（积累家业到千金，做官到宰相，这都是普通人最得意的事了，享受这种荣誉时间长了，不是好事。）"于是他悄悄把财产分给亲戚乡邻，只带少量财物和家人、伙计们离开了齐国。

原来，范蠡早就预料到，这个盐业生意肯定有一天会做到头。因为，齐国在齐桓公时代管仲执政时，就实行政府垄断的"食盐专卖"和"盐业专营"制度，只是在范蠡到齐国时，碰巧齐国政局混乱，专卖专营一度废弛，这才给了他插手的机会。现在齐国的内乱逐渐平息，盐业专卖专营自然要恢复，从盐业生意中致富的范蠡和他的商号，因此就成了齐国统治者眼中"与国争利"的蛀虫。范蠡认为，放出要任他为相的消息，实际上是一个严重警告：从此食盐生意不许做了，赚的钱也别想放家里了。既然要离开齐国，以前经营盐业赚到的钱肯定是带不走的，留在手里又难免招来祸端。所以范蠡索性就把这些钱拿出来分给周围的父老乡邻，既能周济一下合作多年的商业伙伴，又能给自己和商号换来"乐善好施"的声誉作为"无形资产"，以利将来东山再起。

"二散千金"的事迹证明，历经数十年政坛、商海沉浮考验的范蠡，已经具备了超越同时代所有人的非凡胆识与魄力。现代企业的经营者，必须知道，对于一家企业，哪些资产才是最重要的"命根子"即"核心资产"，必要的时候，只要能确保核心资产不受损失，企业就能继续生存、发展，其他非核心的东西，即使损失掉也无关大局。现代企业的核心资产，首先是由优秀人才组成的员工团队。所以，19世纪末到20世纪初的美国"钢铁大王"安德鲁·卡耐基有一句名言："你们可以把我的工厂、设备、机器、股票统统拿走，只要把人才给我留下，再过四年，我又能建造一座同样的钢铁公司。"与之相比，范蠡在2 500多年前就能在关键时刻，宁可散尽千金、放弃非核心资产来保全核心资产，这种超越时代的独到眼光与魄力，确实令人敬佩。

资料来源：乐善好施的商圣范蠡：为什么要三聚三散千金？[EB/OL]. (2017-09-28) [2024-12-07]. https://www.163.com/dy/article/CVDQ1UOJ052380CB. html.

思考：

从商业伦理的角度分析，为什么说范蠡"散尽千金"也要保住员工团队的做法是明智的？

第一节　员工管理概述

本节简要概述了员工管理的内涵及其所包含的主要内容，员工管理活动中可能出现的伦理困境以及当这些伦理问题发生时所带来的危害。

一、员工管理的主要内容

员工管理是人力资源管理中的重要一环，所以要了解员工管理实践的主要内容，首先应该理解什么是人力资源及人力资源管理。

（一）人力资源管理的内涵

人力资源一词是由彼得·德鲁克于1954年在其著作《管理的实践》中首先正式提出来并明确加以界定的。彼得·德鲁克指出，人力资源和其他资源相比，唯一的区别就是它是人，是管理者必须考虑的特殊资源。从广义上讲，人力资源就是指智力正常的人。从狭义上讲，人力资源是指人在劳动中为创造某种价值和组织绩效而运用的体力和智力的总和。

人力资源管理则是指企业运用现代管理方法，对人力资源的获取（选人）、开发（育人）、保持（留人）和利用（用人）等方面进行的计划、组织、指挥、控制和协调等一系列管理活动，最终达到实现企业目标的一种管理行为。

（二）员工管理的主要内容

员工管理主要包括以下几个方面的内容。

1. 人员规划

人员规划是指根据组织的战略和内部人员状况而制订的人员吸引与排除计划。主要内容包括：对员工在组织内部的流动情况以及流入和流出组织的行为进行预测，然后根据预测的结果来制订相应的人员供求平衡计划，从而满足组织未来经营对人的需要。

2. 工作分析

工作分析明确了不同工作的内容、职责以及任职资格条件，为员工的招募、甄选、培训、职位评价、薪酬决策等提供了标准和依据，同时也有助于组织确定每一项工作的绩效评价标准以及相应的绩效目标。

3．招聘录用

招聘录用一般包括招聘、甄选和录用 3 个环节。招聘是指通过各种途径发布招聘信息，将应聘者吸引过来；甄选是指综合利用管理学、心理学等理论和方法对应聘者进行知识、能力、心理素质等方面的测评；录用是指职位候选人通过筛选后，接受背景调查及办理正式进入单位前的入职程序等过程。

4．培训与开发

培训与开发是指一个组织为使员工具备完成现在或未来工作所需的知识、技能和能力，从而改善员工在当前或未来职位上的工作绩效而展开的一种有计划的连续性活动。企业培训与开发一般包括建立培训体系，确定培训需求和计划，组织实施培训过程，对培训效果进行反馈总结等活动。

5．绩效管理

绩效管理是组织人力资源管理乃至整个组织管理和运营的一个中心环节。它是一个通过把组织的经营目标或战略加以细化,将各种重要目标和关键责任层层落实，从而确保组织战略真正得到落实和执行的机制。一般包括制订绩效计划、进行绩效考核以及实施绩效沟通等活动。

6．薪酬管理

薪酬管理是指一个组织针对所有员工所提供的服务来确定他们应当得到的薪酬水平以及支付形式的过程。在这个过程中，企业必须就薪酬的形式、构成、水平及结构，特殊员工群体的薪酬等做出决策。

7．员工关系管理

组织与员工之间的关系管理，涉及的内容包括员工参与管理，员工的满意度测量与流动管理，组织文化建设，争议处理机制，员工援助计划等范畴。企业可通过妥善处理好组织和员工之间的关系来确保组织目标的实现和长期发展，避免不良劳资关系可能给组织带来的巨大损失。

二、员工管理中可能面临的伦理困境

由于涉及人的问题，员工管理也成为最容易引起伦理争议的领域。企业往往会出现各种伦理困境，主要包括以下几类。

（一）雇用关系中的伦理困境

雇用关系中的伦理困境主要有就业歧视问题，滥用农民工、临时工及实习生等问题，劳务派遣中的虚假派遣，职业晋升中的"天花板"现象，员工流动中的无故

裁员问题，商业秘密和竞业禁止问题，劳动争议处理中的不公平对待职工现象，机器人替代人工时代的新的伦理议题等。

（二）工作场所中的伦理困境

工作场所中容易涉及的伦理困境主要有骚扰问题，包括性骚扰及精神骚扰等；恶劣的工作环境损害员工身心健康的问题；侵犯员工隐私的问题以及企业规定职工在岗工作时间严重超出法定时间的问题等。

（三）奖惩体系中的伦理困境

奖惩体系中面临的伦理困境主要有由于制度的不完善而引发的利益冲突问题，包括内部利益冲突和外部利益冲突；薪酬设置方面的问题，如高管高薪，高管与普通职工之间的收入差距过大等问题；同工不同酬的问题，如同一性质的工作，正式职工与非正式职工的薪酬差距较大等问题。

（四）特殊员工群体保护中的伦理困境

特殊员工群体保护中的伦理困境主要体现在有些企业不合理、不道德地聘用未成年工和童工，让他们超负荷工作或从事一些非法的、有生命危险的工作等；对妇女职工的性别歧视，不切实履行国家对妇女职工的特殊保护条例问题等；对残疾工人缺乏应有的关怀，甚至虚报本单位残疾职工人数，以骗取国家补贴等。

三、员工管理中伦理问题的潜在危害

根据危害对象的不同，员工管理中的非伦理行为的潜在危害主要体现在以下几个方面。从员工角度而言，企业员工管理中的伦理缺失会给员工带来严重损害，如企业打骂员工、搜身检查等侵犯员工的人身权利；企业让员工长期在高噪声、高污染的恶劣环境中工作，导致各种工伤事故及职业病的发生；企业薪酬设置方面的不合理，打消员工的工作积极性；企业在招聘中的歧视、不公平对待员工的行为，冲击员工公平竞争的机会等。

从企业角度而言，企业员工管理中的伦理缺失在给员工造成负面影响的同时，也会给企业带来严重的潜在危害，如企业内部关系不和谐、不稳定，企业外在形象和声誉受损害，企业生产能力不强等，这些都会在一定程度上降低企业的创新能力和竞争能力，直接影响企业的可持续发展。

从社会角度而言，企业员工管理中的伦理缺失在给员工自身及其所属企业造成潜在影响的同时，也在一定程度上影响了社会的和谐稳定。如企业的一些歧视行为或不公平对待行为抑或是不诚信的做法容易导致员工的过激行为，甚至导致一些违法犯罪行为的发生，危害社会的和谐稳定。

第二节　雇用关系中的伦理问题

雇用关系是指受雇人向雇用人提供劳务，雇用人支付相应报酬形成权利义务关系。雇用关系中存在的伦理问题主要有以下几种。

一、歧视问题

歧视是指雇员由于与工作要求不相关的原因如性别、种族、宗教信仰等，在招聘、升职、赔偿或解雇等方面遭到区别、不公平对待。工作场所中常见的歧视问题主要有以下几种：

（一）性别歧视

性别歧视包括职业歧视和工资歧视两种形式。职业歧视是指女性在同等条件下不能找到同等水平的职业，更多地被雇用在低于个人能力的工作岗位上；工资歧视是指女性与男性干同样的工作，却不能享受同样的工资、福利以及职务晋升等方面的待遇。它主要表现在3个方面：一是女性就业难。在同等条件下，女性不容易找到工作。二是女性不容易找到满意的工作。即使她们的个人能力与男性相等，甚至高于男性，也不会被录用。三是收入低，待遇差。在工作岗位上，女性不能享受同工同酬的待遇，也没有同等晋升的机会等。

（二）年龄歧视

年龄歧视也是目前职场中较常见的一种歧视。在我国，35周岁原是国家机关招考公务员的标准，现在社会上许多用人单位纷纷效仿，招聘员工时常常把35岁以上的求职者拒之门外。而世界卫生组织给"青年"下的定义是：45岁以下。46～59岁都是年富力强的"中年"，很多处于这个年纪的人，经验丰富、身强体壮，却被拒之于各种工作的门外。这些工作既不是要求跑得快、跳得高的体育运动，也不是纯粹凭气力吃饭的拉车、挑担、搬砖头等工作，而是更看重知识和技能的"脑力劳动"。

（三）户籍歧视

"户籍歧视"主要是指一些大城市针对外地求职或就业人员所采取的一些不公平的政策。据记者调查和了解，目前最常发生的"户籍歧视"情况主要有3种：一是某些行业和工作岗位限制聘用外地人；二是同工不同酬；三是某些企业不对外地员工提供社保和其他福利。

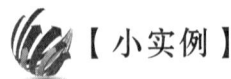【小实例】

我国全面落实居住证制度：消除户籍歧视

由国家发改委组织编写的《国家新型城镇化报告2015》2016年4月19日在京发布。国家发展改革委发展规划司司长徐林19日讲道：2016年我国在推进新型城镇化工作中，将拓宽落户通道，督促各个地区特别是主要城市，即外来人口聚集地区实施更加积极、更加宽松的户口迁移政策。

"很多城市很多地方放开了落户政策，但只放开了对本地的落户政策，这是普遍现象，是不合理的。在户籍人口落户方面不应该有本地人和外地人的歧视。"徐林在国家发改委当日举行的发布会上说。

据介绍，2016年我国将努力推进非户籍人口落户城镇。加快实施1亿非户籍人口在城市落户方案，全面实施财政资金、建设资金、用地指标与农业转移人口落户数量挂钩的"三挂钩"政策。

"十三五"规划纲要提出，到2020年我国常住人口城镇化率达到60%，户籍人口城镇化率达到45%。"目前我国户籍人口城镇化率为39.9%，未来还要提高5个百分点，相当于要有1亿人在城镇落户，这个任务非常艰巨。"徐林说，即便到2020年户籍人口城镇化率达到45%，仍然有2亿左右的农业转移人口。这部分人的市民化主要体现为基于居住证制度的基本公共服务全覆盖。

徐林说，今年我国将全面落实居住证制度，并设定了全年培训农民工2 100万人的计划，同时将探索建立进城落户农民农村土地承包权、宅基地使用权、集体收益分配权"三权"维护和自愿有偿退出机制。

资料来源：今年我国全面落实居住证制度[EB/OL].（2016-04-20）[2014-12-17]. http://news.sina.com.cn/c/2016-04-20/doc-ifxriqzw7513743.shtml.

（四）健康歧视

健康歧视是指如果在劳动者的健康状况既不危害公共卫生安全，也足以胜任工作的条件下，用人单位依然以其健康问题为由对其就业予以不利限制，则属于健康歧视行为。如2008年6月18日，上海市浦东新区劳动争议仲裁委员会就某公司歧视抑郁症员工一案做出裁决，该公司与抑郁症员工继续履行劳动合同，并赔偿4个月工资及奖金共计57 332元。

除以上几种情况之外，学历歧视、血型歧视、姓氏歧视、相貌歧视等也是就业歧视的表现，对人才和单位都有很大的危害。

二、员工流动问题

企业员工管理实践中的员工流动过程面临的伦理问题主要体现在员工的频繁跳槽和企业的无正当理由解雇两个方面。

在员工频繁跳槽方面，一些企业重使用、轻发展，招聘上奉行"挖墙脚"，使用上奉行"拿来主义"，习惯用挖人的方式来获取企业发展所需要的人力，喜欢聘用具有一定实际工作经验及技术能力的人员，而很少对本企业的员工进行培训教育，以提高其职业素养与专业能力，这是员工频繁跳槽的主要原因之一。

在企业无正当理由解雇方面，当一些企业想要解雇某雇员而又没有正当理由时，便会通过"软裁员"的方式。所谓"软裁员"就是不直接解雇和裁员，而是通过改变企业的外部环境如搬迁，或通过苛刻的内部制度如绩效考核制度和作业制度等（这些制度本身设计有失公允）来变相地解雇员工，这些均属于无正当理由解雇。

【小专栏】

3种"软裁员"

"软裁员"正如其字面意思所表示的一样，让人心里不舒服却又很难抵抗，使企业的裁员行为更为隐蔽，让员工很难反击。

情形一：搬迁公司

受金融危机影响，A所在的公司为了节约成本，决定从大城市S搬到小城市N，同时在这个过程中公司宣称要"结构优化"，但承诺不降薪。A听其他员工私下说搬迁后公司要降大家的级，还要"优化"掉一部分人。并且，公司搬迁到这么远也没考虑给员工车补，至于饭补，不再根据大城市的标准，而是"入乡随俗"。A和同事们都觉得这其实就是减少饭补，扣大家的福利。公司还表明，地方远了，不希望大家加班，但该完成的工作任务一定得完成。A的客户有些离公司很远，出勤再回公司一次，肯定就会超出正常上班时间，即使公司有午餐补贴，却不能算加班，自然也没有加班打车报销一说。至于"优化"掉的人，公司愿意给予经济补偿，标准是：到合同解雇日为止的工作年限×本人工资＋0.5个月的工资。其中，0.5个月的工资，公司明确表示是额外多给的。

情形二：绩效考核内涵很"丰富"

在金融海啸中，B所在的公司业绩大幅下滑，在这次绩效考核中，公司以考核不及格为由把B的工资降了25%。B不服，向公司反映，不满意公司的降薪决定。公司也很强硬，如果不满意的话，同意辞退B，并补偿他1个月的工资。B一算，自己在公司工作1年半，怎么会按照1年工作时间的比例计算呢？

情形三：杀鸡儆猴，私自上网严厉处罚

C在一家外企工作，金融危机一来，便一直听说公司在抓员工私自上网的问题。

抓到一次给予警告处分，两次就要求自动走人。不幸的是，C 被抓到一次，那时考虑到不要与公司闹得不愉快，毕竟以后还要在公司继续工作，就同意接受警告处分，C 签字确认了。可是不久后 C 又被抓到私自上网，公司表示要其自动辞职。C 很委屈，有些网页她其实根本没上过，可是公司给出的访问网页记录里什么时间上什么网页都很清楚，C 自己也没有证据可以反驳，便被迫辞职。

资料来源：苗其巍. "绵里藏针" 看软裁[EB/OL].(2009-08-03) [2024-12-07]. http://www.ceconlinebs.com/FORUM_BESTCOM 900001900004_916796_0.HTM.

三、其他问题

雇用关系中容易出现的伦理问题除了上述较为突出的几点外，还有许多其他方面的问题。

（一）劳动争议处理问题

《劳动争议调解仲裁法》施行后不久，受国际金融危机影响，我国经济增长放缓，企业经营出现困难，劳动关系矛盾频发，劳动争议持续增长，职工权益受侵犯问题突出，现行劳动争议处理体制、机制遇到了严峻挑战。具体表现在以下方面：

（1）仲裁后置，途径单一。一些仲裁案件积压甚至排期数月不得处理，当事人权益难维护，办案质量难保障。

（2）裁审关系，衔接不畅。"一裁终局"，冲突不断。裁审劳动争议案适用普通民诉程序，周期长等问题难解决。

（3）三方机制，作用局限。重大劳动争议问题难以有效共商决策，及时研究解决。

（4）劳动监察，执法乏力。一些因违法侵权引发的劳动争议得不到有效遏制，职工合法权益难保障。

（二）劳务派遣问题

在二元用工制度下，劳务派遣工由于身份特殊，经常会遭到用工单位甚至社会的歧视或不公平对待，主要体现在如下方面：

（1）薪酬福利方面。劳务派遣工的薪酬待遇与正式职工相差几倍，企业可以不为他们支付住房公积金，不提取工会费，各种社会保险也可通过劳务派遣公司按灵活就业人员的最低标准缴纳，对于正式职工享受的企业年金和各种福利更是无从谈起。

（2）职业发展方面。用工单位很少能为劳务派遣工提供培训的机会和职业发展通道，劳务派造工几乎没有转为正式职工的机会，晋升机会也极其渺茫。

（3）民主权利方面。劳务派遣工的弱势地位使其基本丧失了参与民主管理的权利，包括对用工单位经营管理重大事项的知情建议权、执行劳动法规的检查监督权以及对涉及自身权益的协商共决权。

（三）机器替代人工问题

1979 年 1 月 25 日，美国福特汽车公司一名年仅 25 岁的装配线工人在密歇根州的福特铸造厂被工业机器人手臂击中身亡。这是迄今为止第一例有据可查的机器人杀死人类的事件。1981 年 7 月 4 日，日本川崎重工明石工厂的一名修理工人在检修生产线上的机器人时，被意外启动的机器人当成齿轮夹起，放在加工台上砸死。自 1987 年以来，日本已有 10 余名工人死于机器人手下，致残的有 7 000 多人。2023 年 12 月 26 日，美国得克萨斯州奥斯汀特斯拉工厂的一名工程师，在维修两台出故障的机器人时，突然被一台机器人袭击，致使其左手受重伤。

2005 年，"欧洲机器人研究网络"专门资助研究人员进行机器人伦理学研究，希望能为机器人伦理研究设计路线图。此后，机器人伦理研究得到越来越多西方学者的关注。但是，面对机器人技术的突飞猛进，相关的伦理道德标准却显得很苍白。

（四）实习生问题

企业招聘实习生时只需支付一定数额的底薪，而不发奖金和加班费；不用与实习生签订劳动合同，无须为其缴纳"五险一金"，辞退他们也不需要支付经济补偿；当实习生遭遇"被加班"、工伤等问题时，法律也"鞭长莫及"。因此，有些企业存在滥用实习生的情况，如一家世界 500 强企业的子公司，使用实习生多达 1 200 多名，人数竟超过了正式员工，每月高负荷加班上百个小时。据了解，不少技校、职校与企业进行"工学联合"，大量滥用实习生。

（五）职场"天花板"问题

职场"天花板"是指在职场中，达到一定级别后，即使你再有能力，晋升的空间也很小。如针对干部成长中的"天花板"现象，《人民论坛》杂志社联合多家网络媒体和研究机构进行了广泛调查，受调查人数总计 8 311 人。40 岁以后，即孔夫子所说的"不惑之年"，世界卫生组织则把 45～59 岁的年龄段界定为中年。这一年龄段的人，正处于人生的黄金阶段，既有丰富的经验，又年富力强，然而遭遇"天花板"的干部在"45～55 岁"的却最多。

（六）竞业禁止问题

竞业禁止实质是禁止职工在本单位任职期间和离职后与本单位业务竞争，特别是要禁止职工离职后从事或创建与原单位业务范围相同的事业。一旦员工签订了竞业禁止合同，万一和雇主不愉快而辞职，那么他只能有两种选择：一是去其他行业就业；二是在合同有效期内放弃就业。这对他们来说是很不公平的，即使是有经济补偿也是不够的。而且雇员在行业中积累的资源如不加以利用则是巨大的浪费。

（七）临时工问题

一些用人单位之所以对雇用"临时工"乐此不疲，人手不够、经费不足只是一个表面原因。更主要的原因是，用临时工成本低，支付的福利有限。用得顺，可以使本单位的工作人员轻松省事很多；用得不顺，可以一踢了之；出了问题，还可以用来"顶缸"。这种从一开始就将临时工视为"乖乖羊""替罪羊"的聘任方式本身就与《劳动法》等法律法规相违背。

第三节　工作场所中的伦理问题

工作场所中的伦理问题主要体现在以下几个方面。

一、员工隐私问题

在工作场所中，一方面雇员拥有隐私权，另一方面雇员还要接受雇主监督。企业在监督雇员的同时也容易出现一些伦理方面的问题。下面就列举实践中人们最关心的 4 个方面的隐私问题。

（一）电子监控

虽然雇主对雇员进行与工作有关的监控在很多时候是合法的也是必需的，但在工作场所进行电子监控，雇员的隐私权势必会在一定程度上受到侵害。通常，工作场所的电子监控有以下几种形式。

1. 电子邮件与语音邮件

如果一套电子邮件系统被公司应用，雇主拥有系统并有权查阅其中的内容。公司内部，以及由计算机终端发往其他公司或从外部接收的电子函件都在雇主的监控范围内。语音邮件系统也是如此。虽然公司电子邮件系统有私人信件的选项，但在大多数情况下，它并不能确保信件的隐秘性。除非雇主发表书面声明告知雇员标有私人信件的信息具有机密性。

2. 计算机监控

计算机监控有以下几种形式：第一，雇主应用网络管理程序监视并储存雇员计算机终端屏幕或硬盘上的信息。第二，有些程序软件可使计算机网络系统管理员调阅用户子目录中的文档。有些则在指定时间段里，拍下电脑显示屏上的快照。第三，一些新的搜索密探程序，可以过滤电子邮件，阻止与工作无关的即时信息进入办公电脑，雇员试图访问的所有网站，都可能被拦截并记录在案。

3. 电话监控

电话监控内容包括检查时间、目的地、通话时间等。有些雇主希望通过电话监控减少乱打个人长途电话以及其他收费昂贵的电话的现象。还有些雇主甚至旁听员工之间或员工与外界联系的电话。

（二）雇主对雇员个人信息的收集与利用

一些企业在收集和利用雇员的个人信息时，并不是仅只收集那些绝对必要的雇员信息，也没有以适当的方式加以利用，而是滥用。把雇员的信息作为一种商品去交换、出售或在市场上公开，即未经雇员同意或授权，就把雇员信息公开给第三方。关于雇员无法接触公司的人事档案或其他记录中他们信息的问题，雇员无法知道他们的信息正在被存储，而且他们没有机会去修改或改正不准确的信息。

（三）测谎器和心理测试

测谎器的理论依据是，说谎会引起紧张，人的血压、呼吸和汗水均会发生变化，检查者或者仪器操纵者可以通过观察这些生理变化，并根据测试对象对特定问题的回答来推断测试对象的答案是否真实。一些企业喜欢采用此类测试来防止和检测工作场所的犯罪行为，但是测谎器和心理测试是有缺陷的，这些测试在某种程度上是可以被操作者操控和影响的；测试可能还包括不相关的问题（如性别、生活类型、信仰和个人私生活习惯等），这就侵犯了个人隐私。

二、工作参与问题

企业在管理中无视员工的主体地位，对员工的管理以命令指挥控制为主，员工只是被动地服从，而不重视员工的参与，主要表现在以下 3 个方面：

（一）管理信息不公开

管理信息不公开，员工知情权得不到保障。有些企业并不公开一些必要的管理信息，甚至是有关员工切身利益的信息，员工也不能及时获知。对一些必要信息的知情权是员工民主参与的前提。员工只有了解企业，才能去关心企业，从而给出正确的建议。

（二）员工的监督建议权得不到应有的保障

有些企业管理者不重视听取员工的意见，不自觉接受员工的监督；有的领导者高高在上，目中无人，看不到员工的智慧，认识不到员工的作用。员工对于企业的生产经营活动、奖惩考核政策的制定，对企业发展策略的贯彻执行，对企业的发展方向、发展中存在的问题等都没有发言权。

（三）员工参与民主决策权被漠视

我国一些企业中经营管理者的各种违规操作，以及企业决策不当导致企业衰败等情况暴露出企业的领导决策专权独断，不民主。有些企业的职工代表大会不被重视，根本起不到保障员工参与企业民主决策的作用。员工不能有效地参与企业的重大决策，甚至一些事关自己切身利益的事情，也不能有效地参与。

三、工作健康问题

目前，我国工作场所中的健康问题主要体现在某些工作的物理环境恶劣，工作时间过长，压力过大等方面。

有些企业的工作环境差，严重影响了员工的身心健康。具体体现在：有些企业作业现场的噪声超过了有关职业病防治法规中规定的 85 分贝的界限，使工人们长期受到噪声的刺激发生听觉病变；有些企业的生产环境中，照明光线过强，会使人头晕目眩，精神烦乱，而光线太弱，会降低视力，使人视觉神经疲劳，导致大脑反应迟钝；有些企业的工作环境中空气污染严重，如生产性粉尘、有毒气体等造成呼吸道疾病，严重影响员工身体健康；有些企业的工作环境中空气湿度过大，容易使人产生胸闷或窒息感，且过高的湿度会减小人的电阻率，增大触电的可能性，对安全生产极为不利；有些企业的作业现场杂乱无章会直接通过视觉神经刺激神经中枢，使人的思维受到干扰，以致操作中常常会出现意外。

四、骚扰问题

工作场所中的骚扰问题主要有性骚扰和精神骚扰两种形式。1975 年，美国联邦法院第一次把性骚扰定义为"被迫和不受欢迎的与性有关的行为"，并将其作为一种性歧视而加以禁止。中国企业联合会雇主工作部法务主管赵国伟指出，工作场所的性骚扰主要包括两种类型，即"交易"性骚扰和"制造敌意工作环境"骚扰。"交易"性骚扰指在企业身居高位者以给予或保持某种工作中的好处，向员工提出性要求。"制造敌意工作环境"骚扰指不受欢迎的性攻击、性要求，或其他带有性色彩的语言或身体行为。其后果是形成不利于工作的，甚至有害的工作环境。

企业人力资源管理中还存在其他类型的骚扰，如精神骚扰。精神骚扰主要表现为横加干涉私人生活，指责他人说话习惯、口音或者穿衣打扮风格或者过度关心别人业余生活等，有些雇员将自身的观点、信仰等强加给别人。这些骚扰对雇员的影响主要体现在工作情绪、态度以及精神状态上，由于其发生的形式比较隐蔽，目前还未受到广泛重视。

第四节　奖惩体系中的伦理问题

奖惩体系中的伦理问题主要包括薪酬设置不合理以及制度引发的利益冲突两个方面。

一、薪酬设置问题

首先，对于高管薪酬问题，在美国，20 世纪 70 年代，102 家大公司负责人的平均收入是普通全职工人工资的 40 倍，在 21 世纪初，CEO 的年薪超过 900 万美元，是普通工人工资的 367 倍。大公司中位列 CEO 之下的两位最高管理者，在 20 世纪 70 年代的工资是普通工人的 31 倍，而在 21 世纪初则为 169 倍。2005 年，收入最高的 1%人群和 10%人群的收入占总收入的比例（分别为 17.4%和 44.3%）与 20 世纪 20 年代平均值（分别为 17.3%和 43.6%）相当。

《中国证券报》信息数据中心的统计显示，2006 年我国 1 254 家上市公司高管个人平均年薪为 16.28 万元，其中国内 8 家 A 股上市银行高管年薪均在百万元以上。除了固定薪金，上市公司高管得到的股权激励更加可观。

企业高管薪酬的额度成为大家关注的问题。对最低工资，相对容易达成共识，但是否要规定工资上限，或最低工资与最高工资之间的最大合理比率是多少，则不是容易回答的。公司面临的经营情况瞬息万变，具有杰出经营管理能力的高管无疑是稀缺资源。然而，高管薪酬涉及面广，影响因素多，不能仅考虑吸引、激励高管而忽视其他因素。

其次，对于同工同酬问题，根据劳办发〔1994〕289 号《关于劳动法若干条文的说明》的解释，同工同酬是指用人单位对于从事相同工作、付出等量劳动且取得相同劳动业绩的劳动者，支付同等的劳动报酬。

从目前来看，同工不同酬的现象普遍存在，主要表现为正式工与临时工、合同工与劳务工、实习生（即以实习为名大量招聘学生工）、新老职工之间等。例如，某市烟草公司共 1 000 多人，只有 30%是正式工。正式工月工资 3 000 ~ 4 000 元，年终绩效奖 1 万多元。聘用工月工资 1 000 多元，年终绩效奖只有正式工的 1/10。在广东省某单位有两兄弟，哥哥是正式员工，月薪上万元，弟弟是外聘工，一个月只有 1 000 多元。两个人的工作场合、内容相同，收入却相差 10 倍。

二、利益冲突问题

利益冲突是指个人由于受到非其所应有的其他利益的驱使，而使其客观性被削弱。这里"非其所应有的其他利益"，主要包括建立在父子（女）、母子（女）和夫妻等亲属关系、社会中重要私人关系基础上的关联利益，或者对公司利益构成潜在

损害的商业贿赂、回扣等。

首先，外部利益冲突是指企业雇员和与本公司有业务竞争关系或有其他各种业务往来的任何组织（包括个人）中的雇员存在亲属关系或其他特殊利害关系，这些关系可能在该员工履行本公司职责时影响其对问题的判断或决定，进而导致实际的或潜在的利益冲突的发生。例如，采购代理商为了公司的利益进行决策，采购的商品或服务的价格应该经过还价，应不高于公允价格。有时供应商会给采购代理人提供回扣，以满足其个人利益，从而使其愿意接受更高的购货价格。如果回扣被接受，并且起作用，那么采购代理人会将他和供应商的利益置于其雇主利益之上。

其次，内部利益冲突是指两名或两名以上雇员在公司内部处于相互检查或制约的岗位，包括相互汇报的岗位上存在亲属或其他特殊利害关系，而这些关系可能在雇员履行职责时影响其对事件判断的公正性、客观性，进而导致实际的或潜在的利益冲突发生。如收款业务和销售业务、采购业务和付款业务、收款和记账、收发货物和计算机记账等。

第五节　特殊员工群体保护中的伦理问题

这里的特殊员工群体主要是指未成年工、妇女和农民工等这些在年龄、身体、智力或能力方面存在劣势的群体。

一、未成年工/童工保护中的伦理问题

未成年工与童工不同，童工是指未满 16 周岁，从事有经济收入的劳动或从事个体劳动的未成年人。《劳动法》第十五条第一款规定："禁止用人单位招用未满十六周岁的未成年人。"《劳动法》第五十八条第二款规定："未成年工是指年满十六周岁未满十八周岁的劳动者。"其法律含义是年满 16 周岁，未满 18 周岁的劳动者，是允许被录用的劳动主体。企业在聘用未成年工/童工时，普遍存在的伦理问题如下：

（一）工作环境恶劣

大多数使用未成年工/童工的企业，其经营模式下的工作和生活环境都十分恶劣，脏乱差、维持正常生活的基本设施不完备。2007 年 6 月"山西黑煤窑案"正是童工恶劣生存环境的真实写照，严重侵犯了他们的合法权益。

（二）工作时间超负荷

在大多数使用未成年工/童工的企业中，他们的工作时间都在 12 小时以上，尤其是一些雇用童工的雇主为了逃避检查经常昼息夜作。未成年工/童工正处于生长发

育期，长此以往会严重影响他们的身体健康。

（三）身心健康面临挑战

在经济差距的冲击下，许多进城务工的未成年工/童工接受不了农村与城市生活环境的极大反差，往往会呈现认知混乱，或因巨大的境遇差异而形成强烈的自卑感，使孩子无法认同所处的处境，进而产生心理障碍。

（四）福利保障匮乏

多数雇用未成年工/童工的企业设备落后、生产规模较小，它们大多管理漏洞大、规范不严。受雇于这类企业的未成年工/童工往往得不到最基本的劳动保障和权益，甚至出现伤亡事故后也草草了事。

（五）易成为加害利用对象

未成年工/童工相较于成人有其固有的脆弱性，他们维权意识差，辨别是非能力弱并缺乏自我保护能力，他们往往会成为不法分子利用和加害的对象。据报道，很多童工的年龄都小于 10 岁，他们过着暗无天日的生活，从事繁重的劳动，经常要忍受雇主的暴力侵犯。

二、女职工保护中的伦理问题

企业在招聘或雇用女职工时，有如下伦理问题：

（一）性骚扰

前文已经详细阐述，这里不再赘述。

（二）安排从事法律法规禁忌作业

有些用人单位安排女职工从事法律法规禁忌的作业，如安排女员工从事矿山井下作业、森林伐木作业、流放作业以及国家规定的第四级体力劳动强度的劳动；建筑业脚手架的组装和拆除作业；电力、电信行业的高处架线作业；连续负重，每次负重超过 20 千克，间断负重每次超过 25 千克的作业等。

（三）特殊时期的保护缺失

有些企业在女员工月经期间安排重体力劳动，安排高温、低温或野外作业等；有的以生育为由辞退女职工或单方面解除劳动合同；有的安排已婚怀孕女职工从事铅、汞等作业场所的作业；有的甚至安排哺乳期的女员工从事有毒环境的工作，延长其工作时间，安排夜班工作等；还有的安排更年期的女职工从事劳动量大、细致的工作等。

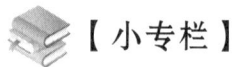【小专栏】

女员工的"五期保护"

相关法律对女员工在"五期"的工作安排和劳动保护做了详细规定。女员工的"五期保护"是针对女性的生理特征实施的，主要包括以下内容：

（1）月经期保护。企业在女员工月经期间禁止安排重体力劳动，禁止安排 5 米以上的高处作业，禁止从事高温、低温作业以及野外作业。

（2）怀孕期保护。女员工在怀孕期间，企业要提供相关的卫生检查，建立休息室，禁止安排国家相关文件规定的各种有毒、重体力、高空作业等方面的工作。预产期还应安排孕妇休息，在怀孕期间不得降低基本工资。

（3）生育期保护。企业在女员工产后应进行访视并提供产后指导。女员工在产后享受不少于 90 天的产假，难产的要增加 15 天产假，对多胞胎情况，每增加一个婴儿应增加 15 天产假，产假后 1～2 周内的工作量应少于原工作量，以便员工可以逐渐恢复。

（4）哺乳期保护。企业要为女员工提供 12 个月的哺乳期工作保护。哺乳期的女员工不能从事有毒环境的工作。企业也不能延长其工作时间，并且不能安排夜班工作。有 5 个以上女员工哺乳婴儿的企业，应为哺乳期的女员工建立哺乳室。

（5）更年期保护。更年期是指妇女月经将断未绝，向老年期过渡的生理过程。进入更年期的妇女经常在情绪、精神状态、身体状况等多方面经常表现出与正常状态有非常大的差异，如容易生气、精神不能集中等。此时，她们已经不适宜从事许多劳动量大、细致的工作，企业应安排她们从事适宜的工作。

资料来源：女职工"五期"权益保护你一定要了解！[EB/OL].（2021-03-04）[2024-12-07]. http://www.sohu.com/a/454094615_100229380.

三、农民工保护中的伦理问题

农民工已成为一个数量巨大、结构复杂，且在不断扩张的新生群体，日益成为我国经济建设的生力军。但实际上，农民工的合法权益受到侵害的现象普遍存在，主要表现在以下几个方面：

（一）就业权受到限制和歧视

农民工作为劳动者的一部分在城市的就业权利却受到种种限制与歧视。如有的地方为提高当地城镇居民的就业率，出台政策限制农民工在城市中就业。由于农民工在城市打工遭遇就业歧视，加上农民工自身文化水平普遍不高，以致被排斥到所谓的"次属劳动力市场"上，从事着工资低、体力型、危险性高、劳动环境恶劣等城市本地人不愿意干的工作。

（二）劳动报酬权受到侵害

近几年来，农民工的工资虽然提高较快，但与从事同样工作的城镇职工工资水平相比，仅为城镇职工平均工资的 30%，许多地方的农民工甚至连最低工资也拿不到；非公有制企业、中小企业还存在严重拖欠农民工工资的问题。据 2024 年 11 月 5 日最高人民检察院报告，2019 年 1 月至 2024 年 9 月，最高检办理农民工欠薪相关案件 1.7 万余件，帮助农民工讨薪 2.8 亿元。

（三）休息休假权没有得到保障

一些企业为了单方面追求利润，不顾《劳动法》关于工作时间的规定，常常要求农民工加班加点，甚至在国家法定节假日也难以得到休息。例如，据 2021 年广东企业员工匹配调查数据（EDEES2021）调查结果，青年农民工每月工时达到 225 小时，85% 的农民工存在加班行为，约 47.2% 处于违法加班的状态，还有 21.27% 属于严重违法加班即"996"模式，无论工作时间还是加班强度均远高于受过高等教育及广东本地员工。

（四）劳动安全卫生权被漠视

农民工从事的工作大多集中在危险性较高的建筑、矿山等行业，或者职业病危害严重的电子、化工企业。一些企业安全设施差，安全意识弱，工伤事故频频发生。以煤炭行业为例，根据国家安监局的统计数字，2022 年全国煤矿（含露天煤矿）共发生各类安全生产事故 168 起，死亡 245 人，伤 42 人。安全生产事故同比增加 84.62%，死亡人数同比增加 37%，百万吨死亡率提升至 0.054，安全生产形势严峻。

（五）职业培训权难以得到保障

农民工本身文化素质较低，以初中文化的青壮年为主。地方政府一般会为城镇居民提供职业培训优惠政策，以提高他们的职业技能，但农民工享受不到这些优惠政策。并且农民工流动性强，与企业的关系不稳定，劳动合同短期化现象严重，这在一定程度上也影响了企业对农民工进行职业培训的积极性。另外，一些企业从节约成本的角度考虑，也不愿为农民工提供职业培训。

（六）福利权利缺失

有些用工单位不为农民工买社会保险，或只给少部分农民工投保，或是避重就轻只买一种保险；还有一些用人单位未与农民工签订劳动合同，或是一些从事危险行业的用工单位与农民工签订"事故责任自负"的"生死合同"，造成农民工维权困难。近年来，外出农民工参加社会保险的水平有所提高，但总体来说，农民工参保的比例还不高，难以享受到城镇居民所享有的住房、医疗、养老等社会保障和福利待遇。

第六节　员工对企业的伦理责任

企业要想成为百年基业，必须将责任贯穿始终。在强调企业对员工履行责任的同时，也必须重视员工对企业的伦理责任。员工对企业的伦理责任主要包括以下几个方面：

一、履行职责

员工在企业中所从事的工作，一般由岗位责任说明书进行确定，但更为重要的是，员工应该勤奋工作、正视困难、对结果负责、勇于执行。

（一）员工在工作中应该强调执行

强调执行是指无论一个员工因何原因而面临怎样的工作形势，都要对自己的工作结果及其实现途径完全负责。如美国联邦快递的驾驶员史蒂芬在送货途中发现货车过热，他便通过不断给散热器加水来完成运输任务。回到运输站，再次装上货物继续送货，然而这辆车也在中途抛锚了。于是他借了一辆自行车，在炎热的天气里，踏着自行车，在陡峭的山丘上共行进了 10 千米，最终完成了自己所负责的货物。在休息的间隙，他又徒步步行 2.2 千米去装运另一批货物。

（二）员工在工作中应该努力追求水平线上的表现

在工作中，员工必须运用自己的智慧，不断追寻"我怎么做才能更好""我还可以做些什么"。要知道，困难问题的解决方案不会自动现身，员工必须努力寻找，但千万不要在水平线下沉沦、浪费时间，这会使员工的感觉迟钝，丧失发掘创新解决方案的想象力。实现水平线以上的表现是一个持续进行的过程，预期的道路也充满荆棘，即使最具责任感的人，也可能被打回水平线以下。

（三）员工必须敢于对工作结果负责

一些员工身处顺境时，向企业邀功请赏，但在遇到困难时，就寻找借口，推卸责任或不愿意承担责任。实际上，"每个硬币都有两面"，员工必须全面地看待问题，培养自己的主人翁意识。

二、对企业忠诚

我们认为真正的员工忠诚是建立在企业与员工之间相互尊重、相互信任，视彼此为合作伙伴的关系之上的。从员工的角度来讲，主要表现在以下 4 个方面：

（一）参与企业的管理

工作中积极思考，在努力做好现有工作的基础上，不畏强权与现有格局，试着改善工作流程与工作方法，并对公司的发展有着良好甚至独特的见解。积极为公司未来的发展建言献策，主动承担公司的各项工作，并勇于对工作的结果、效果负责任。

（二）努力改善公司的品质

自觉自发地做好产品品质与服务品质，在本职工作上不敷衍了事，以高标准要求自己，力争完美；同时，积极帮助身边的其他同事。注重自身高尚素质的修养，努力用自己良好的思想、行为、形象来影响身边的同事，增强企业凝聚力。

（三）维护公司制度并主动执行

自觉遵守公司的各项制度，并协助公司相关领导执行。积极为公司制度的完善提出善意的建议，维护公司制度的权威性，不钻制度的漏洞，勇敢地与违反制度的人员作斗争，说服、教导犯错误的同事。

（四）对外树立公司形象与品牌

关心企业的外部形象，不盗用公司名义做不良的事情，对外不恶意散布公司内部发生的事故，主动与有损公司形象的行为作斗争。注重个人的社会行为，不给公司抹黑，对外树立良好的公司品牌形象。

【小专栏】

员工忠诚的 3 大误区

误区一：行为服从=员工忠诚

老板通常习惯地认为听话的员工才是忠诚的员工。因为"听话"，他们的行为极其符合领导和上司的意愿，正所谓"唯马首是瞻"。因此，行为服从容易成为员工"忠诚"的代名词。然而，有时候行为服从反映的恰恰是员工对企业的漠不关心。不论领导说什么，不论对错，都不顾实际情况坚决执行，其必然导致决策主观化等问题的出现。

误区二：思维趋同=员工忠诚

企业要发展，必须重视员工差异的价值。员工的"忠诚"绝不能建立在"思维趋同"的基础之上，当企业中聚集了大批思维相似的员工，必然会导致企业发展中遭遇"盲点"。盛田昭夫在任索尼公司副总裁时，田岛道治为董事长，两人常有不同意见。对此，盛田昭夫坦诚表态："如果你发现我们在一切问题上的意见均一致，那

么这家公司确实没有必要给我们两个人发薪水。"

误区三：从一而终=员工忠诚

企业与员工之间是一种双向选择的关系，企业有用人的权利，员工也有选择雇主的权利。员工只要遵守企业劳动合同中的各种承诺和约束，在合同有效期内为企业服务，并做出自己的贡献，而不必强求从一而终，因为企业的经营策略及对岗位人才的需求都是随着环境而变化的，这些是员工无法影响和改变的。一旦曾经为之奋斗的原则不存在了，那么适当的人员流动无疑对劳资双方都有利。

资料来源：赵斌. 企业伦理与社会责任[M].北京：机械工业出版社，2011.

三、以企业整体利益为重

在企业里，个人利益与整体利益发生冲突是经常遇到的情况。企业员工应当以企业整体利益为重，当个人利益与集体利益发生矛盾的时候，企业员工要做到个人利益服从整体利益，这也是企业员工的基本个体道德。以企业整体利益为重，首先，企业员工要有正确的集体观，个人与集体是不能分割的关系，是紧密联系在一起的。没有了集体，个人就没有了庇护和保障；集体发展好了，个人利益才能有保障。其次，企业员工要有顾全大局和"舍小家保大家"的个体道德情操。

2008 年在国内发生的一连串飞机返航事件让很多消费者的心灵都蒙上了层层阴影，尤其是 DF 航空返航事件。原本是 DF 航空公司与飞行员等员工之间的矛盾，而机上的机组人员却将乘客当作与公司进行谈判以解决待遇问题的筹码，殃及飞机上无辜的乘客。人们不禁感叹，这些员工不顾大局、不识大体、不顾及乘客的切身利益，给 DF 航空公司甚至我国整个航空事业带来严重的影响。

第七节　治理对策：构建和谐劳动关系

从上述分析中可以发现，我国的员工管理中，存在着一些伦理问题。因此，采取必要的措施来预防和规避这些非伦理行为格外重要。

一、雇员的法定权利

雇员的法定权利是雇员在雇用法律关系中的基本权利。这些权利主要来源于《中华人民共和国宪法》（以下简称《宪法》）、《劳动法》和《劳动合同法》等法律，主要包括以下几个方面：

（1）劳动权：有劳动能力的公民以获取劳动报酬为目的，依法享有的平等就业和选择职业的权利。

（2）平等就业和选择职业的权利：劳动者根据自己的意愿选择适合自己能力和爱好的职业，劳动者就业，不因民族、种族、性别、宗教信仰不同而受歧视，妇女享有与男子平等就业的权利。

（3）劳动报酬权：劳动者基于劳动关系，通过提供一定劳动或服务而获得相应的回报或收入，用人单位应当按照劳动合同约定和国家规定，向劳动者及时足额支付劳动报酬。

（4）休息权：劳动者在劳动中经过一定的体力和脑力的消耗后，依法享有的恢复体力、脑力以及用于娱乐和自己支配的必要时间的权利。用人单位应当保证劳动者每周至少休息一日，在元旦、春节、国际劳动节、国庆节及法律与法规规定的其他休假节日期间应当依法安排劳动者休假。

（5）劳动保护权：劳动者在劳动过程中享有要求用人单位对其生命安全和身体健康保护的权利。概括起来，现阶段中国劳动者享有的劳动保护权主要包括：安全卫生环境条件获得权，取得劳动保护用品的权利，获得法律规定的休息时间的权利，定期健康检查权，依法获得特殊保护的权利，防止工伤事故和职业病的权利，拒绝权等。

（6）职业培训权：《宪法》规定：公民有受教育的权利和义务。《劳动法》中规定：国家通过各种途径、采取各种措施，发展职业培训事业，开发劳动者的职业技能，提高劳动者素质、增强劳动者的就业能力和工作能力。

（7）社会保险和福利权：社会保险权是劳动者因暂时或永久丧失劳动能力时，依法享有的物质帮助权；社会福利权是指劳动者依据国家制定的社会福利制度所享有的权利。

（8）协商权和要求劳动仲裁权：协商权是指员工有要求与用人单位就涉及其切身利益的相关规章制度或者重大事项的制定或实施进行协商确定和修正完善的权利；劳动仲裁权是指当员工权利与用人单位的要求出现利益冲突时，且不能就谁的利益受到严重侵犯的问题达成一致时，员工有要求采取第三方协商、仲裁与和解的方式调解冲突的权利。

二、伦理问题产生的原因

我国企业员工管理中的伦理问题是多种因素综合作用造成的。外部约束乏力，缺少必要的他律。企业内部管理制度不够科学完善，企业管理人员法治观念和伦理观念不高，缺乏自律的动力等，具体来说，有以下几个方面的原因：

（一）管理者和员工的法治观念不强、伦理素质不高

对于企业管理者来说，一些企业的管理者，特别是一些中小民营企业的管理者，

不学法，不知法，不懂法，或是对法律一知半解，所以在企业的员工管理中做不到依法管理和自觉守法。此外，一些企业管理者的伦理素质不高，缺乏仁爱、公平、诚信等美德，认识不到企业伦理在管理当中应有的地位和作用。

对于企业员工来说，一些员工的法律意识和法治观念淡漠，对自己应享有的权益认识不到位，缺乏运用法律武器来保护自己权利的意识；有些员工敬业精神不够，抱着打工的心理，一有好的工作机会马上跳槽，或是在工作中不主动参与，认为管理只是管理者的事，自己只是消极地服从执行。

（二）企业自身价值观和管理方式不当

由于外部强大的竞争压力和内部对物质利益的强烈渴求，一些企业为了自己的生存和发展，一味地追求利益最大化，强调高效率低成本，把员工看作是实现企业目标的工具，为达到目的不择手段，侵犯员工的基本权利。企业与员工之间从根本上来讲是一种权利和义务的关系，员工在企业中尽了劳动的义务，就应获得相应的权利。企业享有对员工的管理权，劳动成果的支配权，同时也必须尽到对员工的责任。

受传统的人事管理模式的影响，一些企业仍然以"物和事"为中心进行管理，让人去适应事，而不是以"人"为中心进行管理，促进人与工作更好地匹配。管理中用管物的方法管人，一味强调集权和领导权威，轻视员工的民主权利，要求个人服从组织需要，服从企业的利益，很少或基本不考虑员工个人的兴趣、需要及未来发展。

（三）外界环境对企业的引导、约束乏力

我国的法律、法规，特别是劳动法律、法规有的地方还有待完善，定性易，执行难。再加上一些地方政府过分强调招商引资，加大对企业的优惠保护，却不重视维护劳动者的合法权益，在劳资纠纷上，对于企业在管理中违反法律和伦理、侵犯员工合法权益的一些行为，执法不严，一定程度上纵容了企业侵犯劳动者权利的行为。

社会媒体和社会舆论对企业承担社会责任起着重要的教育引导和推动作用，起着重要的监督作用。但由于受地方保护主义等的影响，一些媒体对企业的伦理问题并没有做出及时、客观的报道，社会舆论不能给企业以足够的压力，难以对企业进行有效监督。

三、治理对策

要从根本上解决企业员工管理中的伦理问题，具体应从以下几个方面努力：

（一）提高企业管理人员和员工的法律素质及伦理素质

企业管理者要学法、知法、懂法，自觉遵守法律，管理中以理服人，尊重他人的法律权利；要有仁爱之德，能善待员工，关爱员工；要公道正直、赏罚分明；要以诚待人、言行一致。企业员工也要有法律意识、权利意识、民主参与意识等，努力提高自己的维权观念。要热爱自己的职业，关心企业的发展，自觉维护企业的利益和形象，积极为企业的发展建言献策。要尊重领导、服从管理、团结同事，自觉遵守企业的劳动纪律和规章制度。要树立竞争意识、危机意识、大局意识，有爱国爱企的品质。

（二）对企业的员工管理实施伦理管理

首先，企业员工管理的各项规章制度——招聘、晋升、辞退、绩效考核、休息休假、薪资、工伤补助等都要合乎伦理，都应能够充分反映员工的真实利益和要求。其次，企业的管理过程要合乎伦理的要求。在选人、用人上，要坚持公正原则和德才兼备的原则，知人善任，用人之长，人尽其才；在育人上，企业要着眼于未来，不断地对员工进行教育、培训、挂职锻炼，使员工的知识技能、业务素质和思想品德不断提高；在留人上，企业要采取合理的措施留住对企业有价值的员工，包括以真情留人、以优厚的待遇留人、以共同的事业留人等。

（三）建设以人为本的企业文化

首先，企业应建立"尊重人""为了人""依靠人""发展人""实现人"的以人为本的企业价值观，统一员工的意志，凝聚全体人员的智慧和力量，同心同德，共同奋斗。其次，企业应营造"人人受重视，个个被尊重"的文化氛围，消除强制、欺诈、歧视和管理者与员工的距离感，建立和谐的人际关系。再次，企业必须把制度管理和富含人性的柔性管理相结合，刚柔相济，有效地克服伦理问题。最后，企业还应创设努力学习和互相合作的文化氛围。一方面，企业倡导管理者与员工不断学习，提升他们的科学文化素质。另一方面，要倡导团队精神，提倡真诚合作，使企业管理者与员工之间、员工和员工之间形成和谐的人际关系。

（四）优化企业人力资源管理的社会环境

首先，要建立公平的法律法规，依法规范企业的非法行为，创造一个良好的法律秩序。其次，还应净化社会风气，加强舆论监督。一方面，通过一系列的文化活动、宣传教育活动等来进行社会主义道德教育，提高国民的道德素质。另一方面，要在全社会宣扬和落实"以人为本"引导企业实行以人为本的管理，合理利用人力资源。最后，新闻媒体也要大力宣扬和谐社会理论，关注劳工权益，倡导建立和谐企业，维护社会公平正义，宣扬建立良好的社会价值观。

 【案例分析】

PDL 超市的员工薪酬

在中国，有这么一家企业长期"潜伏"在三四线城市许昌和新乡，从未走出过河南，也没有登上过任何企业排行榜单。但令人想不到的是，这样一家地区商超企业却全国有名，被冠以一个又一个神奇的称号，"中国最好的店""百货业的海底捞""中国最神的商场"等。

在中国零售企业中，PDL 以高薪水、高福利、自由、快乐而闻名。PDL 的 Y 老板称："企业家要为社会而活，首先得造福员工，造福管理层，让大家各取所需，不是标榜自己赚了多少钱。现在很多企业家把员工当'奴隶'，把责任推给社会。在 PDL，我赚的钱都给大家分了。20 年前我有多少钱现在基本还是多少。我现在的状态，吃的都是胡辣汤、包子、捞面条，能花多少钱？但是我敢说，我活得比大多数比我有钱的人快乐。我的员工，进入 PDL 一个月，就能过上幸福的生活。两口子都在 PDL，干几年，房子和车都有了。我希望大家别为了挣钱累死累活，讲得直白一点，希望更多人尊重自己内心而活，当生活的主人。"

你知道 PDL 的保洁阿姨一个月的工资是多少钱吗？2 200 元，三险一金。这个工资在上海估计不算什么，但在河南可是很优越。河南保洁员工资普遍在 600～800 元，工作 12 小时。一个阿姨能拿到 2 000 块钱，她心里会怎么想？她一定想，我要好好干，千万别把工作丢了。PDL 招 50 个女工，5 000 人报名。

PDL 中高层干部会跟其他人一样去创业吗？一个高管 10 年就是一个千万富翁。PDL 的待遇是一人一辆车，一人一栋别墅。下面处长、科长，两三年就是百万富翁，处长助理以上全部配有汽车。你说他们还会有更多想法吗？大树底下好乘凉，跟着 Y 老板走吧。

除了高工资外，PDL 还有体育馆、图书馆、电影院……全都是免费的，目的就是让员工最大化地拥有舒适的生活。PDL 的员工平均每天上班的时间比其他企业少一个小时，每周二关店一天让员工休息，春节期间关店 5 天让员工过年。此外，员工还有长达 30 天的年假。Y 老板期待的理想状态是，员工能实现两个月的休假。部门负责人、店长等管理层一个月上 5 天班，每天不超过 6 个小时足够了。在中国零售企业中，这样的福利可谓绝无仅有。

杰克·韦尔奇说，工资最高的时候成本最低。为什么呢？因为我们只考虑了会计成本，没有考虑机会成本，没有考虑人的成本。

有人说这个道理我也懂，重赏之下必有勇夫，"可惜我开不起这个钱，我要像 PDL 一样有钱，早就开了，可我一开就赔"。河南本地同行们以前也这么认为，PDL 高工资高成本的风险太大，一定死得很难看，结果人家 4 个亿、7 个亿、12 个亿、17 个亿，生意越来越好，让同行百思不得其解。

一些企业的老板更愿意喊口号，急于提升员工的职业素养，却把真金白银揣在自己腰包里，而不是与员工分享财富。永远只在乎客户价值而不在乎员工价值，殊不知，员工价值都没有了，谁去帮你在乎客户价值？

Y老板是个"土包子"，他没有按大多数中国"暴发大叔"的路子走，他的人生经历决定了他的人生高度。生活从来不曾辜负任何一个人。

资料来源：搜狐商业V评论.PDL的成功之道：工资最高的时候成本最低[EB/OL].(2017-11-15)[2024-12-17].https://www.sohu.com/a/204571572_466446

思考题：

1. Y老板作为企业领导人，在员工薪酬管理方面具有哪些独特的价值观？这种价值观对PDL超市的员工薪酬管理有怎样的影响？

2. 结合案例，从商业伦理角度分析，为什么"工资最高的时候成本最低"？

【复习思考】

一、单选题

1. 人力资源是指人在劳动中为创造某种价值和组织绩效而运用的（   ）的总和。

    A. 生产力   B. 生产关系

    C. 体力和智力   D. 技术与资源

2. 某些行业和工作岗位限制聘用外地人，这属于（   ）。

    A. 性别歧视   B. 户籍歧视

    C. 年龄歧视   D. 健康歧视

3. （   ）是指无论一个员工因何原因而面临怎样的工作形势，都要对自己的工作结果及其实现途径完全负责。

    A. 强调执行   B. 正视困难

    C. 对结果负责   D. 勤奋工作

4. （   ）是指当员工权利与用人单位的要求出现利益冲突时，且不能就谁的利益受到严重侵犯的问题达成一致时，员工有要求采取第三方协商、仲裁与和解的方式来调解冲突的权利。

    A. 劳动权   B. 劳动报酬权

    C. 劳动保护权   D. 劳动仲裁权

5. 企业应建立（   ）的企业价值观，统一员工的意志。

    A. 利润最大化   B. 以人为本

    C. 遵纪守法   D. 客户价值最大化

二、多选题

1. 员工管理的内容主要包括（   ）。

    A. 人员规划   B. 工作分析

C. 招聘录用　　　　　　　　　D. 培训与开发

E. 绩效管理　　　　　　　　　F. 薪酬管理

G. 员工关系管理

2. 工作场所的电子监控的形式主要包括（　　　）。

A. 电子邮件　　　　　　　　　B. 语音邮件

C. 计算机监控　　　　　　　　D. 电话监控

3. 企业在招聘或雇用女职工时，存在的伦理问题有（　　　）。

A. 工作时间超负荷

B. 性骚扰

C. 安排从事法律法规禁忌作业

D. 特殊时期的保护缺失

4. 从员工的角度来讲，员工忠诚的主要表现有（　　　）。

A. 参与企业的管理

B. 努力改善公司的品质

C. 维护公司制度并主动执行

D. 对外树立公司形象与品牌

5. 要从根本上解决企业员工管理中的伦理问题，具体应从（　　　）几个方面努力。

A. 提高企业管理人员和员工的法律素养及伦理素质

B. 对企业的员工管理实施伦理管理

C. 建设以人为本的企业文化

D. 优化企业人力资源管理的社会环境

三、判断题

1. 人力资源管理是指企业运用现代管理方法，对人力资源的获取（选人）、开发（育人）、保持（留人）和利用（用人）等方面进行的计划、组织、指挥、控制和协调等一系列管理活动，最终达到实现企业目标的一种管理行为。（　　　）

2. 歧视是指雇员由于与工作要求不相关的原因如性别、种族、宗教信仰等，在招聘、升职、赔偿或解雇等方面遭到区别、不公平对待。（　　　）

3. 竞业禁止实质是禁止职工在本单位任职期间和离职后与本单位业务竞争，特别是要禁止职工离职后从事或创建与原单位业务范围相同的事业。（　　　）

4. 雇主对雇员进行与工作有关的监控在任何时候都是非法的。（　　　）

5. 员工在工作中应该努力追求水平线下的表现。（　　　）

四、问答题

1. 简述员工管理中常见的几大类伦理问题。

2. 在雇用关系中，有哪几类非伦理行为？具体内容是什么？

3. 在工作参与方面，员工可能存在什么样的伦理困境？

4. 女性在职场中可能遇到什么样的非伦理行为？

5. 作为一名合格的员工，你认为应该如何对企业负责？

6. 对于目前我国员工管理中出现的伦理问题，你认为是什么原因造成的？

五、实际操作训练

实训项目：认识企业劳动合同中有关员工管理的伦理问题。

实训目的：了解企业劳动合同中体现有关员工管理伦理内容的条款及其表述方式、要求，分析现实中此类内容的确定过程、实际执行情况与问题。

实训内容：对 2～3 家典型企业进行调查，收集其在员工招聘过程中所使用的劳动合同文本，结合本章学习内容，确定其中能体现员工管理伦理的内容条款，并了解这些条款的确定过程以及实际执行中存在的问题。

实训要求：学生可以小组的方式开展调查工作，5 人一组；各组成员自行联系，安排好组内分工，并完成以下实训任务。

1. 收集 2～3 家典型企业在员工招聘过程中所使用的劳动合同文本，结合本章学习内容，确定其中能体现员工管理伦理的内容条款。

2. 分析上述条款的表述方式、要求以及如何体现相关员工管理伦理。

3. 了解企业有关管理部门和人员与员工在招聘谈判之前和谈判过程中如何确定上述条款内容。

4. 了解上述条款内容在实际执行中存在的问题，企业和员工应对问题的措施、行动以及效果。

5. 将上述内容形成一个完整的调查分析报告。

第七章　商业竞争中的伦理问题

 【本章基本知识】

知识要点	掌握程度	相关知识
商业竞争概述	明晰	商业竞争的主要内容，商业竞争中可能面对的伦理困境，商业竞争中伦理问题的潜在危害
自由竞争与政府作用	理解	竞争与垄断，伦理问题，政府的作用
商业信任与伙伴关系	理解	商业合作的伦理基础，商业欺诈及其动因，政府与大企业的责任
商业情报获取中的伦理问题	掌握	获取公共情报中的伦理问题，获取内部情报中的伦理问题
同行业竞争中的伦理问题	掌握	市场竞争中的伦理问题，物质资源竞争中的伦理问题，人才竞争中的伦理问题，信息竞争中的伦理问题
供应商管理中的伦理问题	掌握	款项中的伦理问题，合同中的伦理问题，劳动环境中的伦理问题
经销商管理中的伦理问题	掌握	产品中的伦理问题，合同中的伦理问题，特许经营渠道中的伦理问题
并购重组中的伦理问题	掌握	并购中的伦理问题，重组中的伦理问题
治理对策：反对不正当竞争	掌握	倡导理性竞争，伦理问题产生的原因，治理对策

【本章关键术语】

　　商业竞争；商业情报；市场竞争；人才竞争；信息竞争；不正当竞争；软敲诈；杠杆收购；金色降落伞。

 【导入案例】

你知道吗？这 6 大中药方是国家机密

　　改革开放之初，我国对中药知识产权问题缺少研究，导致许多珍贵古老的中药秘方外泄。为此，卫生部在 20 世纪 80 年代提出了中药品种保护方案，将一些古方列为国家保密配方，并根据密级设定了不同的保密时限。

云南白药：伤科圣药

云南白药由云南本地名医曲焕章于 1902 年研制成功并用于临床，一百多年来，以"伤科圣药"广为人知。1995 年，云南白药被列为国家"一级保护中药"，之后一直按卫生部绝密级别来保存。直到现在，云南白药药品说明书"主要成分"栏仍写的是："国家保密方，本品含草乌（制），其余成分略。"

片仔癀：一片退疮

片仔癀有 400 多年的历史。据记载，在 1555 年前后（明朝），一位御医返居乡里，在福建漳州东门外的璞山岩隐居修行，法名延侯。延侯利用宫廷秘法，将田七、蛇胆、牛黄、麝香等制成药物，专治跌打损伤。由于当地人称各种炎症为"癀"，又因其呈片状（闽南话称"片仔"），故名"片仔癀"。

六神丸：喉痛名方

六神丸由清朝康熙年间江苏中医雷允上创制。取名六神丸，一方面是指它的成分有麝香、蟾酥等 6 味，另一方面也体现其疗效如有"神助"的特点，咽喉肿痛、热毒疔疮，一吃就好。

华佗再造丸：专治中风

新中国成立初期，"京城四大名医"之一的冉雪峰有一个治疗中风的家传秘方，在临床上广受好评；到 20 世纪 80 年代，冉雪峰之子冉小峰将这一家传秘方无偿献给国家。1985 年，国家科学技术委员会和国家药品监督管理局将其列为保密处方，连生产工艺也一并保密。为了弄清该配方的作用机理，它被列为国家"六五"重大科技攻关项目，成为中药界为数不多的"一级保密处方"之一。

安宫牛黄丸：急救之品

安宫牛黄丸是临床上的急症用药之一。1793 年，京城流行瘟疫，死者众多。当时，清代温病学家吴鞠通把宋代名方牛黄清心丸加减化裁，创制了安宫牛黄丸，救活了很多危重病人。该方收录于《温病条辨》。1983 年，北京市卫生局将其纳入《北京市药品标准（1983 年版）》同仁堂药厂保密本。其制作技艺独具特色，至今未公开，并入选国家非物质文化遗产。不过，根据吴鞠通原方配制该药的并非同仁堂一家。国家药监局查询显示，目前国内几十家药厂均有生产。

麝香保心丸：治卒心痛

麝香保心丸源于宋代《太平惠民和剂局方》中所载苏合香丸。自宋代以来，苏合香丸一直是中医"治卒心痛"的首选良药。20 世纪 70 年代，上海华山医院、上海中山医院、上海市心血管病研究所、上海中药制药一厂等单位组成了科研攻关小组，在苏合香丸基础上进行优化改良，去除了朱砂、青木香等毒性成分，增加了人参等补益成分，历时 8 年，制成麝香保心丸。

资料来源：你知道吗？这 6 大中药方是国家机密[EB/OL].(2020-11-18)[2024-12-07]. https://www.sohu.com/a/432731432_648892.

思考：

《刑法》对于"侵犯商业秘密罪"的成立标准有哪些具体规定？若是有厂商未经授权擅自取得上述中药配方并生产牟利，这样的行为是否构成侵犯商业秘密罪？

从上述案例可知，在商业竞争的环境下，企业的商业机密仅仅靠法律来维护是远远不够的，满怀恶意的竞争对手无孔不入，会通过各种手段来获取企业内部的商业机密，现今法律的惩罚往往也并不能够起到威慑作用。因此，树立企业商业竞争伦理意识越发显得重要和迫切，那么在树立正确的商业竞争伦理意识之前，首先要了解什么是商业竞争，商业竞争中常见的非伦理行为有哪些，想要成为真正的伦理型企业又有哪些非伦理行为是企业必须果断拒绝的？本章将围绕这些问题展开探讨。

第一节　商业竞争概述

商业竞争既是一种激励机制，又是一种淘汰机制，正是这种巨大的激励和压力的双重作用，才使参与商业竞争的各方不断进取，奋力向前，最终推动整个社会经济、文化的发展与进步。研究商业竞争中的伦理问题，首先要了解竞争及商业竞争的概念和主要内容，商业竞争中可能会面对的伦理困境，以及当发生这些违背商业竞争伦理的行为时，又会带来怎样的危害。

一、商业竞争的主要内容

研究商业竞争的主要内容，首先要理解什么是商业竞争，商业竞争有哪些特点。

（一）商业竞争的定义

"物竞天择，适者生存"是自然界和人类社会生存发展的必然规律，"竞争"一词最早出现于《庄子·齐物论》中："请言其畛：有左有右，有伦有义，有分有辩，有竞有争，此之谓八德。"按字面解释，竞争就是对立的双方为了获得他们共同需要的对象而展开的一种争夺、较量。由于商业竞争有自身固有的特征，所以商业竞争相较于竞争而言有其鲜明的特征，不同于竞争之处在于：商业竞争强调的竞争主体是企业而非单纯的个体，竞争的场所是市场经济环境而非一般场所，因此又称企业竞争。根据其特征，商业竞争可以定义为不同企业在现代市场经济条件下，为实现自己的目标、维护和扩大自己的利益而展开的争夺顾客、市场、人才、资金、信息、原材料等各项资源的活动。

（二）商业竞争的内容

按照竞争内容的不同，商业竞争的内容主要包含以下 4 个方面。

（1）市场竞争。当今企业若想以合适的价格获得企业所需的人、财、物和想以合适的价格将产品销售出去，都必须通过市场这一媒介，依靠一定的市场机制和规则实现生产经营和通畅，因此市场竞争就是企业间的相互竞争。

（2）物质资源竞争。企业生产经营需要大量的资源投入，一般是指传统意义上的物质资源。现代企业越来越重视供应链管理，试图通过和供应商合作来保障原材料等物资的正常供应，但从全球范围来看，物资总是短缺的，因此如何稳定掌握物质资源，确保企业不受原材料短缺等问题的困扰才是企业发展的关键所在。

（3）人才资源竞争。人是企业生产经营的最基本要素，也是最具主观能动性的要素，因此优秀的人才特别是那些掌握特殊知识和技能的人才是企业难得的稀缺资源，而人才竞争是企业间竞争最激烈也是最重要的内容之一。

（4）信息竞争。信息已成为企业生产经营决策的主要依据之一，其价值也越来越被企业所重视，但信息仍然是稀缺的、不对称的，在可预见的未来，企业间对信息的获取竞争只会更加激烈。

二、商业竞争中可能面临的伦理困境

企业在生产经营过程中，难免会遇到诸多诱惑或不得已的情景，当这些与商业伦理相冲突时，企业往往也会因为难以做出抉择而陷入伦理困境。下面大致列举几类企业在商业竞争中经常遇到的伦理困境。

（一）获取商业情报中的伦理困境

在获取商业情报中，企业往往会面临是否接受或窃取竞争对手的机密文件困境，如若接受或窃取了竞争对手的商业机密，必然可以给竞争对手以重击，甚至能够独霸市场。但这种做法会违背市场规律，侵犯伦理道德，甚至会背上采用不正当商业手段获取其他企业机密的骂名。当企业在面临是否接受竞争对手的商业机密而获得自身成功时，应该考虑是否会造成非伦理行为。

（二）同行业竞争中的伦理困境

在同行业竞争中，当企业面临市场中的巨大利益诱惑、人才资源的匮缺、物质资源的短缺和信息资源的不对称等困境时，企业可能会为了自身短期发展而将伦理道德置之不理。《反不正当竞争法》中列举了许多企业可能存在的不正当行为，面对这种伦理困境，在自身发展与竞争对手发展的选择中，企业可能会获得一时发展，但难以长远发展。

（三）供应商管理中的伦理困境

供应商管理中常常面临的伦理困境主要为企业能否在款项、合同等方面积极配合供应商。一些企业常有为一己之私强行压榨供应商，霸占供应商货款不付等常见的非伦理行为。银货两讫是商业活动中最普遍的准则，然而当企业因为种种原因或自身困境，不愿意或不能及时将供应商的货款及时付清时，从法律责任而言并无多大的过错，却给供应商在资金等方面带来诸多不便。面对这种伦理困境，企业的选择不仅关系到自身的发展，也关系到供应商的经营。

（四）经销商管理中的伦理困境

不能提供可正常销售的产品，不恰当履行合同要素，拒绝提供销售服务，歧视定价等行为都是企业在经销商管理中常常面临的非伦理困境。企业往往为了促使经销商多拿货物，通常会面临是否应该制定"多拿优惠、少拿较贵"的定价策略。如此一来，小批量的经销商则无利润可赚，大经销商更容易压倒小经销商。这种因企业定价策略而产生的非伦理行为，企业是否采纳应慎重考虑。

（五）并购重组中的伦理困境

并购重组的目的往往是使两个企业都能够健康快速地发展起来，然而现如今，当收购竞争对手后是将该企业继续发展还是慢慢让其消失于市场之中是许多企业面临的伦理决策。有的企业有时会为了扩大自己的市场占有率不惜在收购竞争对手后停止对其进行生产销售，多年之后该竞争对手便销声匿迹，该企业独霸市场。

三、商业竞争中伦理问题的潜在危害

按照危害对象的不同，商业竞争中非伦理行为的主要危害体现在以下几方面：

从员工角度而言，企业在商业竞争中的非伦理行为可能会损害员工的权益。在企业与竞争对手竞争的过程中，企业为争夺市场份额，提高销售量，常采用的方式是低价销售，甚至出现低于成本倾销的"险招"，导致的直接后果是企业的经济效益滑坡，甚至可能出现亏损状态。长此以往，企业必然倒闭，那么受害最大的当然是无辜的员工。

从企业角度而言，企业在商业竞争中的非伦理行为可能会损害企业的品牌形象。企业的无形价值就是企业的品牌，如果一个企业的品牌信誉差，那么必然难以做大做强。当一个企业在商业竞争中做出了一些非伦理行为，必然也会对其品牌信誉产生负面影响。例如，降价后二三百的微波炉的安全是否有保障？品牌信誉在降价中"由高走低"，使企业的品牌受到了很大的损害。

从公众角度而言，企业在商业竞争中的非伦理行为并不能有利于公众，反而可能侵犯公众的权益。如假冒伪劣产品不仅会使公众的经济利益受损，有时还会危害公众的人身安全。

从竞争者角度而言，企业在商业竞争中的非伦理行为损害了其他竞争者的正当利益。在生存压力和利益驱动下，总会有一些企业采用非法的或者是有悖于商业伦理的方法和手段参与市场竞争，以牟取公平竞争所难以获得的利益和竞争优势，进而损害了其他竞争者的正当利益。

从市场角度而言，企业在商业竞争中的非伦理行为并不能实现优胜劣汰。2014年两款打车软件进行了一场生与死的较量，双方为占领打车软件市场不断相互调高补贴金额，由最初的 10 元调至 15 元。但几个月过后，不堪压力的双方都输给了消费者，陆续将补贴降低。因此，类似于这种恶性竞争的非伦理行为并不能够实现真正的优胜劣汰，反而会破坏市场秩序，甚至严重阻碍市场经济的健康运转，可谓是百害而无一利。当今社会，部分企业缺乏对商业竞争的正确认识，认为商业竞争就是"你死我活，尔虞我诈"，就是不择手段地赚钱。这是对商业竞争的曲解，也出现了许多不正当竞争的行为。

第二节 自由竞争与政府作用

一、竞争与垄断

很多经济学家喜欢讨论伦理问题，认为伦理经济学是经济理论的重要补充和市场经济的前提条件（Cowton，2008），只有合乎伦理才是真正"有效率"和"好"的经济体系。很多经济学家认为，市场的自由竞争是维持好的伦理行为所必不可少的。需要指出的是，即便是支持"自由"美德的经济学家，也不得不强调公平问题，认为实现收入和财产的公平分配，与自由同等重要。

（一）市场竞争的基本形式

自由竞争通常被认为是市场经济的重要特征。所谓竞争"是个人、集团或国家间的竞逐：凡是两方或多方力图获取并非所有参与者都能获得的某些东西时，就会有竞争产生"（《新帕尔格雷夫经济学大辞典》，1992）。市场竞争源于资源的稀缺性，竞争者在努力选择最佳资源利用方式的同时，必须不断争夺资源。

理论上存在完全竞争的自由市场和完全垄断市场。在完全竞争的自由市场上，任何买者和卖者都只是价格的接受者而不能影响价格的确定。一个理想的完全竞争的自由市场具有如下 4 个显著特征：存在大量分散的买者和卖者，其中没有任何人能占据市场支配地位；买者和卖者可以不受限制地及时进出市场，所有资源在市场上充分流动；任何卖者所销售的产品包括质量、性能等都是没有差异的；消费者、厂商和资源的所有者掌握完全信息。在该市场上，买卖双方均期待以最小成本实现效用的最大化，不存在任何外部力量（如政府监管）对产品质量、数量、价格进行干预（Samuelson 和 Nordhaus，2004）。由于不存在市场壁垒，当某一个行业能够获得较高收益水平时，新的竞争者会不断进入，从而迫使该产业中的厂商无法获得长期超额经济利润。在自由竞争市场下，存在厂商长期利益最大化的均衡点，此时的产品价格等于生产该产品的社会边际消耗。理论上，完全竞争的自由市场能够实现资源最佳配置，自由竞争的结果将使市场上买卖双方实现利益均衡，最终有利于提升整个社会的福利水平。

完全的垄断市场则是完全竞争自由市场的另一极端。首先，在完全垄断市场上不再有大量竞争者，取而代之的是唯一的、可以控制市场供给数量的卖者；其次，市场存在进入壁垒，其他竞争者无法自由进出该市场（Heller，1972）。在这种情况下，竞争者缺乏自由竞争使"唯一"的卖者获得了垄断地位，从而拥有超过正常水平的定价权。由于包括资金、技术、人力资源以及原材料等各种生产要素无法在行业间自由转换（龚维敬，2007），产业竞争力将无法得到提升。此外，由于信息资源被控制在"唯一"的卖者手中，买卖双方交易的公平性也无法得到保障。从资源配置的角度来看，垄断市场将造成社会福利的无谓损失，不利于全社会经济效益的最大化（Velasquez，1988）。

现实中的市场则是介于完全垄断和完全竞争市场之间的两种类型：垄断竞争市场和寡头垄断市场。垄断竞争市场是与完全竞争市场相近似的一种市场状态。经济学家张伯伦（Chamberlin，1933/2009）和罗宾逊（Robinson，1933/1961）都对垄断竞争市场的特点进行了总结，他们的著作奠定了微观经济学的基础。

垄断竞争市场存在数量众多的竞争者，几乎没有任何一个卖者可以占据市场支配地位，他们所提供的产品之间存在差异，因而可以进行市场细分，且不同卖者之间的产品具有良好的替代性；由于不存在市场壁垒，竞争者可以自由进出该市场；竞争者的决策和行为是彼此独立的，任何厂商的价格都无法影响整个市场的平均价格。自由竞争的存在，使市场上的竞争者必须不断改善产品质量、价格和营销策略，从而更好地配置市场资源。

寡头垄断市场上的竞争企业数量很少，单个企业占据相对支配地位。当市场上只存在两个寡头时，被称作双卖主垄断。这些寡头企业数量稀少，各自均拥有很高的市场份额。

寡头市场也存在数量和价格的竞争，经济学中的古诺模型和斯泰克伯格模型分别解释了实力均衡及实力相差悬殊情况下的寡头竞争决策，垄断者在确定价格策略时也必须考虑其他厂商的反应。由于寡头之间的竞争将削弱各自的利润，寡头们更倾向通过彼此勾结以获得超额经济利润。如果市场不存在对垄断的监管，寡头之间相互勾结的可能性就远高于竞争的可能性。寡头之间的竞争，如果存在占绝对市场支配地位的寡头，则该寡头可以依照自身利益最大化确定价格，否则就需要考虑领先寡头的定价策略（朱善利，1999）。总体上，寡头垄断市场的效率高于垄断市场但低于垄断竞争市场。

读者如果希望深入了解竞争与垄断市场理论,可以进一步阅读经济学相关教程。例如张伯伦、罗宾逊、萨缪尔森、斯蒂格利茨、迈克尔、平狄克、巴德及其他一些经济学家的著作在国内均已出版。

(二)4 种类型的垄断

"市场垄断"是一种"特权",这种特权可能来自无法抗拒的技术领先或经济需要,也可能来自制度性安排。不同类型的垄断,其影响也不尽相同,自由竞争并不能完全排除垄断,但需要对垄断进行适度的监管。

基本上,垄断分为自然垄断、经济垄断、法律垄断和行政垄断 4 种类型。

1.自然垄断

自然垄断多数是由产品或服务兼具公共属性和商品属性的特征而形成的,如铁路、公用事业、电力行业,基本上都属于自然垄断行业。

以城市供水供热行业为例。供水供热企业必须铺设遍及其服务地区的管网设施。如果在同一区域存在两家或更多企业提供竞争性服务,每个企业都必须建设独立的管网,这将造成资源的浪费。反之,在垄断的情况下,由于存在规模经济性,供水供热企业的边际成本随用户数量的增加而降低。自然垄断行业由于具有规模报酬递增的特点,少数供应商就可以满足市场需求,且厂商数量越少成本越低;如果有许多竞争厂商,其平均成本将高于垄断成本。在有监管的条件下,垄断价格将低于竞争价格。

2.经济垄断

经济垄断是随着生产、技术和资本的高度集中而逐渐形成的,通常具有高度的排他性。在某一市场中,企业数量较少甚至只有一个规模巨大的企业,其对生产要素或产品的定价权就具有支配地位。

早期垄断者主要是控制资源型生产要素。例如,美国制铝公司在第二次世界大战前控制了主要的铝土矿,其他公司因无法获得铝土资源而不能进入铝制品生产行业。这使美国制铝公司凭借对原材料供应的控制而取得了垄断地位。第二次世界大战后,随着科技革命的兴起,对资本、技术和知识资源要素的控制成为经济垄断形成的主要原因。微软等一批高技术公司在不同时期对市场的垄断,都是因其创新能力而取得垄断地位的典型案例。

随着世界各国政府监管力度的不断增强、科学和技术创新的加速以及生产要素的全球流动,当代商业竞争中,新垄断者的不断出现,使单一垄断者难以长久维持垄断格局。

3.法律垄断

法律垄断主要是以专利、版权等知识产权和市场特许权形式存在的。通常,政

府会因公共利益而授予个人或企业排他性专有权利（如专利权）。该权利禁止其他人在没有获得专利权人许可的情况下生产某种产品或使用某种技术。政府通过授予专利人一定期限的专利保护，使其能及时收回创新成本并取得创新收益。这种垄断的存在，是为了保护创新者的投资，鼓励创新和技术进步。

市场特许权则是另一种形式的法律垄断。早在 14 世纪，英国政府就开始授予商人特许经营权。1601 年英国下议院对垄断进行了解释（埃克伦德和赫伯特，2001）："垄断是将某种公共物品（城市或国家的）交由某一私人使用，这个使用者就是垄断者；某些具有私人利益的人同时支配公共财富，我们完全可以称这种人为巨额财富的支配者。"市场特许权一般只适用于少数行业，这些行业通常与公共利益、国家安全等有关。

4. 行政垄断

行政垄断的行为主体是拥有行政权力的机构，其形成是政府直接挑选市场竞争赢家和输家的结果。胡汝银（1988）在其著作《竞争与垄断：社会主义微观经济分析》中提出了行政垄断的概念，认为行政垄断与一般市场垄断不同，是通过行政手段和具有严格等级制的行政组织而实现的。国家行政机构通过计划模式直接干预或管理企业的投入、产出，从而控制全社会的生产和流通，形成绝对垄断。也有学者认为行政垄断是国家经济主管部门和地方行政机构滥用行政权，排除、限制或妨碍企业之间合法竞争而形成的（王保树，1990）。一般认为，行政垄断会直接造成市场竞争的不公平性，是一种破坏市场竞争的行为，并易产生"寻租"和权力化腐败等问题。

（三）垄断的伦理危害

对商业行为进行道德判断时经常考虑 3 个基本准则：①道德上的"好"；②社会效用；③经济效率。仅在少数情况下，垄断具有一定的合理性。多数情况下，垄断与自由竞争的原则背道而驰，是很多国家市场监管的重点。通常认为，垄断损害市场竞争的公正和自由原则，并损害社会整体福利和整体效率。

1. 破坏公正和自由原则

在一个自由竞争的市场上，产品生产要素的长期均衡价格等于其社会边际价值，买卖双方都只是价格的接受者，可以按照自由意愿以公平的价格进行交易。但在一个不受监管的垄断市场上，垄断者可以凭借其市场支配地位或者彼此串谋定价，从而获得超过公平水平的超额利润。垄断者通过操纵产品和要素市场价格而获取超额利润的做法，显然有违公平、正义原则，损害了与之相对的买方和卖方的权利。

2. 减少社会福利

虽然垄断者能够通过提高产品价格获得超额利润，但会减少整个社会的福利水平。观察图 7-1（考虑只有一个垄断者的市场），假定由该垄断者替代完全竞争产业中所有厂商的产品，并且假定完全垄断和完全竞争两种市场具有相同的成本曲线（注意，这里只有垄断厂商的成本曲线而没有市场的供给曲线）。图 7-1 中，E、F 分别代表垄断和竞争两种市场的均衡点，E 点所对应的 P_e 和 Q_e，分别为垄断市场的长期均衡价格和均衡数量，F 点所对应的 P_f 和 Q_f 分别为竞争市场的长期均衡价格和均衡数量。观察这两种市场状态，竞争市场长期均衡时产品的价格等于其边际社会成本，从而实现了资源最优化利用；在垄断市场的长期均衡点，价格 P_e 高于 P_f，而产品数量 Q_e 小于 Q_f。显然，消费者必须支付较高价格，同时获得较少数量的产品。这意味着社会生产能力没有得到充分利用，资源配置效率低于竞争市场。进一步观察消费者和生产者剩余的变化情况。当均衡点从 F 向 E 变动时，整个社会福利水平下降（图 7-1 中阴影部分是损失的社会福利）。福利经济学中将这种整体福利的损失称为无谓损失（曼昆，2011）。这时垄断定价使一些对卖者和买者双方均有益的交易无法进行，使垄断者运用市场势力所引起的整个社会的经济福利减少。

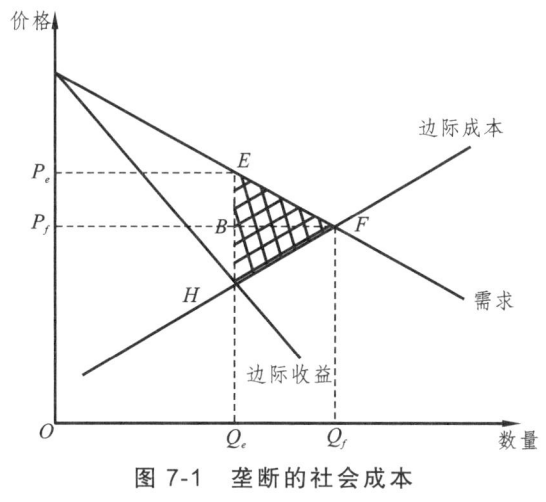

图 7-1　垄断的社会成本

3. 降低经济效率

垄断不仅降低社会整体福利水平，垄断者的效率同样受到影响。在垄断组织中，技术性低效率是一种普遍存在的现象。莱宾斯坦使用"X—非效率"理论来解释为什么垄断者在给定条件下无法达到其最大产量，他认为导致这一现象的原因在于大型垄断企业组织内部资源配置的非效率性（Leibenstein，1966）。由于享有垄断利润，企业内部利益集团的行为不受竞争约束，就会倾向偏离组织目标而追求个体或小群体利益，从而导致组织缺乏竞争力。例如，经理人可能为获得提高自身报酬，或者为获得更大管理权势而盲目扩大组织规模；管理层可能会为获得员工支持而放松内部管理，其雇员劳动效率也随之下降。在垄断条件下，特别是当企业所有权和管理控制权分离时，垄断组织的低效率问题更加突出（彼得森，刘易斯，1998）。

二、伦理问题

本节重点讨论与垄断和不公平竞争相关的伦理问题，我们从价格竞争和非价格竞争两个方面加以讨论。

（一）价格竞争中的不道德行为

价格竞争中的不道德行为主要表现为滥用市场地位控制价格（如价格操纵、排他性协议和搭售、价格歧视）和倾销等。

1. 价格操纵

价格操纵是指占据市场支配地位的垄断者，利用垄断地位或者相互串谋人为推高产品价格，其手段主要是串谋操纵或转售价格控制。

垄断或寡头垄断市场的价格串谋行为，通常都具有较强的隐蔽性。例如，BJ、等 8 家日化制造商在欧洲实施价格操纵达 20 年之久才被监管部门发现。2011 年 3 月西班牙对其罚款 11 000 万欧元，4 月欧盟对其罚款 3.2 亿欧元。占据市场优势地位的厂商以串谋手段操纵价格的行为并不罕见，2011 年年底，美国某公司也因为与出版商串通密谋操纵价格，面临欧盟的垄断调查。

转售价格控制（retail price maintenance，RPM）是另一种纵向价格操控，上游生产商（供应商）与下游经销商（分销商）会以契约形式限定最终销售价格水平从而操控市场价格。转售价格控制经常被用作消除价格竞争的工具，垄断者通过控制下游销售价格，减少价格降低的可能性。转售价格控制还有助于上下游厂商结盟形成"卡特尔"协议和"水平价格协议"，从而使竞争市场蜕变为垄断市场。转售价格控制这种行为在损害经销商自由定价权的同时，也减少了消费者剩余。转售价格控制不仅是不道德的商业行为，而且在很多国家属于非法行为。

2. 排他性协议和搭售

排他性协议是指上游生产商不允许经销商销售其他供应商的产品或者向指定地区之外销售产品的行为。对排他性协议的道德评价具有不确定性，因为此类协议既可能消除经销商之间的竞争，也可能促进单个经销商与其他产品经销商之间的竞争。通常情况下，排他性协议如果不损害自由竞争和消费者利益，则不被视为不道德的商业行为。

搭售则是指垄断者利用其支配地位，强制经销商搭售其他产品的行为。搭售实质上是对商业伙伴利益的剥削，也是一种不被接受的不道德商业行为。

3. 价格歧视

价格歧视是指垄断者凭借其市场支配地位，对不同的消费者执行不同的价格策略，这种差别在很多时候是基于种族、年龄、性别、国籍、信仰等原因而给予特定群体不公正的待遇。

价格歧视分为三级。三级价格歧视是指垄断者对在可以分割的不同市场或人群中销售的同一种产品执行不同的价格。由于这些市场的需求弹性存在显著差别，通过区分不同市场的定价，垄断者可以实现利润最大化。二级价格歧视又称作批量定价，垄断者对一定数量的产品执行一种价格，对另外数量的同一种产品则执行另一种价格。二级价格歧视仅剥夺部分消费者剩余。一级价格歧视是指对每多销售的一份产品都执行不同的价格，理论上完全的一级价格歧视可以剥夺所有的消费者剩余，这种情况在现实中很难发生，但存在类似的情况。例如，一些互联网课程学习的销售，经常针对单个客户定价。

差别定价是与价格歧视经常混淆的另一个概念，在市场营销中，差别定价是经常被采用的方式。价格歧视因其有损消费者的公平和自由选择权，而被认为是不道德的竞争行为。那么，两者的区别主要体现在哪里呢？判断是否构成歧视的重要标准是公平原则。公平原则所要求的机会公平、等价交换原则，是判断公平与否的关键。价格歧视对相同成本执行不同的销售价格，而合理的差别定价则是因为相同的产品有不同的边际成本。例如，供电公司销售"谷电"和"峰电"、旅游业"淡季"和"旺季"、民航业"日航"和"夜航"价格的差别，通常不被认为是价格歧视。

4.倾 销

倾销是另一种形式的价格竞争，指为将竞争对手排挤出市场，以低于成本的价格进行销售的行为，这被认为是严重干扰市场竞争的行为。倾销的界定需要若干基本条件，其中以低于成本价格销售并对竞争者造成损害作为最主要的两个判定条件。在全球贸易摩擦中，反倾销诉讼是经常被采用的手段之一。

（二）非价格竞争中的不道德行为

非价格竞争也是市场竞争中的一种常用手段。厂商使用非价格竞争手段，通过产品的差异化吸引目标客户，其改进产品的努力，体现在从提高产品使用功能、改进产品服务到提高品牌知名度、提升产品的文化价值等不同层次，涉及产品创新和性能的改善、产品设计和包装的改进、广告与市场推销等多个方面。非价格竞争的根本目标是实现厂商利润最大化，只要边际改进成本低于边际收益，厂商就可以从改进中获益。非价格竞争可以使厂商更努力提升消费者满意度和忠诚度，并驱使市场更接近于竞争市场。

但非价格竞争中同样存在不道德的商业行为，这些行为的产生与竞争环境与竞争状态、企业组织伦理文化、决策者的个人道德水平等有密切关系。非价格竞争中的不道德行为包括欺诈、偷窃、胁迫与诽谤。

1. 欺　诈

欺诈指以虚假信息进行欺骗行为，一般可分为商业混同行为和欺骗行为两种方式。

商业混同行为是指采用假冒、仿冒、伪造等手段，使自己的产品或服务与其竞争对手相混淆，从而获得不正当的竞争利益。其中，一种是假冒仿冒，即在自己的劣质产品上假冒他人商标、品牌，误导购买者，从而获取利益；另一种则是反向仿冒，即在自己所有的他人产品上标示自己的商标。有些竞争者会故意用劣质产品仿冒他人产品，从而达到中伤、打击竞争对手的目的。

欺骗行为则是指对产品和服务质量标志、产地或其他因素做不真实标注，或者利用契约进行欺诈；欺骗行为往往以在广告或其他媒介发布虚假宣传的形式出现。例如，商场上经常出现的"庞氏骗局"，就是一种典型的商业欺诈行为。

2. 偷　窃

商业竞争中的偷窃行为的表现形式是侵犯商业秘密和知识产权。违反约定或者违反权利人有关保守商业秘密的要求，以不正当手段获取、披露、使用他人商业秘密或者允许他人使用通过不正当手段获得的商业秘密以及不合法使用他人知识产权等都属于此类不正当竞争行为。虽然不同国家对商业秘密和知识产权保护的力度有所不同，但对商业秘密和知识产权的侵犯在本质上都是对私人财产权的侵犯。读者需要理解，在国际竞争场合，对私人财产权的侵犯，其严重性不应当被低估。

3. 胁迫与诽谤

胁迫行为具有隐匿性。在很多国家的经济发展历程中，一些行业如建筑业、运输物流业都曾存在胁迫交易行为。商业诽谤则指捏造、散布虚假事实，损害竞争对手商业信誉、商品声誉的不正当竞争行为。

例如，在汽车销售旺季，很多4S店要求用户加价提车或额外购买4S店的内饰服务，否则就需要等待更长时间才能提车。这样的行为是否属于不正当竞争？是哪一种类型的不正当竞争？

价格竞争或非价格竞争中的不正当竞争行为，与市场的自由竞争程度往往有直接的关联性。通常，垄断市场下的不正当竞争行为比自由竞争市场更多见。这主要是因为自由竞争将迫使经济活动参与者以更符合人们期待的方式提供更高质量的产品和服务。

三、政府的作用

美国Sears公司前总裁伍德说过："一家大企业，不仅仅是一个经济机构，而且还是一个社会和政治机构。"政府和企业的关系如此紧密，讨论市场竞争而不讨论政府问题几乎是无法想象的。虽然传统的伦理经济学家强调自由竞争市场可以自动解决伦理问题，但现实经济中并不存在完全竞争市场。由于垄断、信息不完全、外部性以及公共产品等原因而形成的市场失灵，需要政府干预以保障公平、自由竞争。政府在自由竞争中的作用，是商业伦理无法回避的问题。

英国《泰晤士报》首席经济评论员卡列茨基的《资本主义 4.0：一种新经济的诞生》曾一度登上畅销书排行榜，作者宣称该书之所以受到欢迎，是因为人们在寻求变革，是书的标题吸引了读者。

2008 年以来的经济危机，导致人们重新认识政府与市场关系。即使在那些公众对政府干预有着天然厌恶的国家如美国，也有相当多的声音支持政府干预，并认为现有的政府干预对遏制大公司的贪婪几乎毫无作用。在政府与市场关系的诸多主张中，反垄断被认为是政府最重要的职责。

（一）政府与市场的关系

讨论政府与市场的关系，其本质是研究政府在干预市场资源配置中的作用。计划经济和市场经济是两种截然不同的经济体制，目前世界上仅有极少数国家采取计划经济体制。市场经济大体上可以分为 3 种形式：自由市场经济、社会市场经济和政府诱导型市场经济。

自由市场经济以英美最为典型，主张政府调节市场环境、市场引导企业，企业是微观经济活动的主体。自由市场思潮起始于 18 世纪，直至整个 20 世纪初期，亚当·斯密、穆勒等人所主张的自由竞争思想一直在欧美国家占据主流地位。1929—1933 年爆发的世界性经济危机使国家干预获得了合法性，以凯恩斯为代表的经济学家对市场失灵做出了系统性论述，并为政府干预提供了理论基础。

社会市场经济又称莱茵模式。《来自竞争的繁荣》认为，市场经济不是放任的市场经济，市场自由应与社会保障相结合，必须从社会政策的角度加以控制。社会市场经济以鼓励竞争、限制垄断、稳定货币和价格、促进全民繁荣为目标，强调市场自由竞争与社会公平的结合，在诸如反垄断、劳工保护、社会福利等方面，政府控制的力度较自由市场经济更强。

政府诱导型市场经济主要以东亚国家为代表，政府在调整市场环境中起着关键性作用，经济计划和产业政策是政府干预市场的重要手段。政府对垄断的干预较少，甚至为推动经济发展而主动促成某些行业垄断的形成。例如，日本在 20 世纪前 10 年，就曾通过政策指引推动企业集团的合作与合并以提升国家竞争力。

个人主义和社群主义经常被视为两种极端的社会类型。美、英是个人主义的典型代表，其典型特征是重视自由竞争，国家干预经常被视为"原罪"，其经济运行主要依靠企业的高度分散决策完成，政府与企业之间有着明确的、通过法律界定的责权关系。日、韩则被视为社群主义的代表，其经济体系带有浓厚的政府干预和指导色彩，是一种典型的"政企同盟"关系（高桥龟吉，1983）。

介于两者之间的国家则兼具多元化性质。例如，德国政府介入范围较广但干预程度较低（陈炳富和周祖城，2008）；法国则具有典型的二元性，垄断行业的政府高度干预和自由竞争行业的减少干预并存。20 世纪 90 年代以来，放松管制一度成为市场经济国家的主导倾向，这一趋势一直持续到 21 世纪初期大量公司丑闻的出现。

尽管政府与市场的关系复杂而多变，但政府干预应以反垄断监控为重点，干预目标是保障市场竞争环境的公平性。这一观点已经得到广泛认同。

（二）反垄断干预

反垄断干预是各国政府调整市场竞争的主要手段，早在 19 世纪末一些国家就已经开始出现反垄断立法。例如，1889 年加拿大通过了《禁止限制性贸易合并法》，1890 年美国通过了《谢尔曼法》。

美国在《谢尔曼法》的基础上形成了以反托拉斯法为典型代表的现代法律体系。1890 年通过的《克莱顿法》确立了以"合理预见垄断后果"为依据的反垄断原则，1950 年的《赛勒-凯佛沃反兼并法》对企业通过取得财产达到兼并目的的行为进行了限制；1976 年的《哈特-斯科特-罗蒂诺反托拉斯改进法》进一步提出对大型企业合并实施申报制度；1980 通过了《反托拉斯程序修订法》，将合并、兼并申报制度扩大到 11 亿美元销售额以上的非公司企业和社团。在反垄断相关法律中，判断垄断的重要标准就是对市场竞争的影响程度，包括市场集中度和反竞争效果。

进入 20 世纪 90 年代，为促进高技术行业的发展，美国修订了反托拉斯法，将垄断后果的判定由合理预见制度改为实际发生制，这在一定程度上放松了反垄断的力度。芝加哥学派认为如果企业仅有垄断地位而没有垄断行为，就不应被视为垄断。反垄断监管的目标是禁止滥用市场支配地位限制竞争而不是反对一个或几个企业在市场上占有支配地位。如果企业滥用其支配地位，就构成垄断。但在实践中，如何判断是否滥用市场地位则存在很大分歧。

（三）其他干预

除了反垄断干预，政府对影响市场效率的其他因素，包括信息不完全、外部性及公共产品、市场不完全等因素也需要干预。

（1）对信息不完全的干预。政府是否应当对信息不完全问题进行干预以及如何干预，对这一问题理论界还存在一定的争议。经济学家德鲁克（1993）认为，凡是能够通过市场解决的问题，政府都不应进行干预。很多经济学教材喜欢用旧车市场交易作为例证。在旧车市场上存在所谓劣币驱除优币的效应，但为了达成交易，买卖双方可以采取更积极的措施，向市场发出积极信号以消除信息不完全的弊端。他们认为二手车市场一直存在并运行良好，就证明市场有能力进行自我调节。

在市场经济条件下，信息透明是自由竞争的重要基础，因而很多国家通过了阳光法案和信息自由法案，以保障公民和市场竞争者能获得充分、公正和自由的信息。

中国的信息公开条例于 2007 年制定并于 2008 年 11 月开始实施,该条例是中国首个信息公开条例。依据该法规,中国公民有权利向政府部门申请信息公开。行政机关应当在收到申请 111 日内予以答复,延迟答复亦应限制在 111 日内。

（2）对外部性的干预。外部性是指经济活动对他人造成影响但未计入市场交易成本和价格中的部分。外部性既有正外部性（有益的）,也有负外部性（有害的）。前者如技术创新所产生的技术溢出,后者如企业污染排放所产生的周边居民的健康损害等。

在经济学相关著作中,有关自由市场竞争的帕累托最优,是以不存在外部性为前提进行的。但在现实中,社会边际成本和边际收益经常会发生背离,从而使负外部性产品的生产数量过高而正外部性产品的数量过低,因此需要政府通过税收、补贴、数量管制以及制定标准等方法进行干预。

还有一些经济学家则认为可以通过明确私有财产权来解决外部性问题（朱善利,1999）,但私有产权的明晰无法完全替代政府干预。

（3）对公共产品的干预。公共产品也许是最需要政府干预的领域之一,很多经济学家认为在医疗、卫生、公共服务等具有重大社会影响的行业,政府就应发挥积极干预作用。

公共产品由于其非排他性和非抗争性,无法靠竞争市场提供;但公共产品的缺乏,将严重影响社会、经济运转效率,因此必须由政府提供。公共产品又分为纯公共产品（具有完全的非排他性和非抗争性）、准公共产品（具有部分非排他性和非抗争性）和拟公共产品。

① 帕累托最优的基本条件是产品在消费者之间的分配、生产要素在不同产品部门之间的投入、交换与生产之间（产出的组合）达到最优。当完全市场竞争达到长期均衡时,将自动满足帕累托最优的 3 个条件,资源配置效率最优。

② 公共产品的非抗争性是指在其给定的产出水平上,消费人数的增加所产生的边际成本等于零（采取公共产品支出方式的私人产品）。对公共产品的政府干预,并不排斥私人市场。20 世纪 80 年代以来,很多国家对政府垄断的公共服务进行了私有化改革。在这种条件下,政府干预仍然是必要的。例如,中国的一些 BOT 高速公路项目的收费问题上,政府的干预不是太多而是太少。

（4）对不完全市场的干预。不完全市场是指即使消费者愿意支付高于生产成本的价格,私人市场仍无法提供相关产品或服务。

一种情况是由于高风险特点所形成的不完全市场如老年人健康保险、地区性农业保险等。以农业洪涝灾害保险为例,如果没有政府干预,很少有商业保险公司愿意承担此类业务,一个显而易见的理由是,如果保费过低,保险公司很难从中盈利;如果保费过高,则失去了保险意义。在这些高风险市场上,政府干预就具有必要性。

另一种情况则是因互补性缺失形成的不完全市场。在互补性市场还没有建立起来之前,需要政府进行规划和支持。例如,落后地区在引进外来投资者以创建

新的产业时，由于本地资源供给能力不足，有必要通过政府的适度干预，提供相应的支持。

四、政府失灵及政府干预的伦理问题

政府干预也存在"失灵"和不道德行为。如何在发挥政府干预积极作用的同时，又避免或减少政府干预过程中的不道德行为，一直是经济伦理中讨论的热点问题之一。

（一）政府（公共）失灵

著名经济学家斯蒂格利茨（1998）曾提出了政府干预的 4 大优势：政府可以通过征税监督生产、行使行政权力禁止某些宏观上无效率活动、利用行政权实施比私人合同更严厉的处罚，以及政府作为常设性组织在交易费用上的优势。但斯蒂格利茨同样也指出，政府本身并不是市场的理想替代品，其本身的弱点同样可以导致公共失灵问题。例如，针对自然垄断产业的干预，政府可能通过引入激励性管制加以调整，但在激励过程中存在发生不道德行为的可能性（包括在实施特许投标、价格管制的过程中可能存在投标企业之间合谋、管制机构"寻租"的风险），这足以招致权力化腐败和效率低下。

有关政府失灵问题的解决，经济学家认为政府应该做也只能做那些必须由政府垄断、公众也要求由政府垄断的活动，如国家安全、武器生产、社会秩序、市场规则等。按照德鲁克的说法"凡是非政府组织能够做得更好，或者能做得同样好的，那么这个工作就不应该由政府来承担"。对政府作用的关注，需要从重视政府应该做什么转向政府能够做什么，以及如何做的问题。

（二）政府干预的伦理问题

约翰·罗尔斯（2001）在其《正义论》中指出："公正是政府的中心组织原则，平等与公正是政府干预中的核心伦理原则。"对此，卡罗尔和巴克霍尔茨（Carroll 和 Buchholzt，2000）提出了政府的 10 种角色扮演：制定游戏规则、政府采购、调控企业行为、企业的主要创办人和补贴发放者、庞大数量的生产性设备和财富的拥有者、经济增长的缔造者、财政（金融）家、社会不同利益的保护者、企业的监管者、社会意识的储蓄所和为达到社会目标的资源再分配者。

政府干预和企业的自由竞争存在某种天然、系统性的冲突，两者的伦理要求往往相去甚远（Jacoby，1971）。与政府干预强调集体主义伦理观不同，企业则强调个人主义伦理观，往往致力于在差异化中寻求自身利益最大化；而政府伦理则强调整体目标和利益，关注社会公平和正义。

中国拥有数量庞大的国有企业，国企尤其是央企在经济系统中有着举足轻重的地位。如何对国有企业尤其是具有市场支配地位的国有企业进行管理，是社会高度

关注的伦理问题之一。国家为维护社会安全、经济安全和增进社会福利，在一些特殊行业利用国家强制力形成垄断，这些垄断企业在建立之初就不是以利润最大化而是以增进社会福利为目标的。国有垄断企业的社会责任问题、与民营企业的公平竞争问题，都是政府干预的重点。

政府干预也有一定的禁区。一些政府问题研究者认为，政府必须在官僚主义行为和企业家行为这两极之间寻找一个最合适的位置，"用企业家精神改革政府"（奥斯本和盖布勒，1996）。斯蒂格利茨也认为政府应慎用垄断、减少直接运作，转而通过在公共部门中引入竞争，通过信息公开、阳光法案等措施来促进政府失灵问题的解决。

政府干预中必须关注的另一个问题是政府信用。政府信用是建立在公众对政府的合理期待以及政府对这种期待回应基础上的一种互动、合作的关系。良好的政府信用意味着必须对政府以及政府官员的行为进行道德规范，政府官员必须审慎地避免与公共利益发生冲突。如果不能建立良好的政府信用，则无法保障政府干预的公正性和有效性。在这种情况下，官员个人必须让渡部分权利。例如，很多国家要求政府官员实行财产申报、财产托管等制度，就是为了避免利益冲突。

第三节　商业信任与伙伴关系

英国经济学家约翰·穆勒（1991）曾经指出：如果一个社会不存在信用基础，或者由于存在普遍的不安定感和信任缺乏，则无法利用资本为社会创造财富，从而使社会交易成本增加。如果极度缺乏信任，则无法实现市场交易。

一、商业合作的伦理基础

前面章节讨论了商业合作的必要性，本章继续讨论企业与其商业伙伴合作中的伦理基础。企业与其商业伙伴的合作是通过建立直接或间接、长期或短期合作关系以实现共同商业利益为目标而形成的。在商业合作中，诚实信用、公正与公平是合作的伦理基础。

（一）诚实信用

信任是企业合作关系形成的基础，信任的存在可以降低合作双方的风险及保证未来的利益。考虑到合作中风险的存在，如果合作的一方相信对方不会采取机会主义行为，则意味着对另一方的信任（Chow 和 Holden，1997）。如果合作双方都相信对方不会采取机会主义行为，则建立了彼此信任的关系。

现代商业活动中契约关系的建立是以信任为基础的。如果缺乏信任，则契约订立的高成本将削弱契约建立的可能性。即便是非常明确的契约，也不可能穷尽所有细节。订约人是否遵守商业惯例和一般性守则，将严重依赖于彼此的信任。随着时间的推移，信任逐步累积在订约人的商誉中，从而加深信任的基础，建立更为长期的合作关系。

信任的维护与合作伙伴的能力、声誉有关，也与商业伙伴之间的合作规则是否规范、契约的合理公平性以及合作双方在合作过程中的制度性因素有密切联系。在合作过程中，如果不能减少机会主义行为或者合作的利益不断被弱化，合作将无法维持。卡特尔组织的实践就是一个很好的证明。虽然很多国家立法禁止和限制卡特尔组织的存在，但卡特尔组织自身在合作过程中存在的问题也是很多卡特尔无法维持的关键因素。观察石油卡特尔，卡特尔组织通过限制其成员产油量而获取超额利润。在卡特尔组织内部存在强烈欺骗动机的情况下，个别成员会私下提高产量以获取更高收益。当更多成员采取欺骗行为后，石油市场的价格将逐步回落到一般均衡价格，卡特尔组织的作用就不复存在。由于受到法律禁止，卡特尔或其他形式的价格串谋，无法用明确的契约加以约定，其试图限制产量或限制价格的串谋合作往往无法持久。

企业合作伙伴之间的信任问题，是制约中国产业整体竞争力提升的一个重要障碍因素。以即时库存管理为例，由于担心合作伙伴违约，一些厂商不得不提高其库存水平。在实际经营中，一旦失去合作伙伴的信任，企业需要用更多的时间和精力去挽回损失。

在合作过程中，合作伙伴之间一定要本着诚信原则积极面对与解决问题，消极回避掩盖不可取。这让我们想起了美国著名的商业伦理片"吾子吾弟"（All My Sons）。商人乔·凯勒和他的合伙人斯蒂夫·迪佛尔开办了一家机械加工厂，为美国军方提供汽缸。在第二次世界大战期间，由于将有裂缝的汽缸盖焊接后出售给美国空军，造成 21 名飞行员死亡。事后，凯勒和斯蒂夫都被控有罪，斯蒂夫被判入狱，凯勒以不在场为由逃过审判，生意越做越大。

凯勒的两个儿子克里斯和拉里，以及斯蒂夫的儿子乔治都参加了战争。凯勒的儿子拉里也是飞行员，在得知汽缸事故后驾机自杀。战后的某一天，乔治揭开了事故的真相，凯勒才是幕后的决策者，斯蒂夫是在凯勒的指示下将次品卖给军方的。最终，克里斯无法忍受凯勒的行为愤而自杀，凯勒也选择了自杀。

凯勒在自杀前，也是这样解释自己的行为：我以为军方会发现瑕疵，我们可以赶工生产替换产品。如果我们不交货，我们就会被撵出去，我们将不再是军方的供应商。

然而，对商人来说，诚实信用在任何时候都不应被任何借口所取代。所有的商业合作都无法长期容忍欺骗行为。在传统社会，我们主要依赖乡村社会的规制来解决诚信问题。但当中国正在经历一个由熟人社会向契约社会转型的过程时，那种基于熟人社会的制约也正在消失，基于契约的自律责任，将会是商业诚信的基本保障。

（二）公平与公正

公平与公正同样是商业合作中一项基本道德义务和伦理规范。在合作中占有支配地位的商业伙伴，是否愿意与其交易对象进行公平交易将直接影响合作质量、稳定性和长期性。从长期的观点来看，在不公平的商业合作中，占有支配地位的一方也无法获得长久利益。在不公平交易下，合作相对方因难以从中获取稳定、可持久的收益，一旦有其他机会就将选择退出合作；占有优势地位的一方也将因频繁更换合作伙伴而必须支付更高的交易成本。

在公平交易中，大企业往往被期待承担更大的责任，社会普遍要求他们通过良好的供应链管理发挥更大的作用。一方面，大企业通过在供应链中对其供应商提出相应的道德标准，促进供应商持续改进以满足社会期待；另一方面，大企业通过自身与其供应商的公平交易，帮助供应商共同发展。例如，某超市作为一家销售绿色、有机食品的超商，在社会责任守则中明确"公平价格"的标准，通过"公平价格"和设立"发展基金"支持本地及海外发展中国家的有机种植业主，从而实现公司的可持续发展。

如果缺乏诚实信用和公平交易，商业伙伴之间就很难建立利益共享和风险分担机制，难以形成持久的商业合作，这将导致企业之间的恶性竞争，从而损害整个行业甚至国家的竞争能力。在欧美"再工业化"和"工业 4.0"的背景下，高端产业出现逐步回流的态势。与此同时，中国开始面临劳动力成本逐年上升的压力，低端制造业也在向南亚、拉美等国家继续转移。中国企业必须重新审视自身的合作机制，通过更为紧密的商业合作创造竞争优势。

二、商业欺诈及其动因

商业欺诈也不过是人性众多弱点的体现之一，商业伦理规范的作用就在于抑制这种弱点。在某种意义上，普遍存在的商业欺诈行为折射了当代社会的信任危机。

（一）欺诈的行为表现

商业欺诈主要是指在商业活动中采用虚构信息、隐瞒信息或者其他不正当手段误导和欺骗利益相关者，使其合法权益受到损害的行为。供应商、银行、顾客以及企业本身在内的不同群体，都可能成为欺诈的对象。商业欺诈既可能来自企业外部，也可能来自企业内部。

1. 价格或产品质量欺诈

价格欺诈通常是指利用虚假或不真实的价格条件，诱使买方或卖方与其进行交易的行为；而产品质量欺诈则是指所提供的产品或服务质量中存在欺骗和舞弊行为，如虚假标识（质量或数量）、假冒伪劣等。类似的欺诈行为还包括通过媒体、邮购、会议营销、雇用他人进行欺骗性诱导等。

2. 财务欺诈

美国注册会计师协会将财务欺诈定义为在财务报表中蓄意错报、漏报或泄露，以欺骗财务报表使用者。财务作假是一种常见的、非常严重的商业欺诈行为。信息技术、网络技术和金融创新产品的不断出现，使财务欺诈早已不再是简单的会计造假问题。

3. 契约欺诈

契约欺诈又称合同欺诈。按照合同法的解释，合同欺诈是指故意告知对方虚假情况或隐瞒真实情况，与他人订立或履行合同，牟取非法利益的行为。在不道德的商业行为中，契约欺诈的比例较大。当订约双方在信息、市场实力方面相差甚远时，各种欺诈行为发生的概率更大。

4. 信用欺诈

信用欺诈在新兴的商业模式，如电子商务中更为常见。一些企业或个人为了获得交易对象的信任，采用伪造信用的方式骗取信任。

5. 其他形式的欺诈

在商业合作中，窃取或非法传播合作者的专利、工业设计等知识产权和商业秘密，被视为严重的欺诈和偷窃行为。其他一些欺诈行为还包括盗用资产、贿赂、收受回扣、投标造假、薪酬诈骗等。

（二）欺诈的行为动因

按照唐纳德·卡瑞塞（Donald Ka Ruise）的理论，只有在动机、机会和理性程度 3 个因素共同作用下，欺诈行为才会发生，这一理论被称为欺诈三角。在欺诈三角中，动机往往取决于欺诈者的个体道德标准和伦理选择，机会来自外部环境；理性分析是指当欺诈成本低于收益时，欺诈行为就具备了合理性。此时，只要有动机和机会，就会发生欺诈行为。欺诈行为的频繁发生，折射了社会信任危机的普遍性。

（三）经理人的行为选择

在某些商业环境中，欺诈行为经常被解释为过度价格竞争下的"不得已"决定。例如，一些厂商经常为了获得商业合同而故意在商业谈判中压低报价，在签署合同后再设法"调整"质量或价格。有的经理人会把这看作是一种"策略"，但实际上这仍然是一种欺诈行为。即使能够获得短期"利益"，也仍然得不偿失。有时候企业经理人可能面临获得短期利益的诱惑，但从长期来看，任何商业欺诈总是得不偿失的。

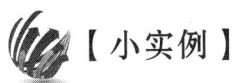**【小实例】**

赵经理的选择

A 公司是某集团公司下属的一家塑编企业，在行业内一直享有良好的声誉。2006年，由于原材料市场大幅涨价和同业低价竞争，公司的销售收入和利润都呈下滑趋势。赵先生是公司销售部经理，按照公司规定，业绩决定销售部门的薪酬，销售提成为销售额的 1.11%，所有销售费用均由销售部门负担。为了完成当年的销售任务，赵先生带领销售团队加大了市场开发力度，全球最大塑编采购商 S 公司有意与 A 公司签署长期采购合同。如果能够顺利达成协议，S 公司将采购价值 3 000 万美元的集装袋。

同时参与竞争的还有几家公司。在谈判过程中，S 公司表示另外几家公司的报价均低于 A 公司的报价，如果 A 公司能够接受相同的价格，S 公司愿意向 A 公司采购，这将使公司的年销售收入增加一倍以上。

S 公司的本次采购品为集装袋，承重要求每条载重量为 1～1.11 吨，远高于普通编织袋。根据 A 公司的测算，S 公司的招标价格低于 A 公司的核算价格。其他公司的低报价，可能是在原材料中添加了 10% 的母料。这是一种常见的同业行为，虽然可以保证产品通过检测，但无法完全保证使用过程中的安全性。此前，A 公司一直实行零添加政策，并坚持 1∶6 的安全载重比例。

现在，赵先生必须决定是否接受降低报价的条件。

资料来源：苏敬勤，朱方伟，王淑娟. 中国首届 MBA 管理案例评选百优案例集锦[M]. 北京：科学出版社，2011.

案例中，A 公司和赵先生个人可以有若干不同的选择。选择添加母料以降低成本，公司可以获得巨额合同，赵先生所在团队拿到 300 万元人民币的工资兑现和奖金。但这一选择显然隐藏着很大的伦理风险和潜在的安全隐患。但如果不选择添加母料，不仅销售人员的工资奖金泡汤，而且公司很可能会亏损。对赵先生个人而言，还可能面临降职的威胁。

最终这个故事迎来了一个戏剧性的结局。A 公司最终放弃了这笔生意，用他们的话说：我们出售的是产品，不是隐患。因为质量问题可能会给企业带来灭顶之灾，接受这笔生意无异于饮鸩止渴。几个月后，S 公司重新找到赵先生，按照 A 公司的报价签订了一份长期合同。据 A 公司事后了解，当时有 3 家公司与 S 公司签订了低价采购合同，其中有两家公司的产品出现了质量事故：集装袋在吊装过程中破损，造成操作人员受伤和货物污损；另一家公司则要求涨价。S 公司最终再次选择了 A 公司，并向其他公司进行索赔。

在这一案例中，A 公司坚持诚信原则获得了好的收益。更多时候，坚持原则不

一定能够获得短期收益。但谚语说得好：有德行的行为，福虽未至但祸已远离；无德的行为，祸虽未至但福已远离。虽然很多经理人将所谓"不得已"归咎于市场竞争，但最终的决策毕竟是一种个体选择；道德的决策不一定盈利，却至少可以避免发生危机损害公司声誉。

商业欺诈行为屡屡发生，反映的是商业信用和专业伦理的缺失。商业信用，就其本质而言，是商业活动的参与者之间的相互承诺和信任。信用约束作为一种机制，可以是双边信用约束或者多边信用约束。当交易一方违约时，交易另一方或交易方所属的某一群体内的任何一方都不再与其进行交易。回顾一下我们在前面章节所讲述的血蝙蝠的故事。血蝙蝠群体之所以能够维持利他行为的持续存在，就是由于它们能够识别那些不遵守"互助"规则的蝙蝠，并将之驱离。人类社会的信用约束，同样是保障商业契约履行的重要手段。

商人的行为不可能脱离其生存环境，所谓"橘生淮北，则为枳"，商业活动中诈欺行为的发生，与其背后深层次的制度性原因包括企业生存和竞争环境、不同社会阶层的向上流动空间的制约、社会公民意识和社会伦理氛围等有着更为深切的联系。

三、政府与大企业的责任

建立社会信誉基础是减少商业欺诈行为的重要条件之一，政府和大企业在这一过程中可以发挥重要作用。

（一）政府的作用

社会信用体系表达了一个社会的信任程度，是市场经济存在的信用基础。一个社会的整体信用水平过低，社会的经济效率和整体福利不可能保持在较高的水平。在从熟人社会向契约社会转型的过程中，政府至少可以扮演引导者和监督者的双重角色。

1. 引导者

政府掌握了巨大的社会资源，可以通过舆论引导、文化宣导、组织建设等方式，引导民众建立尊重契约、诚实守信的价值观，从而将信任从家庭、家族、同乡、朋友等传统的家族和利益圈子扩大到陌生人社会中。

2. 监督者

社会信用缺失与监督机制缺失和失信成本过低有关。这种情况下仅依靠市场的无形之手是不够的，政府必须在其中发挥建设性的关键作用。一方面，政府可以支持建立共享的社会信用体系，降低信用验证成本并提高信息透明度，使失信者难以进入交易中。另一方面，政府应加大监管力度，通过立法和监管提高失信成本，从而减少商业欺诈行为。例如，美国证券交易委员会（SEC）在加大打击欺诈投资者行为方面就发挥了巨大作用。

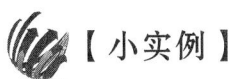【小实例】

SEC 起诉 GS 欺诈案

北京时间 2010 年 4 月，美国证券交易委员会（SEC）发表声明，指控 GS 集团及其一位副总裁在美国房地产市场开始衰退时欺诈投资者，在一项有关次贷金融产品的重要事实问题上向投资者提供虚假陈述或加以隐瞒。

GS 集团曾经设计并销售了一种基于住宅次贷证券表现的抵押债务债券（CDO），SEC 执法部门的主管罗伯特·库萨米认为虽然该产品是全新的并且非常复杂，但所使用的骗术和牵扯其中的利益冲突与以往的欺诈案大同小异。GS 没有向投资者披露 CDO 中的重要信息并向投资者提供了虚假陈述，宣称 CDO 的投资内容由独立客观的第三方机构选择。

SEC 认为 GS 副总裁法应对 CDO 存在的问题负责。在名为 ABACUS2007-AC1 的 CDO 推销资料中，GS 宣称 CDO 麾下的相关资产是由一家第三方专业风险分析机构 ACA 负责挑选的。但实际上，GS 允许对冲基金公司在资产挑选中发挥重要作用并误导投资者。

有学者认为对 GS 的诉讼案，显示了政府在治理大公司欺诈方面所面临的困局。2003—2012 年，SEC 对 GS 已经提出多项指控。GS 既不承认也不否认 SEC 的指控，并宣称"个别人的论调不能代表 3 万员工的一致想法"。很多专家也认为对 GS 的道德审判，很难转为实质的刑事审判。

萨班斯-奥克斯利法通过后，SEC 的监管大大提高了商业欺诈行为的成本。由于对财务信息透明要求的提高，一些可能存在问题的企业先后从纳斯达克退出或转至粉单市场交易的事实显示，道德形象对公司在资本市场的表现有至关重要的影响。

资料来源：网易财经.SEC 指控 GS 欺诈声明全文 [EB/OL].（2010-04-19）[2024-12-07]. https://www.163.com/money/article/64KCEC9Q00253CVK.html.

3. 政府信用

政府在提高社会信誉基础的过程中，是否能够发挥关键性的作用，与政府自身的信用水平密切相关。一个不守信的政府，很难指望其发挥积极作用。政府信用的高低，体现了国家权力受公众信任的程度，政府必须有意愿、有能力满足社会公众合理的期待，并在市场活动中成为公正、客观、公平的裁判员。

有学者这样描述政府信用的形成："政府信用是社会组织、民众对政府信誉的一种主观评价或价值判断，是政府行政行为所产生的信誉和形象，在社会组织和民众中所形成的一种心理反应。"（王和平，2003）在市场经济中，政府的主要职责是保障竞争环境而不是直接参与竞争，如果政府不能够秉持公正、公平、公开的立场，既当运动员又当裁判员，很容易损害政府的公信力。

一个明确的、较高的政府信用水平，可以保障一个社会商业活动的制度环境。在一个稳定、有序而不是动荡、混乱的制度环境下，商业活动的参与者对诚实守信的预期显然高得多。政府信用水平影响社会信用基础：既可以提升也可以摧毁它。

（二）大企业的责任

大企业在社会信誉基础的形成中所起的作用不仅表现在自身信用建设问题上，还表现在对供应链的管理中。

1. 信用示范

大企业因其占有较高的市场支配地位，社会对其提出了更为严格的标准，大企业也因此在社会信誉基础建设中需要承担比一般企业更大的道德责任。

大企业的信用缺失可能体现在对消费者关系中，也可能发生在与其合作伙伴、竞争对手、股东及员工关系中。例如，国内一些大型超市经常会以要求供应商缴付合同外费用、提供节庆、店庆优惠折扣、强制性联营等方式，对供应商进行欺诈，且这些欺诈行为经常是发生在供应商与其签订合同进场经营后。由于供应商对大型连锁超市的高度依赖，在已经交纳各种费用并入场经营的情况下，很少有供应商能够抵制这些合同外的要求。

大企业的欺诈行为对削弱社会信用基础有致命的影响，政府在立法和监管方面能否发挥主动作用，对制度环境的治理有直接影响。

2. 供应链管理

大企业对信用体系的影响不仅限于自身信用建设，还包括对其供应链的管理。由于掌握了更多市场资源，大企业在供应链中通常占据主动地位。大企业的诚信责任还体现在公平、合理地对待商业伙伴，使商业伙伴形成良好的自我增值和自我发展能力方面。那些愿意与供应商建立更为诚信、紧密合作关系的大企业，对社会信用环境往往有积极正面影响；反之，大企业的破坏力也不容小觑。

通用电气（GE）就是一个很好的正面榜样。"诚信、业绩、变革"是 GE 价值观的核心，GE 成功的重要基石就是诚信。《杰克·韦尔奇自传》在讲述了基德公司丑闻给 GE 带来的沉重影响之后，做了如下总结："基德公司的经历使我永生难忘，

公司文化很重要，的确很重要。"（韦尔奇和拜恩，2010）

　　GE 的供应链诚信建设，主要体现在对包括供应商、承包商、经销商、顾问及代理等第三方的管理上。GE 规定其诚信政策同样适用所有的第三方公司："一旦代表 GE 的第三方不能履行和遵守 GE 的政策，必须采取包括终止合同在内的一切行动。"GE 的诚信政策明确规定，在"与客户和供应商的关系"中必须注意、避免发生不当支付、不当商业行为、洗钱、侵犯隐私权等行为，从而保证 GE 与其商业伙伴之间建立健康持久的合作关系。

第四节　商业情报获取中的伦理问题

　　商业情报，是指在一定的时间、条件下，组织商品流通活动所必需的消息、情况、知识、智慧和报告。由于商业情报具有对抗性的特点，商业情报的搜集也就不可避免地带有进攻性的意味。搜集人员为了获取尽可能多且重要的情报，往往会利用各种技巧甚至使用不正当的手段（又称"非伦理行为"）。这些非伦理行为损害了竞争对手的合法权益，破坏了整个社会的竞争体制，严重影响了企业的健康发展。获取商业情报中的非伦理行为，可根据公开与否分为两类：公共情报中的伦理问题和内部情报中的伦理问题。

一、获取公共情报中的伦理问题

（一）公共部门信息

　　公共部门蕴藏着大量竞争对手的关键信息，也都是企业十分想要获取的信息。如从运输部门可了解竞争对手材料和产品的购入、输出情况，从银行可搜集竞争对手的贷款、经营情报、发展预测等。但公共服务部门是会不对外开放这些信息的，有些企业情报人员为得到这些重要情报，往往违背职业道德，不择手段地潜入公共部门获取竞争对手的重要信息。

（二）竞争对手公开网站

　　作为一个广泛的信息交流渠道，越来越多的企业愿意将信息公布在自己的公开网站上，对于企业而言，得到更多有关竞争对手的商业情报及其竞争优势的机会已然到来。但要从竞争对手的网站上找到有价值的信息并不是一件简单的事情，现在许多企业专门成立了情报信息部门，对竞争对手公开在网站上的信息进行采集、分析、加工、报告及确认。这种入侵竞争对手公开网站，窃取内部资料的非伦理行为，与建立情报信息部门的初衷早已相违背。

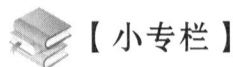【小专栏】

情报人员的压力

企业决策者都有将决策风险降低到最小限度的心理，都想通过最少的付出获得最大的收益。因此，决策者对情报人员提出更高的要求，要求情报人员提供的信息是全面的、及时的、参考价值高的，为其决策提供足够的支持。由于情报工作者情报搜集能力欠缺、情报搜集技术技巧掌握不当、信息整理加工及分析能力有限等原因，往往不能在规定的时间内通过正当渠道获取情报，在企业领导和紧急的竞争搜集环境的多重压力下，情报工作者为按时完成任务，就可能产生不良的情报搜集动机，倾向采取不合乎伦理道德的情报搜集方式，最终导致非伦理竞争行为的产生。

资料来源：潘大钧. 略谈商业情报[J]. 北京商学院学报，1981（2）；付立宏，贾秀华. 论企业竞争情报获取伦理的约束效力[J]. 现代情报，2006.

（三）竞争对手废弃品

许多企业会雇用专职咨询公司或个人，在竞争对手丢弃的垃圾中寻找情报。尽管企业的垃圾是被抛弃之物，把这些垃圾捡回来也不违法，但企业竞争情报业内公认这种行为是不道德的。

（四）第三方媒介

通过广告商、经销商、供货商、新闻媒介、行业协会、上下游关联企业等第三方媒介，获得竞争对手的相关信息是许多企业都会采用的商业情报搜集方法。这些组织由于与竞争对手有着这样或那样的联系，所以也是企业了解和收集竞争对手情报的重要信息来源。许多企业通过收买或其他不正当手段从竞争对手的第三方媒介获取重要信息。

二、获取内部情报中的伦理问题

（一）商业间谍

雇用或培养商业间谍是当今常用的不当商业竞争的手段之一。商业间谍主要是指企业为获取竞争对手的商业机密，雇用或培养商业间谍以某种身份潜入竞争对手公司，根据以往经验及手段，从竞争对手公司偷取有价值的信息。在许多国家明文规定窃取商业秘密属于违法行为，但仍有许多企业为了获取高额利益链而走险。有调查显示，名列《财富》（Fortune）全球 1 000 强的大公司，平均每年发生 2.45 次商业间谍事件，损失总额高达 450 亿美元。其中，位于硅谷的高科技公司首当其冲，发生的窃密案件中，有 54% 的损失高达 1.2 亿美元。这些令企业惊讶的失窃损失数字，促使企业不得不加紧防范，规定员工不得向外透露企业的情报。如某公司在新员工加入时的宣誓书上特别注明，不要在任何场合谈论技术秘密，参加任何活动不能触及秘密，有人问起必须拒绝，若无法回避问题宁可退出有关活动。

（二）利用高科技产品

利用高科技产品，通过偷听、偷拍、偷看的方式以及其他高科技手段秘密窃取竞争对手的商业情报，包括书面材料、图纸、生产设备与工艺方法、计算机数据库的资料等。表 7-1 是对常见的高科技窃密方式的汇总。

表 7-1 常见的高科技窃密方式

常见的高科技窃取机密方式	内容
电子监听	主要通过安装窃听器以达到电子监听的效果，主要监听内容包括竞争对手的投标报价、客户资料、经营趋势等竞争对手的重要信息，企业希望通过监听获得有利于击败对手的竞争优势
计算机监控	企业能够通过监控竞争对手的电脑获取有用的信息
微型摄像头监控	企业通过不当手段将微型摄像头安置于竞争对手公司内部，以获取有价值的信息

（三）威逼利诱知情人

此类行为的表现通常是企业以金钱、高级住房、女色等引诱、贿赂竞争企业情报的知情人，或以安排高职位、给予高待遇引诱知情人跳槽，挖走人才，从而取得竞争对手的商业情报。此外，企业还可能用揭人隐私等手段要挟、胁迫知情人泄露竞争对手的商业情报。

（四）利用忠诚顾客获取商业秘密

一些公司向与自己长期合作且比较忠诚的客户承诺一定的优惠条件，让客户向竞争对手搜集所需要的信息。如客户向竞争者的零部件招标，要竞争者提供这家公司没有的先进零部件。竞争者为了争取到合同，在报价时，会很详细地介绍自己的产品，并提供技术规范和产品说明书。这样通过客户就得到了真实可靠、全面系统、具有极强竞争性的情报。

（五）利用"假招聘"获取商业秘密

部分企业打着招聘的名义，在"面试"应聘者时，通过与其交流原所在公司的运作方式，窃取同行商业信息。这种专门针对刺探同行商业信息的面试，往往会开出十分诱人的条件引诱应聘者。面试时，面试官不仅会要求应聘者讲述以往的工作

案例，更要求重点讲述在业务特色、渠道开拓等方面的具体管理运作方式。

上述所说的行为都是有违伦理道德，甚至是违法的，不值得提倡。部分企业在搜集过程中，虽没有想通过不正当手段获取商业情报之心，但由于自身认知、经验或能力不足等原因，未能分清目标信息是否已被对手采取措施加以保护而实施搜集活动，就很容易卷入侵权纷争或违背行业职业伦理准则，以致给企业带来损失。

第五节　同行业竞争中的伦理问题

同行业竞争一般是指企业之间提供相似的产品或服务，且所服务的目标顾客也相似。当然，还是存在部分企业除了采取正当的竞争策略外，还采用一些不道德的商业手段和行为来提高自身的商业地位，主要表现在市场竞争、物质资源竞争、人才资源竞争和信息竞争中。

一、市场竞争中的伦理问题

市场，是买卖双方交换的场所，是企业取得资源（人、财、物、信息）并把产品或服务推销出去以实现企业利润的场所，也是企业与竞争对手角逐的竞技场。因此，实现企业目标，提高企业利润，扩大市场占有率是企业与竞争对手相互角逐的主要目的，也是企业在市场竞争中非伦理行为发生的潜在原因。

（一）低价倾销行为

价格是企业参与市场竞争的重要手段，它与企业的生存和发展休戚相关。企业在制定价格时，除了要考虑成本外，还应该综合考虑市场特性、供求状况、消费者需求和竞争对手的状况。总的来说，价格竞争一方面要求企业不能故意哄抬物价、牟取暴利；另一方面要求企业不能故意以低价倾销，排挤竞争对手，大打"价格战"。

低价倾销行为是指经营者为了排挤竞争对手，故意在一定的细分市场上和一定的时期内，以低于成本的价格销售某商品或服务，以挤垮竞争对手，造成自己长期独占市场的行为。经营者一旦实施该行为，那么企业若无强大的资本实力做后盾，长此以往下去，必将给自身的生存带来危机。反言之，即使企业有强大的资本实力，也经受不住常年的亏损。对于正当经营者而言，若竞争对手采取低价倾销行为，如果不做出回应，那么就有可能被挤出市场，成为不正当竞争的牺牲品，如果做出回应，那么就会被逼采用同样的低价倾销行为，这样就进入了恶性竞争的循环，最终也会两败俱伤。因此，低价倾销侵犯了正当经营者公平竞争的权利，是一种极为不道德的行为。

（二）滥用优势地位

《关于禁止公用企业限制竞争行为的若干规定》第四条指出，公用企业滥用优势地位限制竞争的行为包括：第一，限定用户、消费者只能购买和使用其附带提供的相关商品，而不得购买其他经营者提供的符合技术标准要求的同类商品；第二，限定用户、消费者只能购买和使用其指定的经营者生产或者经销的商品，而不得购买和使用其他经营者提供的符合技术标准要求的同类商品；第三，强制用户、消费者购买其提供的不必要的商品及配件；第四，强制用户、消费者购买其指定的经营者提供的不必要的商品；第五，以检验商品质量、性能等为借口，阻碍用户、消费者购买、使用其他经营者提供的符合技术标准要求的其他商品；第六，对不接受其不合理条件的用户、消费者拒绝、中断或者削减供应相关商品，或者滥收费用；第七，其他限制竞争的行为。

优势地位是指经营者所拥有的经济优势和市场优势，这种优势会帮助企业在市场竞争中处于有利位置。但是，企业也可能利用自身优势来侵害竞争对手的正当利益，破坏正常的市场秩序，这种情况就是滥用优势地位行为。一般而言，滥用优势地位的企业主要是公用企业、大型零售企业和其他依法具有独占地位的经营者等。公用企业是指通过网络或者其他基础设施提供公共经营，并具有一定程度的自然垄断性和公益性的企业。典型的公用企业有供电、供水、供煤、电信、民航、铁路、公路、邮政等部门。公用企业滥用优势地位的特殊表现如表7-2所示。

表 7-2　公用企业滥用优势地位的特殊表现

特殊表现	含义	举例说明
滥用收费	在强制交易的情况下，收取了本不该收取的费用	通信部门采取加大线路损失、加大变压器损失、加收协议电量、表外多计电量等种种手段多收用户电费
强制交易	消费者在购买商品时，被强迫接受从交易性质到习惯都与合同无关的商品或服务	通信部门在安装电话时，强行向用户收取初装费；运输部门强制乘客在购票时购买商业保险，从中收取手续费
拒绝交易	对不接受公用企业不合理条件的用户或消费者拒绝、中断、削减供应相关商品	天然气公司在安装天然气管道时，对于不向自己购买开关的用户拒绝安装

（三）混淆行为

《反不正当竞争法》第六条规定，经营者不得采用以下手段从事市场交易：第一，擅自使用与他人有一定影响的商品名称、包装、装潢等相同或者近似的标识；第二，擅自使用他人有一定影响的企业名称（包括简称、字号等）、社会组织名称（包括简称等）、姓名（包括笔名、艺名、译名等）；第三，擅自使用他人有一定影响的域名主体部分、网站名称、网页等；第四，其他足以引人误认为是他人商品或者与他人存在特定联系的混淆行为。

以上 4 种行为都属于混淆行为，也就是企业试图通过多种不实手段对自己的产品或服务做出误导性标示，使其特征与特定竞争对手的商品和服务相混淆，从而侵害竞争对手的利益。

（四）虚假宣传行为

《反不正当竞争法》第八条规定，经营者不得对其商品的性能、功能、质量、销售状况、用户评价、曾获荣誉等作虚假或者引人误解的商业宣传，欺骗、误导消费者。经营者不得通过组织虚假交易等方式，帮助其他经营者进行虚假或者引人误解的商业宣传。企业虚假宣传是同行业竞争中常见的不道德行为之一，对于竞争对手而言，虚假宣传误导了消费者，在不公平的前提下，影响了竞争对手的销售额、利润等。

企业的虚假宣传行为主要集中在产品或服务两个方面：第一，价格方面，主要是指欺骗性的价格，包括模糊定价、虚假降价、价外加价等。最常见的形式是商家采用"促销价""清仓价""跳楼价"等字眼吸引消费者进行购买，实际上却是商家先提高价格，再进行打折，进而造成降价的假象。第二，产品方面，主要是指产品的质量、制作成分、性能、用途、生产者、有效期限、产地等信息。最常见的形式是夸大产品用途，玩文字游戏等。

（五）诋毁商誉行为

《反不正当竞争法》第十四条规定，经营者不得编造、传播虚假信息或者误导性信息，损害竞争对手的商业信誉、商品声誉。换言之，诋毁商誉行为就是企业为了达到某种目的，故意捏造、散布虚假事实或信息，损害竞争对手的商业信誉、商业声誉，使其无法参与正常市场交易活动，削弱其市场竞争能力，从而使自己在市场竞争中取得优势的行为。

企业诋毁商誉行为主要集中在故意制造虚假事实和故意捏造、传播虚假信息两个方面：第一，故意制造虚假事实方面，主要是指不正当经营者蓄意制造事实，破坏竞争对手的产品或服务质量，从而使消费者对其竞争对手产生误解、丧失信任，以使自己获利；第二，故意捏造、传播虚假信息方面，主要是指不正当经营者故意凭空捏造一些有关竞争对手产品或服务的不实信息，并通过广告等手段传播，诋毁竞争对手的商誉。

二、物质资源竞争中的伦理问题

企业往往会为了争夺现有的物质资源而做出一些非伦理行为，从而使自己获利。最常见的行为主要是以欺骗的行为换取政府资源。政府往往会对优秀企业在科研、生产等方面给予一定的资金或其他物质方面的资助。正是这一帮助企业发展的良好政策，使部分企业为谋私利，不惜编造如每年产值多少，税收多少等虚假数据来表明企业发展良好，骗取政府在资金或其他方面的资助，以此来挤占同行业其他竞争对手的资源。或者是企业以需要投资重点项目为借口，申请政府资助，以此骗取政府给予资源。

除了与竞争对手争夺共有资源之外，企业也会在供应材料等方面与竞争对手展开激烈的争夺。除了正常向供应商购买原材料外，部分企业还会采取与供应商协商的方式，禁止供应商向竞争对手提供货源。这样一来竞争对手没有原材料就难以维持生产，特别是当供应商提供的是核心原材料时，更加增加了竞争对手的生产困境。

三、人才竞争中的伦理问题

企业的竞争终究是人才的竞争，那么在人才竞争时代，企业必须做好两点：一方面，企业必须正当、合理地吸引人才，不能以强迫、收买或欺骗等手段争取竞争对手的人才；另一方面，企业也要尽力做到留住人才，发挥人才。然而，即使许多企业深知抢夺竞争对手人才的行为实属不道德，但在利益的诱惑下，仍有一些企业会挖墙脚，这也是企业在人才竞争中常见的非伦理行为。

四、信息竞争中的伦理问题

（一）侵犯知识产权

知识产权是指权利人对其所创作的智力劳动成果所享有的占有、使用、处分和收益的权利。各种智力创造，如各种发明、文学、艺术作品以及在商业中使用的标志、名称、图像和外观设计，都可以被认为是某一个人或某一组织所拥有的知识产权。知识产权是一种无形财产，它与房屋、汽车等有形财产一样，都受到国家法律的保护，都具有价值和使用价值。

侵犯知识产权最常见的方式是盗版。企业为自己的知识产品，如软件，付出了大量的资金、劳动与知识，需要依靠出售大量的正版软件才能收回，而现在普遍存在的盗版行为却使企业辛辛苦苦开发出来的知识产品"血本无归"。这不仅大大挫伤了软件开发者的积极性，不利于信息产业的发展，而且使很多人短期内就能"暴富"，破坏了公平、公正的竞争秩序。

（二）窃取商业机密

商业秘密是指不为公众所知悉、具有商业价值并经权利人采取相应保密措施的技术信息、经营信息等商业信息。《反不正当竞争法》第九条规定，经营者不得采用下列手段侵犯商业秘密：第一，以盗窃、贿赂、欺诈、胁迫、电子侵入或者其他不正当手段获取权利人的商业秘密；第二，披露、使用或者允许他人使用以前项手段获取的权利人的商业秘密；第三，违反保密义务或者违反权利人有关保守商业秘密

的要求，披露、使用或者允许他人使用其所掌握的商业秘密；第四，教唆、引诱、帮助他人违反保密义务或者违反权利人有关保守商业秘密的要求，获取、披露、使用或者允许他人使用权利人的商业秘密。经营者以外的其他自然人、法人和非法人组织实施前款所列违法行为的，视为侵犯商业秘密。第三人明知或者应知商业秘密权利人的员工、前员工或者其他单位、个人实施本条第一款所列违法行为，仍获取、披露、使用或者允许他人使用该商业秘密的，视为侵犯商业秘密。

企业的相关者负有为企业保密的责任，并已知该项信息视为不对外公开，如企业的生产配方、工艺流程、技术诀窍、设计图纸、管理方法、营销策略、客户名单、货源情况等具有商业利益性的信息，这些信息关乎企业的竞争力。一旦这些信息被公开，那么该信息将会被竞争对手掌握并用于生产或经营，影响企业的生存和发展。

第六节　供应商管理中的伦理问题

每个企业的生存发展都离不开向企业提供原材料、半成品、零部件的各类供应商。供应商是指直接向零售商或制造商提供产品及相应服务的企业。从表面上看，企业与供应商的利益并非一致，一方有意抬价，而另一方拼命压价。但从深层次来看，企业需要的是原材料、零部件及时、稳定地供应，供应商需要的是源源不断的订单。因此，在双方交易过程中，企业可能会为了短期利益而对供应商做出不道德行为。本节研究的供应商对企业而言是原材料、零部件的供应者，也可以是提供零售货品的供应商。

一、款项中的伦理问题

信誉是一个企业良好发展的基本要求，企业是否能够兑现其承诺是企业维持其良好信誉的重要前提。然而，如今企业与供应商之间的信誉却岌岌可危。因为供应商对企业占用货款、拖欠货款的现象早已司空见惯，能够做到按时履行承诺，准时支付货款的企业实属难得。因此，企业往往是处于"我并非不付款，只是晚点付款"的自我假设中，却不知无形中损害了自身的形象。

（一）拖欠货款

供应商有时为拉拢企业，提高自身销售量，通常会与企业签订合同，承诺先免费将原材料或商品给企业，再规定结款期限，在结款期限内还清货款即可。如许多供应商会先拿部分商品给企业试卖，只有当这批商品卖完后，企业才需要付款给供应商。但是在现实中，企业往往以各种借口挪用、拖欠货款，甚至半年一年都还不结算。在这种情景下，即使供应商有一纸合同，但怕得罪企业，也不敢轻易诉讼，一旦供应商向企业提起法律诉讼，便意味着与企业的关系决裂，丧失了这个顾客；同时也会在行业中塑造一种不好的形象，给以后与其他企业建立关系带来负面影响。

（二）强行压价

平等互利是维系企业与供应商良好合作的基础。但实际上很多企业认为，与供应商的关系只是简单的金钱与货物的交易关系，交易价格成为双方力争的焦点。企业采购时也会采用如招标、反向拍卖等不同的议价方式。一般而言，根据利润最大化原则，企业与供应商之间展开谈判，压制对方，为自己争取到最佳的价格本属正常之事。但是当企业实力强于供应商，并利用自己在行业中的优势地位时，就可能会一味地压低供应商的价格，甚至出现让供应商亏损的情况，这就有悖于公平原则。

二、合同中的伦理问题

企业与供应商的关系往往是通过一纸契约的关系来体现的。当今时代，企业与供应商的关系却越来越紧张，企业为了赢得消费者的青睐，不惜对供应商残酷压价，签订多项不平等契约，变相将自身经营成本、经营风险转嫁给供应商。企业虽然能够获得暂时的利益，但长此以往，其他供应商将不再愿意与其合作，企业也终将受到其他供应商的联合抵制。

（一）强制收取各类不合理费用

在与供应商的直接接触中，企业往往会凭借其在行业内的垄断等优势地位，对供应商收取名目繁多的费用，如上架费、进门费、促销费等。这些费用没有规则、理由、商议，完全是由企业一方决定的，供应商在这些收费面前完全没有讨价还价的余地，因为企业会直接从给供应商的货款中扣除。种种收费使供应商的成本不断增加，迫使供应商提高产品价格，进而引起需求量的下降。长此以往，势必损害消费者与供应商共同的利益。

（二）强制更换品牌

企业在使用供应商提供的原材料或零部件或产品时，有时会要求供应商为自己企业的商业品牌提供便利，最常见的行为即企业要求供应商将其原有的产品品牌更换为自己的品牌进行销售或使用。企业这种利用自己的商业品牌冲击供应商品牌的行为，不仅会对供应商的利益造成伤害，影响供应商自我品牌的发展，同时也会破坏双方的合作关系。

三、劳动环境中的伦理问题

如果企业与供应商签有协议，企业必须对其供应商的行为负责，就如同当公司的一位员工驾驶公司汽车在为公司执行业务时，发生交通事故，那么公司就必须对该事故负责。但是现实却是很多企业并不关注供应商的非伦理行为。

（一）纵容供应商非法雇用员工

保障基本人权是供应商责无旁贷的事，但供应商在为企业提供原材料或零部件时，有时会采用非法雇用童工等手段节约成本、提升竞争力，而企业往往更加看重的是供应商的价格而并未去深究供应商低价的原因。因此，当供应商收到企业交予的大量订单时，供应商只会认为企业默认了此行为而变得变本加厉。

（二）拒绝为供应商的工作安全负责

企业应确保供应商在生产过程中的工作环境安全，为企业生产的原材料或零部件不会对员工的身体或心理造成危害，但是，往往企业拒绝为供应商的工作安全负责，认为这是供应商自己的事，企业只是购买其产品，并不需要对其负责。

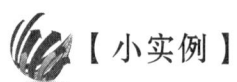【小实例】

气囊召回案例

日本某企业是全世界众多汽车业巨头的安全气囊供应商，其产品曾因性能优秀、质量可靠而久负盛名。然而近年来，该企业气囊频频发生质量问题，引起合作伙伴和消费者的质疑。多米诺骨牌的倒塌始于2008年，当时有车辆因为其生产的气囊在弹出时发生爆裂，喷溅金属零件而被召回，但是该企业坚持将事故原因归结于工厂生产及材料处理上的失误。随着全球范围内事故发生频率的上升，在美国国家公路交通安全管理局的压力下，该企业最终于2015年承认其生产的气囊存在安全问题。不过，时至今日，该企业气囊在全球的召回数字仍在累加。

2016年，该企业气囊气体发生器异常破裂问题在全球引发了大规模的召回。我国质检总局掌握到相关情况后，立即组织总局缺陷产品管理中心开展调查工作。截至2016年年底，已经对包括上汽大众、上汽通用、天津一汽丰田等在内的34家生产企业启动了缺陷调查。相关整车生产企业和该企业公司称，国内尚未发现气囊气体发生器异常破裂的案例。

截至2016年12月25日，该企业气囊召回事件发生以来，已在全球市场召回受影响车辆超过6 000万辆，21家国内生产企业已向质检总局备案了召回计划，并向社会发布了召回信息，涉及车辆共计964.66万辆。

该企业气囊召回案例说明，质量问题是瞒不住的，早日正视问题、提出解决方案，早日完成召回、履行责任，才能早日赢回信任。

资料来源：新浪财经.GT气囊事件增加召回频次 召回首次突破一千万辆 [EB/OL].(2016-12-27).[2024-12-07].http://finance.sina.com.cn/roll/2016-12-27/doc-ifxyxqsk6802984.shtml.

第七节　经销商管理中的伦理问题

经销商是指在某一区域和领域只拥有销售或服务的单位或个人。经销商是传统又中坚的渠道力量，也是企业在销售过程中必须要接触的单位或个人。因此，寻找可靠的经销商，实现畅通的产品分销，化解竞争对手的恶意侵犯，维系与经销商的稳定关系也是企业能够正常经营的必然保障。然而，在许多企业深谙此道理的同时，仍有企业为寻求短期利益，对经销商做出许多不道德的行为。

一、产品中的伦理问题

企业与经销商沟通最多的就是关于产品的问题，产品的好坏直接影响经销商的销售额与利润的大小，因此经销商往往更加在意产品的质量及品牌形象，希望能够从企业中得到质量良好、品牌价值高又低廉的产品。然而，当企业成功塑造了产品品牌和形象品牌，消费者品牌忠诚度逐渐上升，市场逐渐趋向于品牌消费时代时，企业的议价能力也在不断增强，在与经销商的关系中占主导地位，从而容易引起经销商的不满，影响合作关系。

（一）以次充好、缺斤少两

企业按照合同要求，将质量达标、数量齐全的产品提供给经销商是企业应尽的职责，但是部分企业却会故意违反合同，以次充好、缺斤少两，将残次品掺杂在产品中给到经销商，或者是故意减少产品数量，试图蒙混过关，欺骗经销商。为了追求自己的最大利益，实现自己的目标，企业的这种欺骗行为不仅会损害经销商的基本利益，也会损害企业自身的声誉。

（二）未能按时交货

未能按时交货的现象不仅出现在个别消费者身上，许多企业同样也会对经销商做出该行为。随着企业市场地位的提升，往往会要求经销商先打款后发货，以确保不会遭受损失。正是企业要求先打款后发货的方式，使经销商处于被动地位，发货与否全凭企业做主，即使经销商多次催促，企业也会采用"还在生产中""邮递较慢"等理由推脱，影响经销商的正常经营运作，增加经销商的成本，甚至让经销商遭受损失。

（三）提供假冒伪劣产品

由于企业与经销商所处产业链位置不同，企业处于产业链的上游，而经销商处于产业链的下游，对于产品质量的信息双方处于不对等的地位，给企业提供了欺诈经销商的机会。对于一些具有严重机会主义倾向的企业，可能会在产品质量上使用欺诈手段的行为。经销商又转而欺诈顾客，从而影响了零售商的声誉，也损害了双方的合作关系。

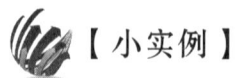 【小实例】

SX 某手机召回：敬酒不吃吃罚酒

2016 年，《缺陷消费品召回管理办法》正式实施。就在 2016 年 9 月 2 日，质检总局监测到 SX 某款手机因存在过热燃烧问题实行全球召回的信息后，立即组织总局缺陷产品管理中心开展信息监测，监测到在中国地区发生过热燃爆问题后，立即召集行业专家召开了该型号数字移动电话机过热、燃爆问题缺陷技术会商会议，启动了缺陷调查，先后对发生手机爆炸事故的消费者和报告缺陷信息的消费者共开展了 11 次回访调查，6 次组织专家进行技术分析和讨论，形成缺陷调查工作方案和实验方案，并开展缺陷工程分析实验 4 次。同时，质检总局执法司先后 3 次约谈该公司负责人，督促该公司实施全面召回。2016 年 10 月 11 日，SX 公司向总局备案了召回计划，更改此前召回 1 858 台手机的方案，召回在中国大陆地区销售的全部该款手机，共计 19.1 万台。

在一系列的重大召回事件中，质检总局的行政约谈和缺陷调查是有力推动召回工作的重要措施。企业召回有缺陷的产品，本是一种主动负责的态度，通常会赢得消费者的理解，但是 SX（中国）两次召回在数量上的天差地别，却有"打脸"之嫌。担心企业的"召回歧视"，可以说已经成了中国消费者的一种"心病"。主动召回，给人的感觉是敬畏消费者；约谈后的"被召回"，给人的感觉则是敬畏权力。花一样的成本，收效明显两极分化，这样的账企业应该认真算一算。

资料来源：2016 年缺陷产品召回典型案例三则 [EB/OL]. (2017-01-20)[2024-12-07]. 中国质量新闻网，https://www.cqn.com.cn/zgzlb/content/2017-01-20/content_3863222.htm.

二、合同中的伦理问题

（一）强制统一规定

有的企业要挟经销商，提出苛刻的标准，要求经销商执行，否则就以切断商品供应来惩罚。这往往发生在具有较大议价能力的品牌企业身上。常见的非伦理行为有：需要在其产品的销售配套设施上进行多大的投入以及在其人员的培训上要按企业的标准和程序来统一进行，这些投入无疑增加了经销商的成本，损害了经销商的利益。此外，对于一些销售量小、资金回笼慢的经销商则采取制裁措施，如只向其供应一些不畅销的产品，使其处于竞争的不利地位。

（二）歧视定价

企业在其主导的关系链中，往往对部分经销商采取歧视性措施。常见的非伦理行为有：规定不同的批量采取不同的定价策略，迫使经销商不适当地增大订货量。但这种做法不但增加了经销商的储藏成本，还对经销商的利益构成损害。也有企业迫使经销商转经中间批发商进货，这种做法增加了流通环节和进货费用，损害了经销商的利益，同时也间接地损害了企业自己的利益。

（三）拒绝提供售后服务

企业为售出的产品提供售后服务是合同中必有的条款，但是部分企业却拒绝为自己的产品提供售后服务。常见的行为有：对售出的大型机器在现场进行安装指导后，不再进行回访或上门服务，不再提供技术支持与帮助，或是对售出的产品有任何质量问题不再负有责任等。企业的上述行为不仅侵害了经销商的权利，也对企业自身的声誉带来了负面影响。

三、特许经营渠道中的伦理问题

根据契约规定，特许经销商向企业支付"特许使用费"，获得在特许期间、特定区域使用该企业独特产品或服务、专有技术、商标或其他某种无形资产等的权利。每个特许经销商应该拥有平等的权利。正是在这种特许经营渠道中，往往存在着一些非伦理行为影响正常市场秩序。

（一）对特许经销商的不公平对待

企业的政策总是倾向销售额较大和新加入的经销商。比如，在经营过程中，一些特许经销商可能存在负担过重的情况，使经营业绩无法表现出来。原则上，企业应该对各特许经销商一视同仁，但是有时企业为了平衡利润率，对各特许经销商有不同的要求。如对新加入的经销商，商品的提供、价格的优惠都有所偏重，而负担往往转嫁给原有的特许经销商，使原有特许经销商的业绩往往不如新加入者。另外，企业在地区间政策的调节上，也使不同特许经销商的负担不均。

（二）"搭车"行为

企业在维持特许经营系统内的统一产品质量标准时，会经历一系列困难，可能

还会出现特许经销商的"搭车"行为等伦理问题。当产品出现质量问题时，特许经销商是不可能被替换的，因为特许经销商拥有分店的特许业务，因此特许总部经常不能对不合要求的特许分店施加管理。

（三）窜货行为

窜货行为在分销渠道的现实操作中比较普遍，也是我们要讨论的伦理问题。在实际经营过程中，许多特许经销商为了获取额外利润，向契约规定以外的销售区域进行的有意识的产品销售，即所谓的窜货行为。特许经销商的窜货行为侵害其他特许经销商的利益，扰乱了正常的分销渠道关系，引发了特许经销商之间的价格混乱和市场区域混乱。

第八节　并购重组中的伦理问题

企业并购重组是公司快速向外部扩张的主要渠道。获得诺贝尔经济学奖的史蒂格尔教授在研究中发现，世界大型企业大多是通过资产联营、兼并、收购、参股、控股等手段发展起来的。然而在现在的社会条件下，商业伦理和市场的运行机制都还不太完善，在并购重组中不尊重商业道德的行为还是比较普遍的，甚至在某些情况下，签订了收购合同后还会出现变数。常见的非伦理行为主要表现在以下几个方面。

一、并购中的伦理问题

企业并购是企业兼并与企业收购的简称。企业兼并通常是指一家企业以现金、证券或其他形式（如承担负债、利润返还等）购买取得其他企业的产权，使其他企业丧失法人资格或改变法人实体，并取得这些企业决策控制权的投资行为。这里的兼并也即《中华人民共和国公司法》（以下简称《公司法》）中的吸收合并，指一个公司兼并了另一个公司而存续，而被兼并公司解散失去法人资格。与之对应的是新设合并，就是两个或两个以上的公司合并设立一个新的公司。

收购是对企业的资产或股份的购买行为，是指企业用现款、债券或股票购买另一家企业的部分或全部资产或股权，以获得该企业的控制权的投资行为。收购的对象一般有两种：股权和资产。收购股权是购买一家企业的股份，收购方将成为被收购方的股东，因此要承担该企业的债权和债务；收购资产只是一般资产的买卖行为，收购方不需要承担被收购方的债务。企业兼并与收购的异同如表 7-3 所示。

表 7-3　企业兼并与收购的异同

	企业兼并	企业收购
相同点	能够增强企业实力的外部扩张策略或途径，或者为扩大经营规模，或者为拓宽企业经营范围从而实现分散化或综合化经营，或者为扩大企业的市场占有率等	
	都是企业资本经营的一种方式	
	都是一种导致资产流动或产权转移的行为	
	产生的动因和运作的结果基本上是一致的	
不同点	被兼并企业作为法人实体不复存在	被收购企业可仍以法人实体存在
	兼并企业成为被兼并企业新的所有者和债权债务的承担者	收购企业是被收购企业的新股东，以收购出资的股本为限承担被收购企业的风险
	多发生在被兼并企业经营状况不佳的情况下	发生在企业正常生产经营状态
	一般要调整被兼并企业的生产经营，重新组合其资产	无须调整被收购企业的生产经营活动

（一）不正当恶意并购

恶意并购是指收购人的收购行动虽遭到目标公司经营者的抵抗，但仍强行实施，或者没有事先与目标公司经营者商议而直接提出公开出价收购要约者。通常是一人或数人联合出资，通过收集股票或投票表决权，在取得公司控股权或事实上的控制权之后，罢免公司现任经理人员，由出资者自己接任或另行选聘其他企业家来控制公司战略与经营决策。正因为这种接管过程没有得到对方许可，时常充满火药味，才被称为恶意并购。

恶意并购本是一种重要的、有效的公司治理机制，是防止经营管理层损害股东利益的有效武器，但有时企业会利用恶意并购做出一些不道德的行为。如企业在并购目标公司后，不再对原目标公司产品进行品牌维护，反而借此提升自己品牌的市场占有率和知名度。近年来，诸如护肤品、洗涤市场等知名国有品牌被"吃掉"的现象层出不穷，这种收购陷阱给国有品牌市场造成了巨大冲击。

（二）软敲诈

软敲诈是一种以盈利而非兼并为其真实目的的恶意兼并手段。某些投机者表面上装出要收购企业，于是按法律要求购买了一家公司一定比例的股票并宣布打算接管该公司，但他们的真实动机并不是要收购企业，而是想利用手中已掌握的股权来对企业的管理层进行合法的敲诈。因此，他们在公开宣布打算接管该公司的同时又私下与该公司的管理层接触，要求该公司出高于市场的价格把这些股票买回去：要

么企业用高价买回股权，要么在接管企业后解雇原有的企业管理人员。这显然是不道德的并购行为，是假收购，这种做法导致同一种股票有两种不同的价格：对于普通股民的市场价与对于收购者的高价。这样的双重价格体制不符合通常的股票财产权和股价的概念，是一种变相的敲诈行为。

（三）杠杆收购

杠杆收购是一种反兼并的手段，是指某些经理人员由于害怕企业被兼并后自己会被解雇，于是他们就设法（或者联合企业外部的投资者）根据企业的资产发售债券，然后用出售这些债券所得的钱买断企业的股票，使一个公众公司（或称上市公司）变为私人公司。这种做法的实质是，企业用债券（债务）来代替公众持有的股票（业主产权或自有资本）。但这样做会使企业在经济萧条时期更加容易倒闭，因为通过筹股建立起来的公司如果赚不到钱，可以不付红利，但靠发行债券建立起来的公司即使赚不到钱，也要支付利息，否则就要破产。显然，由于面临被兼并风险的企业往往经营状况不良，这种债券的信用评级很低，风险较大，又被称为"垃圾债券"。

垃圾债券的高回报率对许多投资者（如养老基金、信贷合作社、银行等）都很有吸引力，但它的高风险性会使它在经济衰退期间大量倒闭，进而对大量投资者造成损害，并危害金融稳定和经济的平稳运行。此外，经理人员应当为股东的利益服务，因为他们负有信托责任，但他们的这种做法却是为了自己的利益。他们对企业的了解比股东要多得多，为了自己的利益会利用信息上的优势损害股东的利益。例如，他们为股票开出的收购价就会低于兼并者开出的价格。同样，经理人员为了尽快偿付债务以便减轻利息负担，就会卖掉企业的一部分或关闭工厂，解雇雇员，由此又会对雇员造成损害。

（四）金色降落伞

金色降落伞是一种促进收购的兼并手段，是指在兼并过程中，兼并者向被兼并企业的经理层保证：如果兼并成功，那么企业的经理层不仅不会被解雇，且还会得到大笔补偿，有时候每个经理都能得到一笔高达百万美元的补偿。这种做法实质上是一种旨在阻止企业经理层对兼并进行抵抗的收买手段。这种做法不仅不恰当地使用了企业钱财，还损害了股东的利益。因为企业的经理层为企业效力，已得到其应有的收入与其他各种福利待遇，为股东考虑是其本职，因此不应该再得到额外补偿。为了避免这种现象出现,股权持有计划让企业高层管理者一般都持有公司大量股票，以迫使其不得不为股东利益着想。

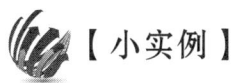【小实例】

Z先生一生最正确的决定

作为WHH创始人的Z先生一生最正确的决定是什么？就是他在和F国DN集团合资的过程中，千方百计保住了WHH的商标与品牌！

1996年，历经10年创业发展的WHH公司已成长为一家全国性大企业，拥有儿童营养液、含乳饮料、瓶装水三大明星产品系列。但也正是在此时，创始人Z先生非常缺钱，WHH的发展也进入了瓶颈期，亟须新的资金与技术投入来扩大产能、升级换代、加快发展，从而深度开拓全国市场。这时，世界食品工业巨头F国DN集团伸出了橄榄枝，提出以4 500万美元，外加5 000万的商标收购费来和WHH成立合资公司，DN集团占股51%，拥有控股权。

Z先生签订了这个"城下之盟"。有了DN集团的资金与技术支持，Z先生开始大展宏图，WHH进入了快速发展的新阶段，成为全国食品饮料业的龙头企业。在与DN的合资合作过程中，Z先生留下了一个伏笔。

在WHH商标转让的过程中，有人提出WHH出身校办工厂，有着国有企业的先天色彩与背景，5 000万的商标转让费没有经过评估程序，涉嫌国有资产流失。于是，WHH商标就一直控制在WHH集团手里，没有转让到与DN合资的公司名下。而且在与DN的合作过程中，Z先生始终牢牢掌握住了WHH的实际控制权，没给DN找到架空自己、被踢出局的机会。

10年之后，情况大变。F国DN集团开始找后账了。虽然在与WHH合资的这10年中，DN赚了不少钱，从WHH的合资企业分走了30亿元人民币，但是对这个世界级食品工业巨头来说，这点钱还是太少了，更重要的是没能真正实现对WHH的全面控制。于是DN集团提出以40亿收购WHH所有的其他工厂。但是此时，Z先生的实力与话语权已今非昔比。在合资公司发展的过程中，Z先生和经销商以集资的方式，在全国各地成立了很多非合资企业，都使用WHH的商标与品牌。DN集团的战略目标是要一统江湖，完全控制WHH，但发现这个时候WHH的商标仍旧在Z先生的手里。于是，双方的矛盾在2006年不可调和地爆发了。

DN集团以各种各样的方式提起了几十宗诉讼，一路从美国打到中国，最后打到瑞典斯德哥尔摩商会仲裁院，甚至还惊动了当时的F国总统。最终，Z先生硬扛了下来。2009年9月30日，DN集团不得不与WHH集团达成和解，DN以3亿欧元的价格出让合资公司全部股份，Z先生完全掌控住了WHH这一民族饮料品牌。DN集团在与WHH合作的10多年间，虽然从合资企业赚走了大概60多亿元，但是并没能吃掉WHH。

资料来源：Z先生一生最正确的决定[EB/OL].（2024-02-26）[2024-12-07].https://www.sohu.com/a/760142807_115362.

二、重组中的伦理问题

企业重组是指企业之间通过产权流动、整合带来的企业组织形式的调整。企业重组既然是商业行为就不可避免地存在商业伦理问题。企业重组过程中违反商业伦理的现象很多，其原因应与商业活动的目的——追求利润最大化有关，也与各个国家社会发展程度、制度完善程度及人的素质等因素有关。应该说，合乎道德的重组动机和做法会带来良好的结果，而不合乎道德的重组动机和做法往往会导致恶劣的后果。

（一）股市操纵

股市是获取暴利的场所。一些大的企业、公司利用自己的资金和信息优势勾结投资咨询公司，诱导股民投资倾向，暗中操纵股票，制造暴涨暴跌的现象，从中获取暴利，损害中小股东的利益。

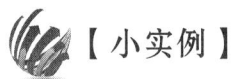【小实例】

B 公司反击恶意炒作

2014 年 12 月 18 日，B 公司 H 股、A 股两市股价经历了断崖式下跌，H 股盘中的跌幅一度高达 46.06%，A 股当日也跌停至 36.43 元/股。对于 12 月 18 日 B 公司股价的离奇暴跌，市面上有 3 种传言：一是 B 公司在俄罗斯遭受数亿元汇兑损失；二是巴菲特减持了 B 公司股份，电动客车订单大幅萎缩；三是融资盘爆仓，重仓基金被触发止损。

随后，B 公司紧急召开电话会议进行澄清。会议称：B 公司在俄罗斯不存在大额汇兑损失，今年出口俄罗斯的总销售额仅 70 万美元；电动汽车的所有运营正常订单稳定；电池厂也正常运营；经过和几位主要投资者沟通，没有了解到减持情况，巴菲特减持的可能性也不大；公司创始人 W 先生没有出事，前天还主持了股东会，昨天还与员工见了面。

B 公司内部人士向记者透露，股神巴菲特不但没有减持 B 公司，被视为巴菲特接班人的李禄在股价暴跌当日也增持了公司股份。另外，著名投资机构黑石集团今年以来也持续增持 B 公司，"今年我们的传统汽车与去年基本持平，新能源汽车由零可能做到 80 亿元左右，我们盈利情况和未来前景都很好，股价没有暴跌的理由"。

为增强投资者信心，继 19 日 B 公司共同创始人 X 先生在 H 股市场增持 50 万股之后，作为 B 公司创始人的董事长 W 先生 23 日也从市场购入 100 万股公司 H 股。此后 24 日、25 日连续两日两市股价上扬。

与 W 先生有过深入交流的招商证券汽车行业首席分析师透露，由于看好 H 股 B

公司的前景，有投资人通过融资融券渠道，借了多家券商的钱此前大量购进 B 公司股票，事先规定股价跌到某一幅度时须强制平仓，刚好 35 元/股是个支撑点，投资人忘记补仓，导致融资盘强制平仓，引起连锁反应，最终导致股价大跌。

资料来源：B 公司股价暴跌 W 先生紧急增持护盘 融资融券催暴跌[EB/OL].
(2014-12-29)[2024-12-07].http://guba.eastmoney.com/news,002594,138628687.html.

（二）商业贿赂

贿赂广泛存在于各行各业的经济行为中，行业贿赂最严重的是贷款贿赂、工程招标贿赂、股票上市贿赂、拉拢客户贿赂等方面。银行贷款贿赂方式多种多样，就金融系统而言，贿赂的形式主要有"息差"贿赂；咨询费、中介费、奖金贿赂；"返利"贿赂；"赞助"贿赂；挂名工资贿赂；礼金礼品贿赂；报销旅游费和餐饮费贿赂等。在企业准备上市阶段，企业需要接受许多非常严格的审批，按照正常的渠道审批，有的企业以其经营实力难以顺利通过审核。因此为逃避审查蒙混过关，部分企业高层利用拉关系、走后门、请客送礼、送股票、答应高额分红等方式，贿赂审核机关的人员。

（三）虚假利润

虚假利润是企业在财务指标上进行造假的行为。主要通过以下几个手段实现虚假利润。

（1）虚假销售：提前确认销售或有意扩大赊销范围，调整利润总额。这种利润操纵现象在年终表现尤甚，往往是在企业年终达不到既定的利润目标时，便通过采取虚假销售或提前确认销售等方式来达到既定的利润目标。或者故意错误运用会计原则，将非销售收入划入销售收入中。

（2）资金拆借：通过资金拆借向关联企业收取资金占用费。按法律法规规定，企业间不得相互拆借资金，但这种资金拆借行为无法事先对外披露，因此投资者及有关监管部门无法对其合理性做出判断，在某种程度上造成一些企业利用拆借资金调节利润。

（3）转嫁费用：子公司与母公司之间的费用问题应该有明确的划分，但当子公司效益不理想，或不足以达到需要的利润指标时，便采取母公司替子公司分担部分费用的办法来调节子公司的利润。

（4）调整有关财务账目：通过"资本公积"科目进行利润调整。按照会计制度的规定，企业的盈亏应当通过规定的程序，计入当期损益，在利润中予以反映。但部分企业会通过资产评估将待处理财产损失、坏账、毁损的固定资产和存货、待摊费用等确认为评估减值，直接冲减资本公积，以达到虚增利润的目的。

（四）虚假重组

虚假重组是公司着眼于解决眼前困难而不顾及长远利益的重组手段。虚假重组的目的并非为企业的战略发展考虑，而是通过各种不规范或不合法的手段，实现短期目的。主要表现形式包括以下几个方面：

（1）报表重组。第一，通过与大股东进行不等价的交易，以公司的劣质资产换取大股东的优质资产来进行重组；第二，在同一天买入和卖出同一笔资产，从中获得巨额差价；第三，将巨额债务划给母公司，在获得配股资金后再给母公司以更大的回报。

（2）资格重组。根据原有的债务重组规则，上市公司的债务重组收益允许计入当期损益，因而有一些上市公司通过此举来达到"摘帽"或保配股的目的。

（3）题材重组。利用资产重组题材来拉抬股价从而达到在二级市场上获利的目的已成为我国股市中一种比较普遍的现象。这种以拉抬股价为目的的资产重组有 3 个方面的特点：具有"爆炸"性，能使不良资产大部分或全部换成优良资产，往往采取"暗箱"操作方式。

国家对于企业上市发行股票是有相关法律法规明确规定的，符合条件并经过严格复杂的审批后企业才能上市。为了取得上市的资格和条件，需要对企业进行"包装"，包括先期"造势"中的策划、宣传和资本核算、财务报表等。正是在上市前的"包装"中存在着大量的弄虚作假、夸大其词的欺骗行为，其中重要的就是财务假账。即使股票上市后，也存在着假账，主要体现在财务报表中。上市后，企业"圈"到了一笔数量可观的资金，但是经常由于不良投资、管理的混乱致使大量投资收不回来，企业的实际盈利很不理想。为了继续吸引投资人的注意，虚报业绩和项目也是常有之事。这种弄虚作假的行为不仅会损害企业的自身形象，同时也会严重影响投资人和股东的利益。

第九节　治理对策：反对不正当竞争

当今企业竞争中存在着诸多伦理问题。企业作为市场经济的主要参与主体，不仅对经济和整个社会的影响越来越广泛和深入，甚至对竞争者、供应商、经销商等各方利益相关者都会产生重大影响。一旦企业有任何不正当竞争行为，对以上利益相关者的权益都会造成一定的侵害。

一、倡导理性竞争

《反不正当竞争法》的立法目的是"促进社会主义市场经济健康发展，鼓励和保护公平竞争，制止不正当竞争行为，保护经营者和消费者的合法权益"。该法不是规定经营者享受什么样的权益，而是规定了经营者不使用不正当竞争行为的义务，即明确规定了经营者的哪些行为属于不正当竞争，应予以制止。该法从制止和制裁不正当竞争行为的角度来保护其他经营者的正当权益，保护理性竞争的市场环境，维护正常的市场秩序。

（一）遵章守法，以德为先

遵章守法，以德为先是竞争伦理的灵魂，它既是企业实现其经济责任的需要，更是企业履行其社会责任的基本要求。经济责任的基础就是正当竞争，由《反不正当竞争法》可知，企业遵守该法律是企业的基本要求，也是企业生存发展的前提，如果一个企业违法经营，短期利益可能尚存，但想长久发展则是不可能的。以德为先要求企业以遵守伦理道德为前提，在做任何决策前要考虑该行为是否会造成非伦理现象，企业在做决策前能够深思熟虑，必然可以发展壮大。

（二）恪守合同，信奉诚信

恪守合同，信奉诚信是竞争伦理的基本要求，企业之间信任纽带的基础是一纸合同，按照合同的内容做事也是企业本分所在，杜绝违反合同做事、罔顾诚信原则的行为发生，是企业能够在行业中树立典范、成为龙头老大的关键之处。恪守合同、信奉诚信是企业与竞争者、供应商、经销商打交道过程中应遵循的行为准则，企业有责任也有义务履行自己的承诺，树立自己的诚信标榜。

（三）公平竞争，互惠互利

公平竞争，互利互惠是竞争伦理的内在要求，又是竞争伦理的必然结果。竞争伦理要求企业以负责任的态度对待竞争者、对待社会，但并非要求放弃自己的经济利益；相反，竞争伦理维护了企业的利益。一个企业选择以伦理的途径参与市场，其他企业亦然，那么交易的双方必然在公平竞争、互惠互利的基础上进行。

（四）合作竞争，携手共赢

企业只有更好地与竞争对手合作，才能更好地开展竞争。企业间的合作有利于突破小而全、大而全的不良状况，实行同行业、同专业的分工，联合投资有利于获取一般购买方式难以得到的资料和技术，使资源的配置更有效，减少和避免研究开发新产品的风险，在技术力量上做到相互支援，有效地达到企业的资金和技术积累，为企业的不断发展注入活力。

二、伦理问题产生的原因

如上所述，商业活动中的不道德行为必将产生严重的后果，必须加以制止。为

了避免商业活动中出现不道德行为，理性的做法是对市场经济中的非伦理行为进行分析，找出它们的原因，并针对其原因找出对策。以下分析只是对造成商业活动中的不道德行为的一些基本因素的分析，不包括所有的因素。

（一）过分追求利润最大化，忽视竞争对手的权益

商业活动中的不道德行为的首要因素是企业不顾竞争对手权益的自利动机。在经济管理领域中，这种自利动机表现为对"利润最大化"的追求。尽管自利动机或对"利润最大化"的追求本身是价值中立的，但事实表明，一旦对"利润最大化"的追求成了商业活动的最终目的，那么它就必定会不受制约，侵害他人的权益，成为非伦理行为的动机。

因此，"利润最大化"原则本身虽无可厚非，甚至可以说是个人发展和社会进步的主要动力之一。但它在现实中也的确是一把双刃剑，不择手段地追求"利润最大化"，甚至过分追求"利润最大化"，都会成为商业活动中的非伦理行为发生的内在原因。

（二）普遍存在信息不对称，引发机会主义现象

信息不对称是指人们不可能掌握有关事项的所有信息，亦即人们不可能无所不知。从伦理上说，信息不对称的情况加上不道德的行为动机就会产生不道德的行为。现代企业理论所谓的"逆向选择"和"道德风险"，前者适用于合同签订之前的选择，后者适用于合同签订之后的监督。

从经济学上说，正是因为信息不对称情况普遍存在，才产生了交易费用，而正是因为要充分地掌握信息以避免不利需要花费大量的钱财，是一笔不可小看的交易费用，为了节省成本，便使经济活动中许多不道德活动如窃取商业机密等成为普遍的现象。这样一来，虽然企业的交易费用降低了，并能够掌握更多的信息，但是这种非伦理行为却使企业深陷舆论之中，背负骂名。

（三）过分排除竞争对手，造成部分行业垄断

商业活动中非伦理行为产生的另一个主要因素就是垄断。垄断是指现实中与完全竞争对立的一种现象，即排除竞争的垄断。排除竞争的垄断又可分为自然垄断和人为垄断，前者指由于特定环境原因形成的垄断，如邮政、水电等公用事业的垄断，后者指由于政府的特许形成的垄断。

从伦理学的角度说，凡是排除竞争的垄断现象，都有可能造成不道德的商业活动，其主要表现是：垄断的产生导致市场完全无竞争对手，排除竞争的行为直接阻碍了技术的进步，造成资源的巨大浪费。从本章所举的公共事业的例子来看，造成垄断行业滥用收费权等行为的一个重要条件就是它的行业垄断。

（四）普遍权责不对称，引发投机取巧行为

造成商业活动中非伦理行为的另一重要原因是制度因素——权力与责任的不对称。这里所说的"权力"是指决策权，"责任"则是指为决策承担后果。权力与责任的对称是指，一个人必须为其决策承担后果，无论利弊。权力与责任的不对称是指，一个人不必为其决策带来的利弊承担任何后果。

在自利动机的前提下，如果企业必须为其决策承担后果，无论利弊，那么企业就会负责任地去做事情。但如果企业无须为其决策承担后果，那么企业就会做事情不负责任。显然，权力与责任的不对称是许多不道德商业活动的制度因素。许多事例表明，在现行的管理制度下，企业种种不负责任的行为，给做出该行为的企业带来的利益多，而惩罚往往微不足道，这是商业活动中非伦理行为的制度因素。

以上我们分析了造成商业活动中非伦理行为的部分原因，这些分析只是对最基本的因素进行分析的范例，而非概括了所有原因。分析还表明，为了防止不道德的商业活动，仅仅依靠道德说教是不够的，我们必须针对上述各种原因制定各种必要的制度和法律。但是，仅仅依靠制度和法律也是不够的。商业伦理学的主要任务是依据理性对不道德的商业活动进行伦理批判，指出其不道德的根据及其严重后果，并据此提出经济活动领域中的道德行为规范，促使商业竞争活动遵循一定的伦理规范。

三、治理对策

面对瞬息万变的市场竞争环境，企业不得不在激烈竞争的同时考虑如何避免自身可能产生的非伦理行为。随着顾客需求的个性化，市场经济制度的不断完善，竞争者实力的逐渐扩大，不同视角下对企业的要求也越来越复杂，针对不同的对象，企业所采取的行为也有所不同。下面，将从企业自身，与竞争者、供销商、媒体、政府的关系5个视角对企业在竞争环境中如何避免非伦理行为提出有效的建议。

（一）树立自身儒商理念

树立儒商理念是企业竞争文化的核心内容。儒商文化就是弘扬做人之道和经营之道，就是提倡商人要谋利有度、竞争有义、利泽长流，以现代化的管理思想去迎接竞争，杜绝制假售假、行贿受贿、腐化奢靡等一切不良经济现象。因此，以优秀的儒商文化为代表，与西方文化进行交流与合作，取长补短，互相促进，以促进东西方文明的协调发展与平等发展，有利于世界经济的发展、文化观念的融合与世界和平。在这样的背景下来探讨"儒商"的内涵及对当代中国企业家的启示：呼唤理性竞争机制的回归，与构建和谐社会、深入实践发展观相结合，大力倡导以义取利、为商以德、诚信为本等儒商伦理理念。

（二）改善竞争者对立局面

竞争者主要是指与本企业生产、经营同类产品或服务的企业。在现代社会中，竞争者关系已经从过去的那种利益对立、此消彼长、弱肉强食、你死我活的关系转化为利益相关、相互促进、取长补短、共同发展的合作竞争关系。因此，企业与竞争者之间的关系本质上是既竞争又合作的关系。在竞争的基础上加强合作，在合作的基础上展开竞争，不断循环，共同发展，奔向一个新的高度。具体可以从以下几方面加强企业与竞争者的良好关系：

（1）增强企业自身竞争优势。一方面，竞争对手可以作为企业的"标杆"，它的许多方面都可以作为企业学习的对象。企业参与竞争的过程也是一个学习的过程。国际著名的家用电器制造商伊莱克斯进入中国市场就是一个很好的例子。它并没有大肆收购国内企业，而是打出了"向海尔学习"的旗号，为增强自身竞争优势争取了稳定的环境和时间，还在业界树立了良好的企业形象，建立了融洽的竞争关系。另一方面，竞争对手可以带来"鲶鱼效应"。面对强大的竞争对手，企业的压力和紧迫感非比寻常。这有利于督促企业苦练内功，加强创新，不断完善自身的经营和管理。

（2）共同培育新兴市场。开拓市场的过程也是一个培育市场的过程。它不应该像圈地运动、西部拓荒那样充满强迫和暴力，而应该共同把蛋糕做大，把市场做成熟，共同分享新兴市场的商机和挑战。培育新兴市场需要投入大量的人力、物力、财力来进行新产品或新技术的开发，需要巨额的营销费用支持来扩大需求，单凭某个企业的力量很难拥有这么庞大的资源和高速的效率，这都要求竞争方共同分担研发的风险，分摊营销的成本。因此，企业应该从积极的角度去正确认识竞争者的关系，彻底摒弃小生产狭隘、自私的经营观念和竞争行为，树立现代企业胸怀宽广、光明正大、勇于竞争、善于竞争的新形象。

（三）维系供应商忠诚关系

供应商生产企业用于其价值链的产品与服务，实现产品价值的再创造。企业与供应商的关系是一种以共同利益为基础的较为稳定的协作关系。加强与供应商的关系，可以从以下几个方面展开：

（1）着眼未来，韬光养晦。企业经营必须具有整体性和前瞻性的战略，这就要求企业在进行战略设计时一定要有长远眼光，不要计较暂时的得失，尤其是进行市场开拓时，稳定的供应商关系与针对供应商的讨价还价能力相比，对企业的长远发展更为重要。因此，企业在处理与供应商的关系时，一定要以战略为导向，以未来为视角。

（2）求实为本，增进了解。企业经营活动的过程，实际上也是一个被供应商所认知、了解、接受、喜爱到忠诚的过程。因此，企业应该让供应商充分了解企业的实力以及革新改造的潜力，培养它们对企业及其产品的信心。

（3）讲究信用，互惠互利。企业在经营中所面临的一个突出的难题是信用问题。良好的相互信任关系对于企业来说至关重要，这意味着一个不确定要素的确定化，从而大大降低了企业的经营风险。企业在与供应商的合作过程中，应该做到恪守合同，塑造诚信品牌。

（4）诚意合作，共同发展。维系供应商的忠诚已成为企业战略重点，单凭利益手段已经很难保证供应商关系的长期稳定。此时就需要进行关系创新，可行方式之一就是将供应商纳入企业发展的战略共同体中。将供应商分别作为企业的战略业务单位，在与它们进行业务往来的同时，向它们灌输企业的战略思想和文化观念，鼓励并重视它们对企业运作所提出的合理化建议与建设性意见，从而实现企业与供应商的共存共荣、共同发展。

（四）促进经销商合作理念

经销商将企业的产品与服务推向市场，实现价值的创造。企业与经销商的关系是一种以相互提升为基础的合作关系。加强与经销商的关系，可以从以下几个方面展开：

（1）相互了解，增进配合。企业必须让经销商充分了解企业的市场营销战略，特别是企业针对竞争对手的战略目标、营销计划，以便它们能够及时地制订相关计划，配合企业在当地的一系列经营活动，树立与企业长期合作的理念。

（2）提供培训，协同发展。除了保证经销商的利益外，还可以通过为经销商举办产品装配、使用和维修方面的培训，协助经销商制订营销计划，拓宽经销商的经营渠道等多种途径，给它们提供许多附加利益，在利益均沾的基础上维系供销商对企业的善意和忠诚。

（3）分享理念，遵守伦理。只有有了共同分享的价值观和伦理理念，企业与经销商之间对于哪些行为可以做，哪些行为不可以做才会有共识，双方才能恪守伦理道德。同时双方在信任的基础上进行沟通，良好的沟通机制有利于抑制机会主义的发生。

【案例分析】

BX 方便面为什么突然火了？

2022 年 2 月 4 日，第 24 届冬季奥林匹克运动会暨冬残奥会在北京隆重开幕。因为 BX 食品是冬残奥会的官方供应食品商，借着这一话题，BX 食品冲上微博时事热搜榜的榜首，被网友们纷纷称为"国货方便面之光"。一时间，网友们涌到各大电商平台激情下单，呼吁全国人民支持 BX 食品，让民族品牌强大起来。

BX 食品品牌的背后，还有着令人动容的故事：BX 食品的员工中，有 1/3 的人都是残疾人，并且 BX 食品拒绝外资的收购和入股，是真真正正的完全属于我国独资的一家食品公司。如此有责任感并有骨气和担当的品牌，BX方便面让人破防。

在现如今的各大商场和超市里，我们常见的方便面品牌有康师傅、今麦郎、统一等，很少能在货架上看到BX方便面的身影。但你知道吗，BX与这3个品牌并称为中国方便面界的"四巨头"。BX品牌和其他3个品牌相比，在品牌营销和商品宣传上稍微逊色一些，导致其逐渐淡出消费者的视线，而这又是因为什么呢？

在最早的时候，BX食品仅仅只是一个归属于河南省粮食厅下的小加工厂，因为简陋的生产设备和产量不高的生产线，企业连年亏损。对此，上级部门为其换了好几个管理者，但都没有什么太大的起色。这种僵局，直到Y先生的到来才得以打破。

首先，Y先生按照市场规律招聘了一大批敢想敢做的年轻人去跑市场。这一举动，使BX方便面在次年就突破了上亿元的销量。在此后几年里，Y先生又创新出新产品，即BX大骨面。此产品的面世很快便在当时风靡起来，产品供不应求，在全国范围内一举走红。这很快就吸引了其他人的注意，空降了许多领导。他们架空了Y先生的权力，使Y先生失去了对企业发展方向的把控权，开启了"改革"。但也正是这种改革，将当时如日中天的BX品牌带入了深渊。而Y先生对此也大失所望，便离开了。

此后，因为管理和经营不善，BX品牌逐渐淡出人们的视线。此后，公司又找回Y先生，希望他能带领BX重回正轨。但是，此时的方便面市场上涌现出了许多强有力的竞争对手，一些曾经不如BX的品牌抓住了机遇，纷纷实现了弯道超车，成为方便面界的重要支柱，其中就有我们耳熟能详的康师傅、统一等。

Y先生回归后，BX重新回到了快速发展的道路上。因为错过了市场红利的发展期，所以BX公司在提高产品质量和口感的同时，还将价格定在了一个更能被大众所接受的限度上，并将市场锁定在国内三、四线消费水平相对来说并不高的地区。

但是，即使BX品牌回归的道路艰难，尤其是一些日企，想要吞并BX公司。BX还是始终保持着初心，不接受任意国外资本的收购与入股，即使再难也完全靠自己的力量来经营企业。而且当我国出现天灾人难时，BX也在第一时间站出来捐款、捐物资。

在BX公司中，有1/3都是残疾人，而在这个严重内卷的社会当中，BX居然能够不考虑世俗所定义的利润成本，而将残疾人福利划入企业真正的运营制度中，让残疾人也能发挥自己的劳动价值，助力他们实现自己的梦想。这一点，正与残奥会想要突出的精神所契合。BX作为残奥会的供应商，两者在精神上遥相呼应，使人道主义光辉绽放出更耀眼的光芒。所以，BX的这波热搜是完全值得的。

同样，BX也因为它"穷但是坚定"的精神，凭借其强烈的社会责任感而登上过热搜。在2021年的河南水灾中，BX食品第一时间向河南灾区捐赠了500万元人民币，并在其郑州的公司内，向社会各界提供了帮助。BX不仅搬空了公司的所有库存为受灾群众免费提供泡面、热水和休息的地方，还自发组织员工为其他人提供帮助。而就在BX这一举动引起社会的注意时，BX却在内部通知中向员工强调，一定要实实在在地去救灾，不要为了所谓的流量而将精力用在宣传上，不要浪费社会资源。由此可见 BX "脚踏实地、低调做事"的精神。

BX 不仅一次地在其微博中表明，除了价格实惠量又足外，其他的都是企业应该做的，BX 只是在认真地做好自己。从通俗的意义上来讲，一个企业只需满足四点，就可以称得上是一个好的企业：能够善待员工、能够生产合格且合乎法规的产品、能够按国家要求合法纳税、能够履行自己的社会职责。

BX，毫无疑问，就是一个好的、成功的企业，即使在当下的方便面市场中，它所占的市场份额仅不到三成，但这种民族企业，一定会在未来的某一天而再次大放异彩。

资料来源：拒绝日资收购，员工 1/3 是残疾人，BX 方便面的举动让人破防[EB/OL].（2022-03-15）[2024-12-07]. https://www.163.com/dy/article/ H2H7TNDD0552ZPBY. Html.

思考题：

1. BX 食品在商业竞争中采取了哪些与众不同的做法？

2. 从商业伦理的角度看，BX 食品的做法有哪些可取之处？

【复习思考】

一、单选题

1. 不同企业在现代市场经济条件下，为实现自己的目标、维护和扩大自己的利益而展开的争夺顾客、市场、人才、资金、信息、原材料等各项资源的活动,即(　　)。

　　A. 商业竞争　　　　　　　　B. 市场营销

　　C. 公关活动　　　　　　　　D. 广告促销

2. 普遍存在的商业欺诈行为折射了当代社会的(　　)。

　　A. 资源危机　　　　　　　　B. 环境危机

　　B. 技术危机　　　　　　　　C. 信任危机

3. (　　)是社会组织、民众对政府信誉的一种主观评价或价值判断，是政府行政行为所产生的信誉和形象，在社会组织和民众中所形成的一种心理反应。

　　A. 社会资源　　　　　　　　B. 公众形象

　　C. 政府信用　　　　　　　　D. 大众心理

4. (　　)是指不为公众所知悉、能为权利人带来经济利益、具有实用性并经权利人采取保密措施的技术信息和经营信息。

　　A. 技术专利　　　　　　　　B. 商业秘密

　　C. 内部信息　　　　　　　　D. 财务机密

5. 许多特许经销商为了获取额外利润，向契约规定以外的销售区域进行的有意识的产品销售，即所谓的(　　)。

　　A. 窜货行为　　　　　　　　B. 违约行为

C. 投机行为 D. 侵权行为

6. （　　）是指收购人的收购行动虽遭到目标公司经营者的抵抗，但仍强行实施，或者没有事先与目标公司经营者商议而直接提出公开出价收购要约者。

A. 要约并购 B. 恶意并购

C. 新建并购 D. 强制并购

二、多选题

1. 商业竞争的内容主要包括（　　）。

A. 市场竞争 B. 物质资源竞争

C. 人才资源竞争 D. 信息竞争

2. 价格竞争中的不道德行为包括（　　）。

A. 价格操纵 B. 排他性协议和搭售

C. 价格歧视 D. 倾销

3. 只有在（　　）3 个因素共同作用下，欺诈行为才会发生，这一理论被称为欺诈三角。

A. 环境 B. 动机

C. 机会 D. 理性程度

4. 供应商管理中，合同中的伦理问题包括（　　）。

A. 强制收取各类不合理费用 B. 强制更换品牌

C. 垄断价格 D. 强制交易

5. 虚假主要的表现形式有（　　）。

A. 报表重组 B. 资格重组

C. 转移资产 D. 题材重组

三、判断题

1. 当企业在面临是否接受竞争对手的商业机密而获得自身成功时，应该考虑是否会造成非伦理行为。（　　）

2. 搭售则是指垄断者利用其支配地位，强制经销商搭售其他产品的行为，搭售不能算作不道德行为。（　　）

3. 在从熟人社会向契约社会转型过程中，政府不应该扮演任何角色。（　　）

4. 低价倾销行为是指经营者为了排挤竞争对手，故意在一定的细分市场上和一定的时期内，以低于成本的价格销售某商品或服务，以挤垮竞争对手，造成自己长期独占市场的行为。（　　）

5. 企业之间信任纽带的基础是一纸合同，按照合同的内容做事也是企业本分所在。（　　）

四、问答题

1. 简述商业竞争的主要内容。

2. 简述商业竞争中的非伦理困境。

3. 简述商业竞争中非伦理行为可能产生的危害。

4. 获取商业情报的非伦理手段有哪些？

5. 同行业竞争中的非伦理行为主要分为哪几大类？各自主要的行为有哪些？

6. 供应商管理中的非伦理行为有哪些？

7. 经销商管理中的非伦理行为有哪些？

8. 并购重组中的非伦理行为有哪些？

9. 简述如何治理商业竞争中的不正当竞争。

五、实际操作训练

实训项目：了解现实中发生的侵犯商业秘密不正当竞争案例。

实训目的：收集整理近年来国内外发生的侵犯商业秘密不正当竞争的典型案例，了解相关法律法规内容，并从商业伦理角度总结其中的经验教训。

实训内容：收集近年来国内外发生的侵犯商业秘密不正当竞争的典型案例，了解案情经过及影响，了解司法机关处理此类案件的相关法律依据及判决结果，并从商业伦理角度总结其中的经验教训。

实训要求：学生可以小组的方式开展调查工作，5人一组；各组成员自行联系，安排好组内分工，并完成以下实训任务：

1. 收集 1～2 个近年来国内外发生的侵犯商业秘密不正当竞争的典型案例，详细了解案情经过及影响；

2. 了解司法机关处理此类案件的相关法律依据及判决结果，并从商业伦理角度总结其中的经验教训；

3. 将上述内容形成一个完整的调查分析报告。

参考文献

[1]　曹凤月. 我国转型期企业道德责任的缺失及原因分析[J]. 中国劳动关系学院学报，2006，20（1）.

[2]　陈炳富，周祖城. 企业伦理学概论[M]. 天津：南开大学出版社，2008.

[3]　付立宏，贾秀华. 论企业竞争情报获取伦理的约束效力[J]. 现代情报，2006（10）.

[4]　黄巾. 企业竞争情报活动中伦理问题的研究及其控制[J]. 云南大学，2013.

[5]　江启军. 企业伦理学[M]. 北京：中国轻工业出版社，2009.

[6]　廉茵. 商业道德[M]. 北京：清华大学出版社，2011.

[7]　林小兰，林丽. 浅论上市公司虚假重组及其治理对策[J]. 管理科学文摘，2005（6）.

[8]　刘琼. 谍影重重，为何中国商业无秘密[N]. 第一财经日报，2014-03-28.

[9]　刘可凤. 企业伦理学[M]. 武汉：武汉理工大学出版社，2010.

[10]　吕春晓. 企业伦理学[M]. 西安：西安交通大学出版社，2009.

[11]　潘大钧. 略谈商业情报[J]. 北京商学院学报，1981（2）.

[12]　夏虹. 试论我国公用企业滥用优势地位的若干问题[J]. 焦作大学学报，2008（4）.

[13]　徐大建. 企业伦理学[M]. 北京：北京大学出版社，2009.

[14]　徐金发. 企业伦理学[M]. 北京：科学出版社，2008.

[15]　叶陈刚. 企业伦理概论[M]. 北京：对外经济贸易大学出版社，2009.

[16]　张学斌，赵冬花. 企业伦理学[M]. 哈尔滨：哈尔滨地图出版社，2006.

[17]　周利国，王永光. 商业伦理学[M]. 北京：中国商务出版社，2005.

[18]　理查德 T 乔治. 企业伦理学[M]. 王漫天，唐爱军，译. 北京：机械工业出版社，2012.

[19]　劳拉 P 哈特曼，乔·德斯贾丁斯. 企业伦理学[M]. 苏勇，郑暴暴，顾倩妮，译. 北京：机械工业出版社，2011.

[20]　DIENHART J W. Business, institutions, and ethics[M].London:Oxford University Press, 2000.

[21]　JENNINGS M M. Business ethics:case studies and selected readings[M]. Australia:Thomson, 2006.

[22]　SHAW W H,VINCERNL BARRY. Moral issues in business[M]. Boston: Wadsworth, 2004.

[23] 叶陈刚，王克勤，黄少英，等. 商业伦理学[M]. 北京：清华大学出版社，2017.

[24] 刘爱军，钟尉，等. 商业伦理学[M]. 北京：机械工业出版社，2023.

[25] 于惊涛，肖贵蓉. 商业伦理理论与案例[M]. 2 版. 北京：清华大学出版社，2020.

[26] 刘光明. 新商业伦理学[M]. 2 版. 北京：经济管理出版社，2012.

[27] 章金萍. 商业文化伦理[M]. 3 版. 北京：中国人民大学出版社，2022.

[28] 黄海峰，陆华良. 商业伦理全球视角[M]. 北京：北京大学出版社，2021.